Grom
Methoden für Religionsunterricht,
Jugendarbeit und Erwachsenenbildung

Bernhard Grom

Methoden für Religionsunterricht, Jugendarbeit und Erwachsenenbildung

Zehnte Auflage

Patmos Verlag, Düsseldorf
Vandenhoeck & Ruprecht, Göttingen

CIP-Kurztitelaufnahme der Deutschen Bibliothek

Grom, Bernhard:
Methoden für Religionsunterricht, Jugendarbeit und
Erwachsenenbildung / Bernhard Grom.
– 10. Aufl. – Düsseldorf : Patmos Verlag ;
Göttingen : Vandenhoeck & Ruprecht, 1996.
ISBN 3-491-78368-2 (Patmos Verlag)
ISBN 3-525-61252-4 (Vandenhoeck & Ruprecht)

Unveränderter Nachdruck der 8., überarbeiteten und erweiterten Auflage.

Auflage: 10/96

Umschlagentwurf: Peter J. Kahrl, 53577 Neustadt/Wied
Herstellung: Lengericher Handelsdruckerei, 49525 Lengerich/Westf.
ISBN 3-491-78368-2 Patmos
ISBN 3-525-61252-4 Vandenhoeck & Ruprecht

Inhalt

Vorwort

Wie wichtig sind Methoden?

Methoden haben im pädagogischen Bereich ohne Zweifel eine andere Aufgabe, Wirkung und Bedeutung als etwa in der Technik. Unterrichts- und Gesprächsverfahren machen einen Lernprozeß nie mit mechanisch zwingender Präzision machbar, vielmehr können sie „nur“ dazu beitragen, daß sich die Lernenden beispielsweise intensiver mit ihrem eigenen Empfinden und Denken, mit den Aussagen der Mitlernenden und mit den Anstößen eines Textes, Bildes oder Films auseinandersetzen. Methoden können dazu anregen, daß man nicht nur Gehörtes und Gelesenes wiedergibt, sondern persönlicher und kreativer reagiert. Sie erzeugen keine Einsichten, aber sie können die Stille, den Schutzraum und den Anreiz schaffen, die nötig sind, damit Einsichten leichter bewußt und geäußert und Lernblockierungen überwunden werden. Methoden können Schüchterne zum Sprechen ermutigen und Vorlaute zum Zuhören veranlassen. Sie können – als Interaktionsübungen – Verständnis für soziale Erfahrungen im Alltag wecken oder – als Rollenspiel – das Gespräch über eine Konfliktsituation wirklichkeitsnäher gestalten. Weil von Methoden nicht mehr und nicht weniger als solches zu erwarten ist, sind sowohl der Religionsunterricht (RU) als auch die Jugendarbeit und die Erwachsenenbildung auf sie angewiesen.
Methoden der Erziehung und des Unterrichts sind Verfahrensweisen, um – oft im Verbund mit Medien – Lernsituationen so zu gestalten, daß Lernprozesse gezielt gefördert werden. Sie bilden also nie einen Selbstzweck, sondern müssen den behandelten Inhalten (Themen) und angestrebten Zielen entsprechen. Genau das besagt der von E. Weniger und W. Klafki formulierte, allgemein anerkannte Grundsatz vom „Primat der Didaktik (= der Bestimmung von Inhalten und Zielen) vor der Methodik.“

Allerdings läßt sich aus der Bestimmung eines Inhalts und Ziels nicht einfach deduzieren, welche Methoden sich dafür eignen (P. Heimann u. a. 1966; H. Blankertz 1975). Vielmehr muß der Inhalt, den man mit einer bestimmten Zielsetzung vermitteln will, mit Hilfe von Methoden und Medien in einen erfolgversprechenden Lernprozeß übersetzt, transformiert werden – wodurch man Inhalt und Ziel neu und konkret bestimmt (H. Moser 1977; T. Schulze 1978).

Der Lehrer/Leiter muß in einer Art Kunst, mit Intuition und Phantasie, Gestaltungsformen suchen, die sowohl dem Inhalt als auch der Lerngruppe mit ihren jeweiligen Voraussetzungen gerecht werden. Und weil einerseits die Inhalte und Ziele religiöser Bildung, andererseits aber auch die Lernmöglichkeiten und -schwierigkeiten der Beteiligten sehr verschieden sind, kann nicht eine einzige Universalmethode, sondern nur eine Vielfalt von Verfahren, ein Methodenpluralismus zum Ziel führen. Darum will das vorliegende Methodik-Seminar dem Leser helfen, sein Repertoire an Lehr- und Lernformen zu erweitern, zu differenzieren und zielgerecht einzusetzen.

Es will einerseits Verfahren darstellen, die sich in fremden und eigenen Versuchen bewährt haben. Andererseits will es diese Verfahren unter der Rücksicht reflektieren, welchen Zielen und Themen sie in den großen Phasen eines Lernprozesses dienen können.

Bei dieser Reflexion stehen folgende *übergreifende Ziele und Aufgaben* im Vordergrund. Ob es sich um eine Schulklasse, eine Jugendgruppe oder einen Erwachsenenkreis handelt, immer muß diese Lerngruppe, gerade bei ethisch-religiöser Thematik und Zielsetzung:

– eingestimmt und empfänglich werden (Kapitel I)

– die Beziehungen unter den eigenen Mitgliedern kooperativ und kommunikativ gestalten und diese Beziehungen auch als Voraussetzung für ethisch-religiöse Erfahrungen und Einsichten verstehen (Kapitel II)

– Interesse an Erfahrungen und Tatsachen außerhalb der eigenen Lerngruppe entwickeln und bedeutsame Themen für einen gemeinsam geplanten Lernprozeß finden (Kapitel III)

– dabei oft zuerst die zu einer Thematik mitgebrachten Einstellungen und Erfahrungen bewußt machen und zu neuer Erforschung und Bewertung motiviert werden (Kapitel IV)

– diese Bewußtmachung aber nicht als Endziel betrachten, sondern weiterführen zu einer Neubildung und Erweiterung der Einsichten, Einstellungen und Verhaltensweisen (Kapitel V)

– und gegebenenfalls die erarbeiteten Einsichten, Wertungen und

Fragen durch kreative und meditative Gestaltungen neu erleben können (Kapitel VI).
Wie die angeführten Verfahren auf diese übergreifenden Ziele und damit auch auf die (1) Anfangs-, die (2) Erarbeitungs- und Lösungs- sowie die (3) Schlußphase eines Lernprozesses, einer Unterrichtseinheit hingeordnet sind, wird in den einzelnen Kapiteln und Beschreibungen dargelegt.
Die in dieser Konzeption berücksichtigten übergreifenden Ziele und Aufgaben sind keineswegs vollständig. So fehlt beispielsweise der Gesichtspunkt der Wiederholung und Einprägung des Gelernten sowie die Frage der Erfolgskontrolle und Benotung (siehe B. Jendorff 1979). Eine vollständige Systematik der Gestaltung eines Lernprozesses ist beim gegenwärtigen Stand der Erziehungswissenschaften und der Lernpsychologie auch gar nicht möglich. Es wäre schon viel gewonnen, wenn diese Darstellung zwei Zielen näherkäme: 1. in einzelnen Schwerpunkten *gleichzeitig gruppen-, unterrichts-, medien- und lernpsychologische Gesichtspunkte zu berücksichtigen* und 2. Methoden verschiedener Herkunft nicht nur zu übernehmen, sondern auch *auf die spezifischen und vielseitigen Erfordernisse ethisch-religiöser Ziele und Themen auszurichten.*
Es könnte scheinen, als würden in dieser Übersicht die Verfahren mit affektiver Wirkungsrichtung bevorzugt. Selbst wenn das quantitativ zutreffen sollte, beabsichtigt die Darstellung etwas anderes. Sie will möglichst durchgehend Wege zu einem *mehrdimensionalen, ganzheitlichen Lernen* aufzeigen: weder bloßes Lernen durch Wissensvermittlung, Begriffsbildung und Einsicht, noch rein emotionale Aktivierung des Symbolbewußtseins, der Einfühlung, der Identifikation und der mitgebrachten Erfahrungen und auch kein isoliertes Üben und aktionistisches Tun, sondern möglichst die ständige Verbindung von Erleben, Reflexion und Verhalten. Diese Ganzheitlichkeit mag in der Schule mit ihrem Hang zum Wissensbetrieb und ihrem Zwang zu 45-Minuten-Stunden oft schwer zu verwirklichen sein; anzustreben ist sie immer.
Die Darstellung behandelt, wenn ein Verfahren nicht eindeutig der außerschulischen Arbeit zuzuordnen ist, zuerst die Anwendung im schulischen RU, um dann auch die außerschulische Bildungsarbeit bei Jugendlichen und Erwachsenen in die Betrachtung einzubeziehen. Damit sollen keineswegs notwendige Unterscheidungen und Grenzen verwischt werden. Vielmehr soll diese Verbindung dazu anregen, trotz der Unübertragbarkeit von vielem in den verschiedenen Ar-

beitsbereichen wieder voneinander zu lernen und nicht betriebsblind zu werden.
Der Stilist G. E. Lessing war überzeugt, daß die Sprache keine völlig sinngleichen Wörter anbietet: „Es gibt keine Synonyme." Diese Beobachtung gilt in etwa auch für die Methodik. Wenn hier also oft zum gleichen Ziel eine Vielzahl von Methoden angeführt wird, soll damit keine Gleichwertigkeit behauptet und keine Methodeneuphorie verbreitet werden. Für ein bestimmtes Thema und Lernziel gibt es in einer bestimmten Lerngruppe, wenn überhaupt, meistens nur ein Verfahren, das wirklich zum Ziel führt. Und der Lehrer/Leiter kann meistens erst nach mehreren reflektierten Versuchen das „richtige Wort" finden, zumal er auch selbst in eine Methode hineinwachsen muß. Zu dieser sach-, ziel-, gruppen- und leitergerechten Auswahl soll dieses methodische „Stilwörterbuch" ermutigen. Eine systematische Suchhilfe, die „vom Thema zur Methode" führt, will die Übersicht am Ende des Buches an die Hand geben.

München 1985 *Bernhard Grom*

I.

Hilfen zur Abreaktion und Umstimmung

Am Anfang dieses Methodik-Seminars soll auf eine wenig beachtete Voraussetzung hingewiesen werden, ohne die gerade der RU oft von Anfang an in Frage gestellt ist. Häufig kommen die Schüler von einer nervenaufreibenden Klassenarbeit oder Paukstunde in einem anderen Fach und sind, wenn der RU beginnen sollte, noch so kribbelig und erregt, daß eine fruchtbare Arbeit psychologisch unmöglich ist. Appelle an die Selbstdisziplin erzwingen vielleicht eine äußere Ruhe; eine echte Entspannung und Lernbereitschaft schaffen sie nicht.
In solchen Situationen hat es sich bewährt, die Unterrichtsstunde mit einer Übung zu beginnen, die den Schülern zur *Abreaktion und zur Entspannung* verhilft und sie auch ein wenig von der gewöhnlichen Zwangatmosphäre der Schule befreit, indem sie sie *umstimmt zu einem ursprünglicheren, persönlicheren, weniger vorprogrammierten Reagieren und Denken.*
Alle diese Übungen nehmen nur wenige Minuten in Anspruch. Angesichts der atmosphärischen Verbesserung, die damit bewirkt werden kann, ist das keine verlorene, sondern gewonnene Zeit. Der Lehrer sollte zunächst die Übung auswählen und versuchen, zu der er selbst einen wirklichen Zugang findet; nur so kann er sie auch den Schülern vermitteln. Die anfangs auftretenden Hemmungen kann man mit dem Hinweis überwinden, daß solche Übungen in Gruppentrainings für Erwachsene längst erprobt sind. Auch soll nur mitmachen, wer wirklich das Bedürfnis dazu spürt.

„10 Minuten Abregung" 1

Wenn eine Klasse über ein bestimmtes Ereignis noch allzu erregt ist, kann es schon helfen, wenn man „10 Minuten Abregung" vereinbart: 10 Minuten lang können sich die Schüler frei über die Klassenarbeit oder den Vorfall, der sie bewegt, aussprechen. Dann beginnt die neue Unterrichtsstunde.

2 Freier Ausdruck in Bewegung und Stimme

Alle schließen die Augen, damit sich niemand zu genieren braucht. Nun kann jeder die Laute bilden und die Bewegung machen, in denen er seine augenblickliche Stimmung am wirksamsten ausdrücken kann: er kann ächzen, stöhnen, schreien, schimpfen, jauchzen, singen und dazu stampfen, hüpfen, boxen, Grätschsprünge machen usw. Der Lehrer sollte – wie bei allen hier vorgeschlagenen Übungen – mitmachen, da er sonst zum zensierenden Beobachter wird, der die Ausdrucksbereitschaft hemmt.

3 Ein Laut und eine Wegwerfbewegung

Der Lehrer gibt, sozusagen als musikalisches Motiv, einen Laut an, beispielsweise „A“ oder „Mu“. Die Schüler schreien ihn je nach Stimmung heraus, indem sie mit den Armen Wegwerfbewegungen machen.

4 Ja – Nein

Jeder, der dazu Lust hat, soll sich einen Partner suchen, dem er sich gegenüberstellt. Die beiden sehen sich an, legen ihre Hände flach gegen die des Partners, und einer von ihnen sagt nun ständig Ja, während der andere immer wieder mit Nein antwortet – zuerst in normalem Ton, dann sich steigernd so laut, wie es Spaß macht. Gleichzeitig drücken sie, so stark sie können, die Hände gegen die des anderen. In einer zweiten Runde wechseln Ja- und Neinsager ihre Rollen. Wenn möglich, kann den Paaren noch etwas Zeit zur Aussprache gegeben werden. (Nach J. O. Stevens 1975, 188.)

5 Verschiedene Entspannungsübungen

Man kann zuerst mit mehr gymnastischen Yoga-Übungen beginnen, die eine Muskelanspannung und -entspannung ermöglichen und einen gewissen Kraftaufwand erfordern, und dann zu Atemübungen übergehen.
In der gleichen Linie hat es sich auch bewährt, gemäß der Technik der Progressiven Muskelentspannung wichtige Muskeln – von den Zehen bis zu den Kiefer- und Gesichtsmuskeln – zuerst anzuspannen und

dann bewußt zu entspannen und im Anschluß daran eine Anfangsübung des autogenen Trainings (im „Kutschersitz" oder liegend), der Eutonie, des Yoga oder Zazen zu versuchen (vgl. B. Peter/W. Gerl 1983).
Auch in der *außerschulischen Jugendarbeit* muß man oft zu Beginn der Veranstaltungen Abreaktion und Umstimmung ermöglichen. Wo es geht, sollte man dieses Ziel weniger durch direkte Übungen als vielmehr durch *entspannende Spiele* zu erreichen suchen. Manche Gruppen sind erst dann zu einem ernsthaften Gespräch fähig, wenn sie sich beispielsweise in einem Ballspiel austoben konnten . . .
Bei Besinnungstagen könnten typische Impulse der Anfangsphase zu ursprünglicherem Reagieren unabhängig von der eingefahrenen Schülerrolle umstimmen helfen: Verfahren wie Brainstorming, Fotowahl, Collagen, Malen mit Fingerfarben u. ä. (siehe die weiteren Kapitel). Es kann vorkommen, daß Jugendliche nach einem Fußball- oder Völkerballspiel, einer Nachtwanderung oder einem Volkstanzabend andere, echtere Themen zum Gespräch vorschlagen, als in der Klasse oder im Gruppenraum ausgemacht wurden, und erklären, dort hätten sie eben nur gesagt, was ihnen so einfiel oder was sie für wissenschaftlich hielten (siehe auch Nr. 6–8).

Meditationsmethoden?

Ohne Zweifel ist für manche Themen und Ziele, zumal im außerschulischen Bereich, eine tiefere Umstimmung und Einstimmung auf Empfänglichkeit nötig, als mit den oben angeführten Mitteln erreicht werden kann. Entsprechende Hilfen, die heute oft mit dem weitgespannten Begriff „Meditationsmethoden" bezeichnet werden, werden zum Teil in den folgenden Kapiteln (besonders IV und VI) angeführt. Methoden, die darüber hinaus durch das Erleben des Atmens, Sitzens, Gehens u. ä. eine Versenkung mit intensiver Empfänglichkeit anstreben (siehe B. Grom 1981 a, 1982), können nur unter persönlicher Anleitung richtig gelernt werden und werden deshalb hier nicht beschrieben.

II.

Bessere Interaktion: durch kooperative Arbeits- und Gesprächsformen, durch gruppenpädagogische Übungen und Aktionskontrolle

Die folgende Einführung behandelt zunächst nur die sozialerzieherische Problematik im schulischen RU. Der Leser wird auch ohne ausdrückliche Hinweise leicht erkennen, daß die hier beschriebenen Schwierigkeiten und Aufgaben mutatis mutandis auch für die außerschulische Jugendarbeit und für die Erwachsenenbildung gelten.

Ein außergewöhnliches Beispiel zur Veranschaulichung einer ganz gewöhnlichen Aufgabe des RU

Ein Religionslehrer übernahm eine Berufsschulklasse, in der ein Unterricht mit Lehrervortrag und Unterrichtsgespräch, ja auch eine halbwegs befriedigende Diskussion zunächst unmöglich waren. Die Klasse bestand nämlich aus Hilfsarbeitern mit sehr wenig geistigen Interessen und war praktisch gesprächsunfähig. Die Schüler waren nicht nur von ihrem Milieu zu Hause stark vorgeprägt, sondern auch durch feste Abhängigkeitsverhältnisse untereinander und durch Bindungen an halbkriminelle Bandenführer außerhalb der Schule gehemmt. Eine geistige und religiöse Ansprechbarkeit war so gut wie nicht vorhanden.

Eine Wende zum Besseren trat allmählich dadurch ein, daß der Religionslehrer der Klasse Filme über Gruppenprobleme zeigte, mit Hilfe von Texten und gruppendynamischen Übungen über ihre Beziehungen und Abhängigkeiten reflektierte und durch Soziogramme auch Cliquenbildungen und Isolierungen in der Klasse bewußt machte. Nach mehreren Wochen hatten sich die Gesprächsbereitschaft und auch das Interesse an religiösen Themen so gut entwickelt, daß ein RU möglich wurde.

Vermutlich war den Schülern bewußt geworden, aufgrund welcher Ängste und Wünsche sie sich anderen gegenüber abkapselten, aggressiv wurden und in die Abhängigkeit von den Rollenerwartungen und

Vorurteilen bestimmter Meinungsführer und ihres Milieus gerieten. Diese Einsicht mag sie zu persönlicherem Denken und eigenem Empfinden ermutigt haben. So konnten auch unreflektiert übernommene Antipathien und Denkgewohnheiten gelockert und neue Fragestellungen geweckt werden. Sie erkannten wohl auch, daß ein gemeinsames Besprechen solcher Fragen Gewinn bringen und Spaß machen kann.

Dieses Beispiel ist sowohl in seiner Ausgangslage als auch in seinem Erfolg außergewöhnlich. Man könnte auch weniger dramatische Fälle anführen: etwa wie Streberklassen, in denen schüchterne und sprachlich weniger gewandte Schüler fast nie zu Wort kamen und wo das Unterrichtsgespräch meistens ein Duell zwischen den gleichen Koryphäen war, durch den kontrollierten Dialog (Nr. 22), durch Paararbeit (Nr. 11), Schreibgespräch (Nr. 18) u. ä. erstmals lernten, alle zu Wort kommen zu lassen, die anderen ausreden zu lassen und sie vor einer Erwiderung zuerst anzuhören und zu verstehen. Alle diese Beispiele zeigen Schwierigkeiten und auch Möglichkeiten, die allem RU gemeinsam sind.

Das Lernklima hängt immer auch vom Gruppenklima ab

Selbst eine Pädagogik, der es nur um Wissensvermittlung geht, muß heute anerkennen, daß das Lernklima, der „Arbeitsgeist" einer Klasse, wesentlich vom emotionalen Klima abhängt. Es ist beispielsweise erwiesen, daß Schüler der 8. Klasse, die gruppenunterrichtlich geführt wurden, ihren lehrerzentriert und frontal unterrichteten Kameraden im langfristigen Behalten von Wissen und in der Beherrschung geistiger Arbeitstechniken bedeutend überlegen sind. Aber auch ihr Kontaktverhalten, ihre Zusammenarbeit und Disziplin können sich besser entwickeln als bei ihren Kameraden (G. Dietrich 1969). Dabei sind, wie verschiedene Beobachtungen der Gruppenforschung auch bei Erwachsenen vermuten lassen, die kooperative Arbeitsform *und* das verbesserte Gruppenklima die Hauptursache für die gesteigerte Leistung. In Klassen und Gruppen mit gut organisierter Zusammenarbeit und starkem Zusammenhalt „haben wir ideale Bedingungen für optimale Gruppenleistung: starke Motivation und reibungsloses Funktionieren des Rollensystems" (T. M. Newcomb 1959, 586). Warum?

Auch in der Schule haben Jugendliche sozialemotionale Bedürfnisse

Man muß hier einfach eine Tatsache sehen, die zwar selbstverständlich ist, aber von vielen Lehrern infolge ihrer überwiegend fachbezogenen Ausbildung lange nicht genügend beachtet wurde: Jugendliche haben auch im Klassenverband (und noch mehr in einer außerschulischen Gruppe) *nicht nur stoff- und wissensbezogene, sondern auch sozialemotionale Bedürfnisse.* Sie haben den Wunsch nach

- einem Aussprechenkönnen (Verbalisierung) von Gedanken und Gefühlen[1],
- freien Entscheidungen über einzelne Lernschritte und nach der damit verbundenen Zufriedenheit über den Erfolg eigener Initiativen,
- Anerkennung der eigenen Leistungen und der ganzen Person durch den Lehrer und die Mitschüler (= Verstärkung: Lernen durch Erfolg und Anerkennung),
- Zugehörigkeit zu einer Gruppe, in der man mehr ist und mehr kann als für sich allein (Gruppenidentität, Gemeinschaftserlebnis, Wärme, Stärke und Leistungsvorteil durch Zusammenarbeit),
- Unterstützung, Anregung, Auseinandersetzung und Führung (u. a. auch durch Gruppennormen, die sich herausbilden),
- Lernen durch Nachahmung und Identifikation (Lernen am Vorbild anderer, nicht nur des Lehrers),
- Lernen durch Einfühlung und Nachempfinden,
- Befriedigung des (sozial schwerer anzupassenden) Strebens nach Herrschaft (Dominanz) und erotischer Erregung.

Je mehr die Unterrichtsgestaltung zur Befriedigung bzw. Sozialisierung (verstanden als Ausgleich zwischen individuellen Bedürfnissen und sozialen Forderungen) dieser Bedürfnisse beiträgt, desto stärker *motiviert* sie die Schüler auch zu „Arbeits- und Lerngeist" (H. Schiefele). Wer die genannten sozialemotionalen Bedürfnisse erzieherisch berücksichtigt, *entstört* gleichzeitig die zwischenmenschlichen Beziehungen: Rivalitätsgefühle, das Empfinden, mißverstanden oder arrogant und ungerecht behandelt zu werden, Mißtrauen und Angst vor Unterdrückung oder Bloßstellung durch andere können bereinigt werden. Er verbessert das *soziale Klima* (Einfühlung, Verständnis,

[1] Selbst für die Lösung reiner Intelligenzaufgaben, erst recht natürlich für die Bewußtmachung und Mitteilung seelischer Regungen, ist das Verbalisierenkönnen der Lösungsschritte von großer Bedeutung. Siehe F. Merz, Der Einfluß des Verbalisierens auf die Leistung bei Intelligenzaufgaben, in: Zeitschrift für experimentelle und angewandte Psychologie 16 (1969) 114–137.

Vertrauen, Spontaneität, Zusammenhalt) und übt *soziales Verhalten und Zusammenarbeit* ein. Kurz gesagt: Eine Unterrichtsgestaltung, die die genannten sozialemotionalen Bedürfnisse erzieherisch berücksichtigt, verbessert die *Interaktion:* sie fördert die *Kommunikations- und Kooperationsfähigkeit*[2] der Schüler (und des Lehrers). Sie begünstigt dadurch sowohl die allgemeine Lernmotivation als auch das spezifisch ethisch-religiöse Lernen. Dieser Zusammenhang soll hier noch eingehender betrachtet werden.

Religionspädagogische Ziele und Sozialerziehung – ein enger Zusammenhang

Die folgenden Überlegungen könnten von einigen *spezifisch religionspädagogischen Zielen* ausgehen, die hier zuerst und ohne Anspruch auf Vollständigkeit genannt werden, wie sie in verschiedenen Lehrplänen für den evangelischen und katholischen RU umschrieben sind:

„Verstehen, daß menschliches Leben auf Sinn hin angelegt ist."

„Die Bedeutung der Liebe für zwischenmenschliches Verhalten erkennen."

„Die Bedeutung christlicher Überzeugung für politisches Handeln darlegen."

„Friede und freie Entfaltung aller Menschen als Gabe Gottes verstehen, die den Menschen als Aufgabe anvertraut ist."

„Den christlichen Glauben als Ja zum eigenen Leben und zur Entfaltung der mit ihm gegebenen Möglichkeiten sehen."

[2] *„Interaktion"* bezeichnet hier übergreifend und allgemein die wechselseitigen Beziehungen, durch die sich Personen in Gruppen unterschiedlicher Größe durch unmittelbare Kontakte (face to face) beeinflussen.

„Kommunikation" bedeutet Mitteilung oder genauer: das Verhalten eines Menschen (verbal: Sprechen mit den entsprechenden Worten, Tonfall, Tempo, Pausen; averbal: Mimik, Gestik, Lachen, Seufzen), insofern es für einen oder mehrere andere Mitteilungscharakter hat und eine Reaktion auslösen kann, die auf den Kommunikator zurückwirkt. Wir kommunizieren sowohl Aussagen (Inhalte) als auch Beziehungen (Zustimmung, Ablehnung). Kommunikation wird vor allem gestört durch die Mehrdeutigkeit der Mitteilung; dadurch daß der Empfänger Gefühle gegenüber früheren Bezugspersonen auf den jetzigen Kommunikator überträgt (Übertragung); durch die Annahme, der andere fühle jetzt genauso wie man selbst (Projektion); dadurch, daß jemand eine Mitteilung nicht persönlich an einen anderen richtet, sondern Vorstellungen von einer Gruppe auf ihn anwendet (Stereotypisieren), denen dieser nur teilweise entspricht (K. Antons 1973, 91f.).

„Kooperation" ist die „Fähigkeit mehrerer Beteiligter, ein gemeinsames Ziel verhaltensrelevant im Auge zu behalten, sich funktional im Hinblick auf dieses gemeinsame Ziel hin zu bewegen und dabei fähig zu sein, mit – berechtigten – Partialinteressen der einzelnen umzugehen" (K. Antons 1973, 113).

„Fähigkeit, in der Begegnung mit dem christlichen Gottesbild die eigenen Gottesvorstellungen zu überprüfen.“

Eine erste Beobachtung: Das Sprechen über religiöse Themen erfordert ein besonderes Bemühen um Kommunikationsbereitschaft in der Lerngruppe

Solche Inhalte und Lernziele verlangen über die Freude am Zusammenarbeiten und Zusammensein (Gruppenmotivation) hinaus eine *Gesprächsbereitschaft und -fähigkeit*, die mehr Vertrauen zu den Mitgliedern der Lerngruppe voraussetzt als etwa Inhalte und Lernziele des Mathematik-, Geschichts- oder Physikunterrichts.
Alle weltanschaulichen und theologischen Fragen haben, soweit sie nicht rein methodologisch oder geschichtlich sind, immer auch eine ausgeprägte Wert- und Erlebnisseite. Man kann letztlich nicht neutral, desengagiert fragen, ob „menschliches Leben auf Sinn hin angelegt ist“ oder über die Gottesfrage oder den Anspruch Jesu sprechen – so sehr all diese Themen eine sachliche Reflexion verlangen. Je schwerer es nun in einer Klasse ist, Erlebnisse und Wertungen zu äußern und miteinander zu konfrontieren, desto lieber behandelt man die genannten Themen nur noch auf der Ebene intellektueller und persönlich distanzierter Äußerungen – mit der Gefahr, mehr und mehr theoretische Konstruktionen, ideologischen Überbau und Rationalisierungen vorzutragen. Bei schlechtem Gruppenklima sucht man gar die gemeinsame Reflexion in einen Kampf gegen Rivalen umzufunktionieren; aus Rechthaberei, Dominanzstreben und Aggressivität macht man dann sachliche Argumente zu Waffen gegen die Gegner.
Bei vielen Themen unserer Lehrpläne müßte sich darum der Religionslehrer zuerst fragen, ob in der Klasse auch die nötige Kommunikationsbereitschaft vorhanden ist: ob es das emotionale Klima den einzelnen erlaubt, beispielsweise ein Kindheitserlebnis zu erzählen oder zu sagen, wie ein Film oder ein Gottesdienst auf sie gewirkt hat oder was ihnen spontan einfällt, wenn sie eine bestimmte Bibelstelle oder ein Gedicht hören. Gerade im religionspädagogischen Bereich kann bei vielen Themen und Lernzielen nur dann eine echte Fragestellung und eine neue Einsicht und Einstellung entstehen, wenn die Lernenden aus persönlicher Erfahrung heraus denken und sprechen (siehe dazu Kapitel IV, Einleitung). *Erfahrungsbezogenes Denken und*

Sprechen gelingt aber nur dort, wo die Gesprächsteilnehmer ein *Vertrauen* zueinander entwickeln, das ihnen erlaubt, ohne Angst vor Belächeltwerden oder vor Mißdeutungen persönliche Fragen, Schwierigkeiten und Positiverfahrungen in bezug auf das behandelte Thema auszusprechen.

Stufen der Kommunikationsbereitschaft im religionspädagogischen Feld

Man könnte – idealtypisch – folgende Stufen der Kommunikationsbereitschaft im religionspädagogischen Feld unterscheiden.
1. Eine Lerngruppe oder genauer: der bestimmende Teil einer Lerngruppe ist bereit, nur in persönlicher Distanz über weltanschaulich-theologische Fragen zu sprechen. Unter dem Notendruck des Schulfachs Religion und unter dem Erwartungsdruck der Eltern sind die Schüler bereit, sich Wissen über die Anschauungen der verschiedenen Religionen und auch des Christentums anzueignen. Themen wie „Verantwortung im politischen Leben", „Gott", „Gebet" werden *nur literarisch und referierend* behandelt, nämlich unter der Rücksicht: Was sagen bestimmte Theologen oder Dokumente der Überlieferung dazu? (= Ausschließlich wissensbezogene Kommunikation).
2. Eine Lerngruppe ist bereit, weltanschaulich-theologische Themen auch mit der Annahme (und dem entsprechenden Interesse) zu behandeln, daß sie *für das Selbstverständnis und die Sinnorientierung des Menschen im allgemeinen von Bedeutung* sind und insofern Gegenstand des Gesprächs sein sollen. (= Existentiale Kommunikation).
3. Eine Lerngruppe ist bereit, darüber hinaus auch zu fragen, was die behandelten weltanschaulich-theologischen Themen für ihre *persönliche Sinnorientierung,* wie sie grundsätzlich und intellektuell unter Absehen von gefühls- und verhaltensmäßigen Faktoren formulierbar ist, bedeutet. Man äußert sozusagen nicht nur: (1) „Der Theologe X schreibt dazu . . . " oder (2) „Für den modernen Menschen . . . ", sondern auch: (3) „Für mich als freier und denkender Mensch erscheint dies so . . . " (= Existentielle Kommunikation).
4. Eine Lerngruppe ist bereit, sich bewußt zu machen und darüber auszutauschen, was die in Frage stehende Thematik *auch für ihr Erleben und Verhalten* bedeutet, wie es durch die konkrete Lerngeschichte und durch die sich bildende Persönlichkeitsstruktur mit ihrer Sensibilität, ihren Gewohnheiten, ihren Motiven und ihrer Werthierarchie geprägt ist. Die Teilnehmer finden es fruchtbar und risikolos,

ihre subjektiven Widerstände, Mißverständnisse, aber auch ihre Ansprechbarkeit und Betroffenheit in bezug auf ein Thema bzw. auf die Reaktionen anderer auszusprechen oder auch nonverbal durch Malen oder Pantomimen auszudrücken. Sie sehen darin eine Möglichkeit, von eingefahrenen Reaktionen und unsachgemäßen Einstellungen loszukommen und auf neue Deutungen und Wertungen aufmerksam zu werden. Sie sind u. U. auch zu einem gemeinsamen Einsatz in einer Aktion bereit (= Erfahrungsbezogene Kommunikation.)[3]

Eine zweite Beobachtung: Das Vermitteln von sozial bedeutsamen religiösen Aussagen und Werten erfordert ein ständiges Bemühen um positiv erlebte mitmenschliche Beziehungen in der Lerngruppe

Mehrere der eingangs angeführten religionspädagogischen Richtziele und Inhalte verlangen nicht nur eine beachtliche allgemeine Kommunikationsbereitschaft, sondern sind auch unmittelbar inhaltlich auf zwischenmenschliche Erfahrungen in der Lerngruppe bezogen. Die „Bedeutung der Liebe für zwischenmenschliches Verhalten" kann beispielsweise nur dann befriedigend erschlossen und verstanden werden, wenn die Grundwerte Gerechtigkeit, Solidarität und Liebe auch in den Bemühungen der Gruppe um ein entsprechendes Gesprächs- und Arbeitsklima zu erfahren sind. Inhalte wie „Brüderlichkeit", „Diakonie", „Friede – Vergebung", „Zeugnis" u. ä. verlangen *als Vorverständnis, als Erfahrungsgrundlage (Voraussetzung für Transfer) und als Glaubwürdigkeitsbasis mitmenschliche Erfahrungen, die auch (nicht nur) in der Lerngruppe selbst vorhanden sein müssen.*

Das Bemühen um gerechte Konfliktlösung, um Überwindung von Dominanzregungen, um eigenständige Urteilsbildung (Autonomie und Verantwortung gegen bloßes Konformitätsstreben), um Rücksichtnahme, Solidarität und Vertrauen kann eine erste Aufgeschlossenheit und ein Verständnis für die genannten religiös motivierten Verhaltensweisen und Einstellungen grundlegen. Wer grundsätzlich nicht versuchte, ethisch-religiöse Lernprozesse durch solche Sozialerziehung grundzulegen, würde sich von vornherein auf eine erfah-

[3] Natürlich wären auch innerhalb dieser Stufe noch einmal verschiedene Kommunikationsgrade zu unterscheiden: das schlicht „ehrliche" und offene Gespräch einerseits und andererseits das in der Absicht und Intensität einer Selbsterfahrungsgruppe und im Geiste der „Themenzentrierten Interaktion" (TZI) geführte Gespräch usw. Siehe dazu J. Le Du (1971), A. Heimler (1976), B. Grom (1972, 24f., 64–75).

rungsfremde Vermittlung von Begriffen und Normen, auf eine überdeckende Belehrung und auf verbale Appelle beschränken. Es könnte sich u. U. auch ein soziales Klima herausbilden, wo der Religionslehrer mit Worten und Texten etwas als Wert darzustellen versucht, was in der Praxis des Unterrichts nicht viel bedeutet oder aufgrund der gelebten Nicht-Kommunikation unglaubwürdig erscheint. So wirkt es zwar in jedem Fach störend, wenn es infolge von Aggressivität, Sarkasmus, Demütigungen, Rücksichtslosigkeit, Konkurrenzdenken, Angst oder Taktlosigkeit zu Spannungen kommt; im RU jedoch, wo die „Bedeutung der Liebe für zwischenmenschliches Verhalten" einsichtig gemacht werden soll, stellen solche Spannungen, wenn sie nicht bereinigt werden, direkt das Erreichen des Lernziels in Frage. Die Interaktion innerhalb der Lerngruppe muß also auch als *sozialer Erfahrungsraum* für alle mitmenschlichen Grundwerte betrachtet und gefördert werden, die der RU ethisch-religiös reflektieren und begründen will.

Wenn in diesem Kapitel gruppenpädagogische Hilfen vorgeschlagen werden, so geschieht das also nicht nur, um die nötige Gesprächsfähigkeit zu entwickeln, sondern auch, um ein besseres Verstehen von ethisch-religiösen Inhalten zu gewährleisten, soweit dies durch die zwischenmenschlichen Erfahrungen in einer Lerngruppe geschehen kann. Gruppenpädagogische Verfahren bzw. Erfahrungen sind auf eine solche Zielsetzung und Vertiefung durchaus offen. Denn gruppenpädagogische Anstöße fördern ja nicht nur die Gesprächs- und Kooperationstechnik, sondern vermitteln auch Erfahrungen, die aus ihrer eigenen Dynamik heraus jeden, der sich dem nicht ausdrücklich verschließt, *vor ethisch-religiöse Fragen stellen* und damit eine theologische Vertiefung (und zwar ohne vorschnelle Ideologisierung) vorbereiten. So kann nach Kooperations- und Vertrauensübungen (siehe Nr. 19–33) die Frage wach werden, wieviel Kooperation und Solidarität Menschen einander schuldig sind und ob es einen Grund, ein Motiv für Kooperation gibt, der über den sich materiell auszahlenden Leistungsvorteil der Gruppe hinausgeht und auch noch lohnt, wenn Kooperation (und Solidarität) weder einen Besitz- noch einen Macht- oder Prestigezuwachs bringt, sondern nur noch im Blick auf den Mitmenschen als einen „Zweck an sich" (I. Kant) und als Bruder und Schwester in der Gemeinschaft mit dem allen gemeinsamen Vater Jesu Christi sinnvoll erscheinen kann. Ähnlich kann sich bei Übungen zu positivem oder kritischem Feedback und zur Selbsteinschätzung (siehe Nr. 34–38) die Frage stellen, ob es eine Instanz gibt, die

maßgebender ist für meine Selbstbewertung und Verhaltensorientierung als das Feedback und die darin nur vordergründig offengelassene Bewertung durch die anderen – maßgebender auch als die Erwartungen und Normen meiner früheren Erzieher und meiner jetzigen Umgebung: Gibt es in meinem Gewissen und in Jesus (mit seiner Praxis und Verkündigung) einen unbedingt Guten, der mich bestätigt und richtet? Für solche Fragen ist nicht mehr die Gruppenpsychologie, sondern die Theologie zuständig. Die Religionspädagogik sollte darum, wo immer möglich, auch gezielt von Erfahrungen und Aufgaben der Lerngruppe ausgehen: vom Problem einer gerechten Konfliktlösung, von der Erfahrung des Dominanz- und Konformitätsstrebens, aber auch von den Versuchen zu Rücksichtnahme, Vertrauen und Solidarität, um darin die religiöse und christliche Dimension und Motivation zu erschließen.
Wie sich in diesem Sinne, ausgehend von gruppenpädagogischen Übungen, die in diesem Kapitel vorgestellt werden, ein erfahrungsbezogener Einstieg zu sozialen Themen des Lehrplans finden läßt, mögen folgende Beispiele illustrieren:

Themenbereich	Mögliche Einstiegsübung
1. Wege zum Zusammenleben Einander kennenlernen Toleranz, Vorurteile	Wertschätzung (Nr. 36) „Sucht Bekanntschaft“ (Nr. 37) Antworten vergleichen (Nr. 37a) Ein Poster für dich (Nr. 37b)
2. Zusammenarbeit Solidarität Brüderlichkeit	Gemeinsam ein Bild malen (Nr. 23) NASA-Spiel (Nr. 20) 1-Mark-Spiel (Nr. 19) Kontrollierter Dialog (Nr. 22)
3. Aufmerksamkeit für andere Zärtlichkeit, Zuwendung Vertrauen, Liebe	Pendeln (Nr. 31) Tragen – Wiegen (Nr. 31a) Herumgeben (Nr. 32) Sich auf einen Hintermann fallen lassen (Nr. 33) Blind führen – sich blind führen lassen (Nr. 29)
4. Gewissen/Identität/ Selbstfindung durch Auseinandersetzung mit den Erwartungen der Umgebung	Heißer Stuhl (Nr. 34) Feedback in strukturierter Form (Nr. 34a) Selbsteinschätzung durch Fremdeinschätzung (Nr. 38) Erwartungen an mich (Nr. 38d)

Hindernisse auf dem Weg zu erfahrungsbezogener Kommunikation und positiver Sozialerfahrung

Es wäre zwar eine unzulässige Vereinfachung zu meinen, alle Ursachen, die eine Lerngruppe auf einer der oben genannten niederen Kommunikationsstufen zurückzuhalten und an positiven Sozialerfahrungen hindern, seien auf mangelnde Kommunikationsfähigkeit zurückzuführen und darum durch Sozialerziehung zu beseitigen. Fremdheit und Voreingenommenheit gegen das Religiöse im allgemeinen und gegen dessen kirchlich-schulische Vermittlung im besonderen, die Furcht vor einer Vereinnahmung durch eine Institution, unreflektiert übernommene Einstellungen des Milieus, das Desinteresse einer säkularisierten öffentlichen Meinung, die das Religiöse privatisiert oder auch tabuisiert, und andere Trends sind hier mindestens ebenso stark wirksam.[4] Und trotzdem kann eine Klasse, die sonst die günstigsten Vorraussetzungen für einen erfahrungsbezogenen Gedankenaustausch mitbringt, auf einer Anfangsstufe der Kommunikation blockiert werden, weil das sozialemotionale Klima in ihrem Binnenraum eine intensivere Kommunikation verhindert.
Die größten sozialemotionalen Hindernisse auf dem Weg zu einer erfahrungsbezogenen Kommunikation und positiven Sozialerfahrung im RU sind vermutlich

- *innere Fremdheit:* man kennt sich nur äußerlich. – Dieses Hindernis kann nur durch Bemühungen um ein tieferes Sichkennenlernen überwunden werden (siehe die Anregungen Nr. 6–10 u. a.).
- *Unsicherheit,* die gerade Jugendliche verängstigen und isolieren kann. – Dieses Hindernis wird letztlich nur durch ein Klima des Vertrauens und der Wertschätzung überwunden, das methodisch

[4] Darum genügt es auch nicht, die in Trainingsgruppen ohne Sachaufgaben beobachteten Kommunikationshindernisse (siehe etwa die Aufzählung in Anm. 2) auch im RU nachzuweisen und zu beseitigen. Es genügt auch nicht, die von verschiedenen Gruppenpsychologen vorgeschlagenen *Phasenmodelle von Gruppenentwicklungen* (siehe dazu P. Sbandi 1973, 130–152) einfach auf die Schulklasse im RU zu übertragen. Diese Kommunikationshindernisse und Phasenmodelle erfassen zwar Schwierigkeiten (infolge Mehrdeutigkeit der Mitteilungen, Übertragungen, Projektionen) und Entwicklungen (Formierungs-, Konflikt-, Normierungs- und Arbeitsphase bzw. Phasen einseitiger und gegenseitiger Abhängigkeit), die auch in Schulklassen eine Rolle spielen. Aber sie *berücksichtigen zuwenig die Beziehungen zur Thematik, zum schulisch-kirchlichen Rahmen, zur geistesgeschichtlichen Situation und zur öffentlichen Meinung.* Außerdem beschreiben die bis jetzt vorgelegten Phasenmodelle die Gruppenentwicklung unter so verschiedenartigen Gesichtspunkten, daß es schwer sein dürfte, das konkrete Geschehen in einer Lerngruppe danach einzuschätzen, zumal solche Schemata auch dazu verleiten, die Vielfalt möglicher Gruppenentwicklungen zu übersehen.

nicht organisierbar, aber, wo von den Beteiligten her grundsätzlich bejaht, durch Kontakt- und Interaktionsmöglichkeiten zu fördern ist.

- *Konkurrenzdenken,* das von den sogenannten Leistungsfächern meistens verstärkt wird. – Diese Barriere kann nur durch wachsende Kooperationserfahrung und Gruppenmotivation abgebaut werden. Gerade im RU muß der Schüler das Gefühl haben können, daß er hier nicht nur wegen seiner intellektuellen Leistung, sondern auch als aufgeschlossener, sinnsuchender Mensch mit seinen Fragen und Erfahrungen etwas gilt.

Ohne systematische Sozialerziehung geht es nicht

Man muß ganz deutlich sehen, daß diese Hindernisse nicht einfach im Laufe der „natürlichen" Gruppenentwicklung in der Klasse überwunden werden, sondern auch eine gezielte Sozialerziehung notwendig machen. In ihrer Ausgangslage ist eine Schulklasse nämlich „weder ein gewachsenes Sozialgebilde wie die Familie, noch ist sie ein Wahlverband wie eine Spielgruppe. Sie ist zunächst nichts anderes als ein soziales Zwangsgebilde" und ein *„von oben her normiertes Zwangsaggregat",* bestimmt durch das Zusammensein im gleichen Raum, durch das Gerichtetsein auf den Lehrer und den Unterricht sowie durch die von außen auferlegten Normen, da die Leistungsfächer als Durchgang für den sozialen Aufstieg in der Gesellschaft gelten (C. Weiß 1964, 9). Freilich bilden sich in einer Klasse bald Subgruppen und Freundschaftsbeziehungen. Aber im herkömmlichen stoff-, leistungs- und lehrerzentrierten Frontalunterricht sind diese Ansätze zu einer Sympathie- und Interessengemeinschaft weitgehend auf die Kontakte außerhalb des Unterrichts beschränkt (Pausen, Schulweg). Dort bildet sich leicht eine inoffizielle Sozialstruktur mit Cliquen und Paaren und mit festen Abhängigkeitsverhältnissen (H. Schiefele 1964, 387). Innerhalb des überwiegend stoff-, leistungs- und lehrerzentrierten Frontalunterrichts bleiben die Kontakt- und Interaktionsmöglichkeiten äußerst beschränkt. Die Schüler können ihre Bedürfnisse nach Verbalisierung, Anerkennung, Unterstützung, Auseinandersetzung und Vorbild (Beobachtungslernen) fast nur in der Beziehung zum Lehrer- und auch da nur innerhalb der leistungsbestimmten Stoffbearbeitung und in weitgehender Ein-Weg-Kommunikation – und nicht im Zusammenwirken mit den Mitschülern befriedigen. Sozialemotionale Bedürfnisse, die über die

Lehrerbeziehung hinausgehen, können also nur außerhalb der Lernaufgaben erfüllt werden: dadurch daß die Schüler während des Unterrichts miteinander über etwas anderes reden usw.
Überläßt man diesen Unterricht ganz der Dynamik schulischer Leistungsanforderungen, so wird in den zwischenmenschlichen Beziehungen der Schüler das Konkurrenzprinzip gegenüber dem Solidaritätsprinzip einseitig gefördert; der an sich notwendige und gesunde Konflikt zwischen Leistungsstreben und sozialemotionalen Bedürfnissen wird einseitig zugunsten des Leistungsstrebens gelöst. Kommunikation und Kooperation bleiben unterentwickelt.
Darum wurde auch schon von den Reformpädagogen, die den Frontalunterricht nicht in Frage stellten, die Notwendigkeit betont, durch Interaktionsmöglichkeiten außerhalb des Unterrichts, durch Feier, Spiel, Wandertage und Landschulaufenthalte, die Kontakte zu fördern. Solche Hilfen außerhalb des Unterrichts werden wohl immer notwendig sein (siehe auch Nr. 10). Doch sollte man sich auch *innerhalb der Unterrichtsgestaltung* um eine verbesserte Interaktion bemühen.

Wieviel Sozialerziehung braucht der RU – wieviel kann er leisten?

Die oben angeführten Beobachtungen zeigen klar, daß sich der RU mehr als die naturwissenschaftlichen Fächer und mindestens ebenso intensiv wie Sozialkunde und Ethik um eine Verbesserung der Kommunikationsfähigkeit bemühen muß. Das bedeutet allerdings nicht, der RU müsse deswegen alle Anforderungen eines Leistungsfaches von den Schülern fernhalten und zu einem Ersatz für die anderswo erlittenen sozialemotionalen Entbehrungen werden – zu einer Art Selbsterfahrungsgruppe, deren Thema und Lernziel praktisch nur noch die eigenen zwischenmenschlichen Beziehungen und Konflikte sind. Der Religionslehrer sollte auch nicht – wie oft genug geschehen – deshalb „in Gruppendynamik machen", weil er sich selbst und den Schülern keine theologische Information und Reflexion mehr zutraut und statt dessen (also nicht als Erfahrungsraum dafür) „Lebenshilfe" ohne ethisch-religiöse Durchdringung anbieten muß.
Der RU muß so viel Zeit und Kraft für die Förderung der Kommunikations- und Kooperationsfähigkeit verwenden, als – nach allem, was oben ausgeführt wurde – für das Erreichen der ihm eigenen Lernziele notwendig ist. Das ist von Fall zu Fall verschieden: In Klassen, wo sich auch andere Lehrer um einen kooperativen Unterrichtsstil und

um Sozialerziehung bemühen, sollte sich der Religionslehrer nicht zum einzigen Anwalt dieses Anliegens aufwerfen, sondern auf der Arbeit der Kollegen aufbauen. In anderen Klassen muß er – notfalls auch im Alleingang, so sehr dadurch die Aussicht auf Erfolg geschmälert wird – selbst versuchen, Grundlagen zu legen. Es sei auch hier schon darauf hingewiesen, daß dies nicht nur in themenunabhängigen Übungen mit Trainings- und Laboratoriumscharakter, sondern auch in engem Zusammenhang mit der Behandlung eines Unterrichtsstoffes geschehen kann: indem man diesen Stoff in einer möglichst kooperativen Arbeitsform (Nr. 11–18) vermittelt; indem man Anstöße zu einem erfahrungsbezogenen Gespräch gibt (Nr. 58–68) oder indem man ins Unterrichtsgespräch über ein Sachthema kurze Hinweise auf ein fruchtbares Gesprächsverhalten einflicht. Beispielsweise: Jeden aussprechen lassen. Es soll immer nur einer reden. Nie jemanden lächerlich machen, sondern jede Ansicht tolerant anhören und bedenken. Persönliche Ansichten äußern, und zwar persönlich („Ich meine", „Mir scheint"); sie nicht absolut oder als Meinung aller hinstellen. „Sei zurückhaltend mit Verallgemeinerungen" (R. Cohn).

Die Klasse – Arbeitsgruppe oder Kontaktgruppe?
Der Unterricht – stoffzentriert oder personenzentriert?

Die Frage, wieviel Kommunikations- und Kooperationserziehung im RU versucht werden muß und kann, wird trotz der oben formulierten Grundorientierung immer wieder problematisch sein. Die Lehrpläne hatten – wenigstens früher – meistens die Tendenz, die Notwendigkeit emotionalen und sozialen Lernens kleinzuschreiben und sich auf die leichter prüfbaren kognitiven, wissensbezogenen Lernziele zu konzentrieren. Im allgemeinen neigen die Lehrpläne und ein Teil der Lehrerschaft dazu, die Klasse als reine *Arbeitsgruppe* zu sehen, die ein Minimum an sozialemotionalen Kontakten (= Personenzentriertheit) und ein Maximum an Stoffzentriertheit haben soll. In dieser Sicht haben soziale Lernziele keinerlei Eigenwert. Sie sind den stoff- und wissensbezogenen Zielen völlig unterzuordnen: so viel Sozialerziehung, als für eine Entstörung und Gruppenmotivation im Hinblick auf eine bessere Wissensvermittlung notwendig ist – was darüber hinausgeht, ist ungerechtfertigter Zeit- und Kraftaufwand. Und wenn die Wettbewerbsmotivation (Konkurrenzdenken) bessere Leistungen erbringt, soll sie nicht zugunsten der Gruppenmotivation abgebaut werden. Methodisch meint diese Richtung meistens, die

nötige Entstörung und Gruppenmotivation könnten ohne systematische Sozialerziehung, allein durch die kooperative Arbeit am Stoff erreicht werden.
Diese Richtung übersieht, daß mit der Vernachlässigung der Sozialerziehung nicht nur starke äußere (extrinsische) Motivationen[5] und Lernchancen (siehe oben) wegfallen, sondern viele Lernziele des RU, die von ihrem Wesen her „personenzentriert“ sind, in Frage gestellt werden.
Lehrer, die hingegen die Sozialerziehung betonen oder die Gruppenpädagogik entdeckten, neigen oft dazu, die Klasse mehr oder weniger als *Kontaktgruppe* nach dem Modell von sozialpädagogischen Selbsterfahrungs- und Therapiegruppen zu betrachten und ein Maximum an Personenzentriertheit und ein Minimum an Stoffzentriertheit anzustreben. Der Wissenserwerb soll sozusagen nur der Gemeinschaftsbildung als Material dienen, an dem sich soziale Beziehungen aufbauen können. Hinter dieser Richtung steht nicht selten ein Methodenprinzip, nach dem Konfliktbearbeitung und Aufbau von Vertrauen nur durch die ausdrückliche Besprechung der sozialemotionalen Beziehungen zwischen den Gruppenmitgliedern möglich ist – ein Grundsatz, der ganz dem Therapie- und Laboratoriumskonzept verpflichtet ist.
Diese Richtung sieht zwar klar, daß Sozialerziehung viele notwendige Voraussetzungen für religionspädagogische Ziele schaffen kann und daß sie auch eine systematische und zeitweise ausdrückliche Bearbeitung der zwischenmenschlichen Beziehungen erfordert. Aber andererseits unterschätzt sie die Bedeutung der kognitiven Seite am ethisch-religiösen Lernen und verkennt die Notwendigkeit, innerhalb des Schulfachs Religion auch intellektuelle Fähigkeiten und Leistungsmotivation (die nicht mit Wettbewerbsdenken gleichzusetzen ist) zu fördern und zu fordern. Vermutlich überschätzt sie manchmal

[5] Für einen Unterricht, der nur intellektuelle Fähigkeiten und Wissen anstrebt, ist das Bedürfnis der Schüler nach eigener Entscheidung, nach Anerkennung und Gruppenzugehörigkeit eine sachfremde (extrinsische) Motivation – ähnlich wie die Aussicht auf Belohnung (Noten) oder Strafe. Ein Unterricht, der die Berücksichtigung dieser Bedürfnisse als Lernziel anerkennt, betrachtet eigene Entscheidungen, Zugehörigkeitsgefühl u. ä. als die „Sache“, die er den Schülern vermitteln will. Für diese Zielsetzung sind die sozialemotionalen Bedürfnisse und Beziehungen der Schüler eine innere (intrinsische) Motivation, während das Interesse am Stoff oder an einem Medium oder an einer Arbeitsform den Lernvorgang von außen, als extrinsische Motivation, unterstützt (siehe K. Macht 1973, 50; H. Heckhausen 1971, 194–198). Nach allem, was oben dargelegt wurde, hat der RU viele sozialemotionale Ziele, die einem anderen Fach als sachfremde Motivation gelten, als innere Motivation zu betrachten.

auch die Möglichkeiten, innerhalb des schulischen Unterrichts durch die hier und jetzt erlebte Eigenerfahrung, durch „lebendiges Lernen" im Sinne von Ruth Cohn, zu lernen.
Nach allem, was bereits dargelegt wurde, sollten Lehrplan und Lehrerschaft anerkennen, daß im RU sozialemotionale *und* kognitive Lernziele ihr *Eigenrecht* haben und eher aufeinander hingeordnet als einander völlig untergeordnet werden sollen. Denn häufig sind religionspädagogische Lernziele nur auf der Grundlage einer vorausgehenden oder begleitenden Sozialerziehung zu erreichen, so daß diese mehr ist als eine Entstörung und Gruppenmotivation im Dienste eines rein kognitiven Lernens. Umgekehrt verlangt allerdings auch die Sozialerziehung eine intellektuelle Reflexion.
Es ist keineswegs aussichtslos, gleichzeitig soziale und stoffbezogene Ziele anzustreben. Man muß nämlich auch nüchtern sehen, daß die Bemühung um sozialemotionale Ziele nicht bedeutet, daß man einheitlich einen Unterrichtsstil durchhalten muß, der ständig wissensbezogene Leistungen zugunsten der Sozialerziehung zurückstellt. Wenn gewährleistet ist, daß man auch innerhalb des leistungsbetonten Unterrichts wirklich an die *Leistungsmotivation* (d. h. an die Freude am Erfolg und an der Selbstentfaltung: „Es macht mir Spaß, daß ich das kann") appelliert und nicht einfach nur das *Wettbewerbsstreben* (Rivalität, Konkurrenzdenken) verstärkt, können auch im RU ohne Schaden *Phasen mit vorwiegend personen- und gruppenzentrierter und Phasen mit vorwiegend stoff- und leistungszentrierter Zielsetzung miteinander wechseln.* Es ist kein innerer Bruch, sondern auch ein erzieherischer Gewinn, wenn Schüler – freilich nur bei Inhalten und Zielen, die sich dafür eignen – auch erfahren, daß weltanschaulich-theologische Fragen auch intellektuelle Information und Reflexion verlangen und daß RU und soziales Lernen nicht mit intellektueller Unterforderung und Leistungsfeindlichkeit verwechselt werden dürfen.
Bezüglich der *Methodenfrage* kann man mit guten Gründen folgendes annehmen. Einerseits genügt es nicht, nur über die Stoffbearbeitung und über kooperative Arbeitsformen die Interaktion verbessern zu wollen. *Es bedarf auch eigener Übungen,* die zu einer ausdrücklichen Klärung sozialemotionaler Beziehungen und Konflikte in der Klasse beitragen. Andererseits ist gerade innerhalb einer Klasse *die kooperative Bearbeitung eines Themas die wichtigste Grundlage für eine Verbesserung des sozialen Klimas* (siehe G. Dietrich 1969), da die Unsicherheit der Jugendlichen der ausdrücklichen Besprechung ihrer

Gruppenkonflikte Grenzen setzt und es allgemein einseitig wäre zu meinen, „Gruppenkohäsion könne nur auf dem Wege der Beziehungsklärung oder der Bearbeitung verdeckter Konflikte erreicht werden“ (B. A. Schmid 1973, 264). Damit stellt sich die Frage, was eine schüler- und schulgerechte Sozialerziehung von der gruppenpädagogischen Bewegung lernen und übernehmen kann.

Schülergerechte Sozialerziehung durch gruppenpädagogische Übungen?

Der Wert von kooperativen Unterrichtsverfahren wurde in der Pädagogik schon verhältnismäßig früh erkannt; Partner- und Kleingruppenarbeit werden schon seit Jahrzehnten empfohlen, wenn auch verhältnismäßig selten durchgeführt. Daß darüber hinaus auch eigene Übungen zur Verbesserung des emotionalen Klimas notwendig sind, wurde in den letzten Jahren vor allem von Lehrern und Erziehern betont, die selbst ein Gruppentraining einer der verschiedenen gruppenpsychologischen Richtungen mitgemacht hatten. Sie versuchten, durch Übungen, die sie in einem Training von Erwachsenen in einem außerschulischen, meist ohne Sachaufgabe übenden, überwiegend auf direkte Sensibilisierung oder auch Therapie ausgerichteten „Laboratorium“ kennengelernt hatten, auch die Konflikte und Beziehungen innerhalb der Klasse zu bearbeiten. (Trainings, die mehr aufgaben- und kooperationsbezogen ausgerichtet waren, traten erst später in den Vordergrund.)
Diese Versuche haben oft zu erstaunlichen Erfolgen geführt. Sie haben nicht selten aber auch Schaden angerichtet: Schwierige Schüler wurden durch allzu negatives und nicht relativiertes Feedback[6] stark verunsichert, Einzelgänger durch soziometrische Analysen oder Spiele[7] noch mehr isoliert. Provozierende Übungen des Lehrers

[6] Übungen zum *Feedback* (Rückmeldung, Rückkopplung) zielen darauf ab, den einzelnen Gruppenmitgliedern bewußt zu machen, wie sie auf andere wirken. Man läßt beispielsweise einen „passenden“ Tiernamen für sie suchen oder auf einen durch Los zugeteilten Zettel mit dem Namen eines Gruppenmitglieds drei Eindrücke (positive wie negative), die man von ihm hat, schreiben und spricht dann darüber.

[7] *Soziogramme* sollen die Beziehungen zwischen den Mitgliedern einer Gruppe bewußt machen und veranschaulichen: Starpositionen, weitgehende Integration aller oder Zerfall in Cliquen und Paare, isolierte Schüler. Die Beziehungen zwischen den Gruppenmitgliedern erkundet man dabei entweder durch eine Umfrage (Mit wem würdest du am liebsten in der Klasse zusammensitzen, in einer Gruppe arbeiten, eine Fahrt machen o. ä.?) oder durch symbolische Spiele (z. B. „Siedeln“: so lange die Plätze wechseln, bis jeder neben dem sitzt, den er am liebsten als Nachbarn hat). Solche Soziogramme können den Lehrer und Erzieher auf mangelnde Integration und auf die

regten die Schüler u. U. mehr zu einem undifferenzierten Mißtrauen gegen jede Art von Autoritätsträger als zu kritischer Mitbestimmung an, oder man hat (nach einem fragwürdigen Katharsiskonzept) eher Aggressivität suggeriert, als daß vorhandene Aggressivität bewußt gemacht und verarbeitet worden wäre.

Die Pädagogik, zumal die Religionspädagogik, sollte auf diese Versuche, gruppenpädagogische Übungen in den Schulbereich zu übertragen, nicht verzichten, auch wenn viele gruppenpsychologische Methoden und Theorien noch ungeklärt sind. Aber sie sollten sich um eine Adaptation, d. h. um eine *schüler- und schulgerechte Auswahl und Weiterentwicklung* dieses Methodenangebots bemühen und aus den Fehlern der Pionierzeit lernen. Diese Aufgabe ist noch lange nicht gelöst. Auch die folgenden Vorschläge können diese Entwicklung nicht zu einem handbuchreifen Abschluß, sondern bestenfalls einen Schritt weiter führen. Bei einer schülergerechten Auswahl und Weiterentwicklung gruppenpädagogischer Verfahren sollte man – über das oben Gesagte hinaus – vor allem folgendes beachten.

Leitlinien für eine schülergerechte Auswahl und Anwendung gruppenpsychologischer Verfahren

1. *Die konstruktive Übung muß gegenüber der aufdeckenden Bewußtmachung überwiegen:* Natürlich ist jede Sozialerziehung auch an eine aufdeckende Sensibilisierung gebunden. Aber andererseits sollte man nicht meinen, Kommunikations- und Kooperationsfähigkeit entwickle sich nach einer Sensibilisierung durch Feedback und durch Aufdecken unbewußter Wünsche und Ängste von selbst. Oft entwikkeln sich – das hat sich in Gruppentrainings von Erwachsenen gezeigt – nur eine Hyperreflexion und eine Diagnose ohne Therapieansatz, die mehr verunsichern und abstempeln als neue Verhaltensweisen ermöglichen. Diese Gefahr ist bei Jugendlichen mit ihrer unabgeschlossenen Identitätssuche und Unsicherheit besonders groß. Man sollte

Schwierigkeiten von Einzelgängern aufmerksam machen. Sie sind aber auch höchst problematisch: 1. Sie liefern eher eine Moment- und Stimmungsaufnahme als ein Bild der tatsächlichen und beständigen Beziehungen, da die Teilnehmer oft aus einer augenblicksbedingten Enttäuschung oder Wunschvorstellung heraus reagieren. 2. Sie sind eher ein diagnostisches als ein erzieherisches Mittel. Ja, sie können die sozialerzieherische Aufgabe sogar erschweren, indem sie die Isolation eines Einzelgängers durch die Bewußtmachung verschärfen (ohne zu ihrer Überwindung beizutragen) oder indem sie (das gilt erst recht von Feedback-Übungen) Jugendliche mit Reaktionen anderer konfrontieren, die sie als Werturteile auffassen, obwohl sie eher augenblicksbedingte Eindrücke sind.

darum die zwischenmenschlichen Beziehungen möglichst durch konstruktive Aufgaben und Übungen verbessern und nur in dem Maße direkt bewußt (und zum Gesprächsthema aller) machen, als dies wirklich zu einer Verarbeitung und Verhaltensänderung beiträgt: mehr „Sozialtraining“ (P. Rohner 1973) und Kommunikationstraining als Sensitivity-Training oder Gruppenpsychotherapie.

2. Die Beziehungsklärung soll möglichst im Zusammenhang mit der Sachbearbeitung versucht werden: Zwar müssen gerade zu Beginn eines Schuljahres (oder eines Seminars) besondere Hilfen zum Sichkennenlernen und zu vertrauensvollen Kontakten angeboten werden. Aber im methodischen Gesamtkonzept des Unterrichts soll die Klärung der emotionalen Beziehungen nicht Selbstzweck und Hauptaufgabe werden. Vielmehr sollte man sie möglichst innerhalb der sachbezogenen Arbeit versuchen, um darin emotionale Störungen und mangelnde Kommunikationsfähigkeit zur Sprache zu bringen und zu beheben. Es sollte sozusagen Stil werden, daß Schüler und Lehrer ihr Unbehagen, d. h. ihre Lernstörungen offen und konstruktiv artikulieren,

- wenn man aneinander vorbeimonologisiert (vom Thema abschweifen, einer Frage ausweichen, auf Lieblingsideen beharren),
- wenn jemand Abwehrhaltungen oder Mißverständnisse auslöst (wenn man den Ton, in dem einer redet, nicht mehr ertragen kann usw.),
- wenn einer aus emotionaler Voreingenommenheit redet,
- wenn die Teilnehmer eine Äußerung als nicht nachvollziehbar empfinden (als theoretische Konstruktion, als angelesene Formel).

Wenn man solche Störungen äußert und bearbeitet, werden die Teilnehmer mit ihren emotionalen Bedürfnissen und Schwierigkeiten berücksichtigt und wieder in das Sachgespräch (das im RU freilich häufig auch eine personen- und emotionsbezogene Seite hat) einbezogen. Die emotionale und subjektive Seite wird also stärker beachtet als im reinen Sachunterricht. Aber sie wird nicht Hauptthema wie im Sensitivity-Training. Rationale Fragen werden zunächst durch rationale Informationen und Reflexionen beantwortet. Sie werden nur dann als rationalisierter Ausdruck von Wünschen und Ängsten hinterfragt, wenn dies begründet erscheint. Insofern und nur insofern sollte also die von Ruth Cohn für die „Themenzentrierte Interaktion“ aufgestellte Regel für den gesamten RU gelten: „Störungen haben Vorrang: Unterbrich das Gespräch, wenn Du nicht wirklich teilnehmen kannst, z. B. wenn du gelangweilt, ärgerlich oder aus einem anderen Grunde unkonzentriert bist" (M. Kroeger 1973, 162f.). Diese Regel soll nicht dazu führen, der Beziehungsklärung vor der Sachbearbeitung, dem psychologischen Hinterfragen vor der gedanklichen Durchdringung und dem Einzelnen vor der Gruppe grundsätzlich einen Vorrang einzuräumen (siehe auch B. A. Schmid 1973, 264; P. Rohner 1973, 89f.).

Der Lehrer muß ein Minimum an Gruppenerfahrung mitbringen

In diesem Kapitel werden zwar lauter Übungen und Reflexionen vorgeschlagen, die man auch ohne die Mitwirkung eines geschulten Gruppentrainers durchführen kann. Trotzdem sollte der Religionslehrer oder Gruppenleiter über ein Mindestmaß an eigener Erfahrung in einem Kooperationsseminar, einem Sozialtraining, einem gruppenpädagogischen Kurs oder einem Sensitivity-Training verfügen. Die Übungen können ihr Ziel nicht erreichen, wenn sie nur als Gesellschaftsspiele zur Erregung oder Unterhaltung der Jugendlichen eingesetzt werden. Sie sind so viel wert, als ihre Auswertung zu einer vertieften sozialen Sensibilität, Kommunikation und Kooperation führt. Das kann der Lehrer/Gruppenleiter aber nur leisten, wenn er aus eigener Erfahrung die wichtigsten Faktoren im Zusammenwirken und -leben von Gruppen kennt und aus dieser Kenntnis auch sieht, was eine Klasse/Gruppe jeweils braucht. Ohne Zweifel gibt es auch auf diesem Gebiet Naturtalente, die durch ihre Sensibilität und Beobachtungsgabe lernen. Trotzdem sprechen viele Gründe dafür, daß jeder Lehrer und Gruppenleiter wenigstens einmal ein Gruppentraining mitmacht. Joseph Luft hat sie treffend zusammengefaßt:

- „Man sollte sich die Zeit nehmen, die Faktoren zu erforschen, die die Motivationen des Lehrers beim Lernen und Lehren beeinflussen. In einer Gruppe, die den einzelnen gewähren läßt, wird es möglich, *tiefere Motive zu klären*. Wenn er erfährt, daß er die Neigung hat, seine Motive zu beschönigen, kann der Lehrer möglicherweise das gleiche Problem bei seinen Schülern besser einschätzen.
- Man kann klarer erkennen, welche *Vielfalt von Führungsfunktionen* es gibt. Der Lehrer sollte, als eine besondere Art von Führer, mehr von den verschiedenen Arten des Führungsverhaltens verstehen, z. B. von zentralisierten oder verteilten Funktionen, formeller und informeller Führung, dem Auftauchen von Schüler-Führern und

der Entstehung von Führungsfunktionen in Untergruppen sowie von der Wirkung dieser Verhaltensmuster auf die Arbeit des Lehrers.
- Man sollte die Macht des Lehrers als Führer erkennen, so daß seine *Handhabung von Belohnungen und Strafen* mit den Lernzielen übereinstimmt. Zugleich muß der Lehrer etwas lernen über die Macht der Gruppe, ihre eigenen Mitglieder zu belohnen und zu bestrafen, sowie über ihre Fähigkeit, den Lehrer zu beeinflussen.
- Man kann etwas lernen über die *Entfaltung von Status und Rollen innerhalb einer Klassengruppe*. Die Grundlage für den Status können Schulnoten und Intelligenz sein, aber auch soziale Künste, körperliche Tüchtigkeit, die Fähigkeit, der Autorität zu trotzen, und andere emotionale Fähigkeiten können den Status bedingen, wenn sie auch wenig direkten Bezug zum Erlernen des schulischen Lernstoffs haben.
- Wenn es dem Lehrer gelingt, in bezug auf seine eigenen Fähigkeiten und Grenzen bewußter und offener zu sein, kann er dazu beitragen, *in seinen Schülern mehr Vertrauen wachzurufen*. Er wird es weniger nötig haben, sich hinter seinem offiziellen Status zu verstecken. Er, der Lehrer, wird möglicherweise aufgeschlossener sein für neue Ideen und neue Informationen von seinen Schülern wie auch von anderen. Wenn er auf die falschen Vorrechte seines Status verzichtet, wird er freier sein, sich auf den Lehrstoff und auf den Lernprozeß zu konzentrieren. Die Schüler, die diese authentische Atmosphäre spüren, reagieren möglicherweise mit mehr Neugier und mehr Bemühungen in ihrer Arbeit“ (J. Luft 1977, 65–67).

Damit werden nicht einfach Gruppentrainings empfohlen, sondern auch Ansprüche an solche Trainings gestellt und Auswahlkriterien formuliert.

Anregungen für die Praxis

1. Aufbauelemente für kommunikative Anfangsphasen

Besonders bei Schülerseminaren (Einkehrtagen, religiösen Freizeiten, Tagen religiöser Orientierung), zum Teil aber auch in den ersten Unterrichtsstunden bei Schuljahrsbeginn sollte man eine *kommunikative Anfangsphase* gestalten, die allen Beteiligten gleich zu Beginn hilft,

- Fremdheit, Anonymität und Scheu voreinander zu überwinden, sich besser kennenzulernen und als Gemeinschaft zu erfahren,
- die Gefühlsverdrängung und rationale Programmierung des gewöhnlichen Schulalltags zu durchbrechen und eine erlebnisgünstige Atmosphäre der Spontaneität und Kreativität zu schaffen,
- das Konkurrenzdenken und die entwicklungsbedingte Unsicherheit zu bewältigen und eine angstfreie, vertrauensvolle Gesprächsbereitschaft zu entwickeln.

Für Anfangsphasen mit dieser Zielsetzung haben sich folgende Aufbauelemente bewährt:

Zweiergespräch und Partner-Vorstellen 6

a) Die Teilnehmer *bilden Paare.*
Das sollte nicht durch Sympathiewahl (Angst vor Isolierung!) oder nach der Sitzordnung geschehen, sondern nach Losverteilung.
Verschiedene Möglichkeiten:

- Schnüreziehen: Der Leiter hält ein Bündel Schnüre (halb so viel, als Teilnehmer da sind) so in der Hand, daß deren Enden links und rechts herausschauen, ohne daß man sieht, wie sie miteinander zusammenhängen. Jeder ergreift nun ein Schnurende – und ist damit einem Partner zugeordnet.
- Tierpaare: Der Leiter verlost Kärtchen, auf denen die Namen von Tierpaaren stehen (Hahn – Henne, Stier – Kuh, Ziege – Ziegenbock usw.). Die Jugendlichen machen zuerst die entsprechenden Laute, um sich so zu Paaren zusammenzufinden.
- Herzen zusammensetzen: Der Leiter schneidet aus Karton Herzen

aus und halbiert jedes auf eigene Weise. Jeder bekommt eine Hälfte durch Los zugeteilt und sucht nun den Partner, dessen Teilstück das seine ergänzt.

- Sprichwörter: Auf Kärtchen, die dann in der Mitte auseinandergeschnitten werden, schreibt man Sprichwörter. Jeder holt sich eine Hälfte und sucht nun den Partner mit der dazu passenden anderen Hälfte.

Anstatt die Paare durch Losverteilung zu bestimmen, kann man die Teilnehmer auch auffordern, den als Partner zu wählen, den man noch am wenigsten kennt.

b) Die Partner *interviewen* einander anhand einiger Fragen, die der Leiter aus der folgenden Liste auswählen und auf einer Wandzeitung vorschlagen kann:

1. Welche Hobbies hast du? (Dazu zuerst eine typische Bewegung machen.)
2. Welche Schriftsteller und welche Musik liegen dir am meisten?
3. Bist du politisch interessiert?
4. Hast du Verantwortung in der Schule, im Beruf oder sonstwo?
5. Bist du gern in der Schule (in deinem Beruf)? Warum?
6. Was ist dein Traumberuf (Zukunftspläne)?
7. Wo möchtest du am liebsten leben?
8. Was hältst du für das Überflüssigste in der Welt?
9. Was regt dich am meisten auf?
10. Hast du zu vielen Menschen Kontakt? Bist du gern allein?
11. Wie kommst du mit deinen Eltern aus?

c) Jeder Teilnehmer *stellt nun seinen Partner der ganzen Gruppe vor,* indem er die Informationen verwendet, die er im Zweiergespräch erhalten hat und die ihm für eine Vorstellung nützlich erscheinen.
Die Aufgabe fördert nicht nur das Sichkennenlernen, sondern auch die Fähigkeit, auf den anderen einzugehen. Man sollte aber bei Jugendlichen nicht wie in manchen Gruppentrainings gleich darüber reflektieren, was die einzelnen bei ihrer Vorstellung ausgelassen oder betont haben, und wo sie von ihrem Partner korrigiert werden mußten. Eine solche Reflexion verunsichert zu stark und führt zu einer Hyperreflexion, die gerade in der Anfangsphase schädlich sein kann. Wenn sich Schüler aus dem Klassenverband schon kennen, sollte man jene Fragen auswählen, die im gewöhnlichen Kontakt in der Schule nicht zur Sprache kommen, die also ein Kennenlernen von einer anderen Seite ermöglichen.

Dem gleichen Ziel dienen Gesellschaftsspiele, die die Teilnehmer rasch miteinander ins Gespräch bringen und etwas gemeinsam und humorvoll tun und erleben lassen. Einige Beispiele:

Erbsenspiel:
Jeder Teilnehmer bekommt 5 kleine Gegenstände in die Hand, z. B. 5 Erbsen oder Bonbons. Mit diesen „Talenten“ muß er nun wuchern: Alle stellen einander Fragen, auf die der Gefragte nicht mit Ja oder Nein antworten darf (Schulterzucken oder Kopfschütteln gelten nicht als Antwort). Rutscht ihm aber dennoch ein Ja oder Nein heraus, so muß er dem Fragesteller ein „Talent“ abgeben. Sieger ist, wer durch geschicktes Fragen am meisten einheimsen konnte.

Steckbrief:
4 oder 6 Stühle werden jeweils zu zweit mit den Lehnen gegeneinandergestellt. Bevor die Spielaufgabe bekanntgegeben wird, setzt sich aus jeder Gruppe jeweils einer auf einen der Stühle. Von diesem Augenblick an ist das Umschauen verboten. Nun muß jeder aus dem Gedächtnis äußere Merkmale des Partners von der Gegenseite beschreiben („hat Brille, blaue Bluse, Jeans“ usw.). Beobachter notieren einen Punkt für jede richtig angegebene Einzelheit. – Wer (oder auch welche Seite) erhält die meisten Punkte? (Nach einer Idee von Rosemarie Fackler).

Gemeinsame Zeichnung:
An der Wand wird eine große Papierfläche (weißes Packpapier) befestigt. Der Leiter zeichnet einen Strich, einen Halbkreis oder einen Winkel ein und legt dann den Filzschreiber daneben. Man vereinbart Schweigen. Wer einen Einfall hat, wie er das Angefangene zu einer Zeichnung weiterführen kann, geht vor und zeichnet 2 bis 3 Striche dazu.

Pantomimen zum Raten:
Jede Gruppe überlegt sich eine pantomimisch darzustellende Handlung, die von einem oder mehreren Mitgliedern den anderen vorgeführt wird. Wer errät sie?

Pantomime erraten und nachmachen:
Etwa vier Personen verlassen den Raum. Vor den übrigen spielt einer pantomimisch eine Szene: das Wickeln eines Kindes oder einen Eisverkäufer oder einen Lehrer in der Schule o. ä. Nun wird einer

nach dem anderen hereingeholt. Der erste sieht die Szene noch einmal im Original und spielt sie dann so, wie er sie verstanden hat, dem zweiten vor; der zweite dem dritten usw. – während die übrigen schauen, wie die Originalszene u. U. verändert und umgedeutet wird.

Links – rechts:
Die Stühle stehen im Kreis – ein Stuhl weniger als Teilnehmer da sind. Einer steht in der Mitte und erzählt eine Geschichte. Kommt in dieser Geschichte das Wort „rechts“ oder „links“ vor, so rutschen alle einen Stuhl nach rechts bzw. nach links. Sobald der Erzähler aber das Losungswort ausspricht, das er zuvor selbst wählt und bekannt gibt (er kann es in die Geschichte einbauen oder unvermittelt nennen), wechseln alle ihre Plätze. Wer keinen Platz findet, erzählt weiter.

Blind fangen:
Man sitzt im Kreis. Jeder bekommt eine Zahl. In der Mitte steht einer mit verbundenen Augen und ruft zwei dieser Zahlen auf. Die angesprochenen Teilnehmer müssen nun ihre Plätze wechseln, während der Blinde versucht, sie zu fangen. Regel: Keiner der Aufgerufenen darf den Kreis verlassen und sich auch nicht auf den eigenen Platz zurücksetzen, wenn er sich erhoben hat.

Hinter dem Rücken:
Die Gruppe sitzt im Kreis auf eng gestellten Stühlen oder auf dem Boden. Einer geht in die Mitte und schließt die Augen. Er darf sich erst umschauen, wenn ein Gruppenmitglied bis 10 gezählt hat. Indes reicht man hinter dem Rücken einen Gegenstand weiter. Der Spieler in der Mitte versucht nun herauszufinden, wer den Gegenstand hat. Vermutet er ihn bei einem bestimmten Spieler, so muß ihm dieser auf Aufforderung hin sofort die Hände zeigen (darf ihn also weder weitergeben noch verstecken). Wer als Besitzer ertappt wird, muß weiter raten.

Aktion Kugellager:
Die Gruppe bildet einen Innen- und einen Außenkreis. Die Partner, die sich so gegenüberstehen, führen jeweils einen der folgenden Spielimpulse, die der Leiter gibt, aus. Danach rückt der Außenkreis um eine Person weiter, so daß möglichst jeder mit jedem etwas spielt. Im Hintergrund Folklore-Musik:

– Zwei Runden Schubkarrenfahren: Jeder ist einmal Karren und einmal Fahrer.

- Rücken an Rücken, ohne die Hände zu benutzen oder die Arme zu verklammern, sich zweimal auf den Boden hinsetzen und wieder aufstehen.
- Die Fingerspitzen aneinander legen und so mit jedem Händepaar 10 Kreise beschreiben.
- Rücken an Rücken die Arme ineinander verschränken und den Partner 10mal auf und ab wippen.
- Die Partner drehen sich, auf einem Bein hüpfend, Arm in Arm und in die entgegengesetzte Richtung blickend um die eigene Achse. (10mal, immer schneller).

„Aber ich“:
Die Teilnehmer sitzen in der Runde. Der Leiter wirft einem einen Ball zu und sagt einen verneinenden Satz. Beispielsweise: „Ich habe noch nie mit einer Beißzange meine Hosen angezogen.“ Der Spieler, der den Ball zugeworfen bekommt und auffängt, muß immer antworten: „Aber ich!“ – einen neuen verneinenden Satz formulieren und den Ball einem anderen zuwerfen usw.

Spielstafetten:
Das Plenum wird in Gruppen von 6 Mitgliedern aufgeteilt.
Die einzelnen Gruppen bilden Stafetten mit einer der folgenden Aufgaben:
- möglichst schnell eine Münze von Handrücken zu Handrücken weiterzugeben,
- in Rekordzeit Zwieback aufzuessen: der nächste Spieler beginnt dann, wenn der Vorgänger einen Pfiff fertiggebracht hat,
- auf einem Zettel eine möglichst lange Kette von zusammengesetzten Wörtern zu bilden, z. B. Ofenrohr-Rohrbruch-Bruchbude-Budenzauber . . .

Gruppentänze und Tanzspiele 8

Gruppentänze und Tanzspiele wie Hava Nagila, O Susanna, Doudlebska Polka u. ä. sind einerseits leicht erlernbar und schaffen zugleich rasch und natürlich eine frohe Atmosphäre und ein starkes Gemeinschaftsgefühl.

Verwandlung des Versammlungsraumes 9

In der Mitte des Raumes stapelt man Material: Papp-Schachteln, Styropor, Käse- und Eierschachteln, Stoff- und Wollreste, Blechdo-

sen, Flaschen, Zeitschriften, Schnüre, Tesa-Krepp, Fingerfarben, Leim, Scheren, Draht, Zange.
Es werden Kleingruppen gebildet (z. B. in der Art von Nr. 7 Spielstafetten), die in einem Ideenwettbewerb eine Ecke oder Wand möglichst phantasie- und humorvoll gestalten und ihr einen Namen oder ein Motto geben sollen. (Während der Arbeit Musik laufen lassen.) – Sind die Wände zu empfindlich, so kann man in den 4 Ecken auch eine Plastik (Raumobjekt) oder ein Denkmal bauen. Wenn genügend Zeit vorhanden ist, kann man zuvor auch einen Spaziergang zu einem Schrottplatz machen, um Objektteile zu suchen.
Andere Möglichkeiten wie Witze erzählen lassen, Nachtwanderung usw. brauchen hier nicht ausgeführt zu werden. Bei allen genannten Anregungen muß sich der Gruppenleiter/Lehrer übrigens stets einbeziehen und mitmachen, da er sonst eine distanzierte Beobachter- und Richterfunktion einnimmt, die den spontanen Ausdruck hemmt. Er muß auch durch freundliche Bemerkungen und Einleitungen eine wohlwollende Atmosphäre fördern.
Auch die ersten *Arbeitsaufgaben,* die noch in die Anfangsphase einer Lerngruppe fallen, sollten möglichst nicht mit Referaten, Diskussionen, Thesenformulierung, sondern mit Medien und Tätigkeiten verbunden sein, die ein Thema *gemeinsam erlebbar* machen: Kurzfilm, Photos, Dias, Collagen, Metapherübung u. ä. Haben die Teilnehmer in der Anfangsphase und beim ersten Thema ursprünglich, frei und erlebnismäßig reagieren können, so sind sie ermutigt, dies auch bei den weiteren Themen und Arbeitsgängen zu tun.

10 *2. Lehrer-Kontakte mit Schülern außerhalb des Unterrichts*

Lange bevor man von „Gruppendynamik im Klassenzimmer“ sprach, riet mir ein pensionierter Lehrer, mit allen Schülern, deren Klassenlehrer ich war, wenigsten zweimal im Jahr *außerhalb des Unterrichts über ihr Allgemeinbefinden zu sprechen:* über ihre Gesundheit, ihre Erholungsmöglichkeiten, Interessen, Hobbies, Geschwister, Kameraden – also nicht nur über ihre schulische Situation. Es war oft zu beobachten, daß durch diese Gespräche auch die Beziehungen *im Unterricht* persönlicher wurden, und zwar auf beiden Seiten. Vielleicht muß der Schüler – wenn sich solche Gespräche ungekünstelt und ohne Anbiederung herbeiführen lassen – gerade beim Religionslehrer spüren, daß er ihn als Mensch und nicht nur als Schüler eines Fachs interessiert[8].

Damit soll nicht einer raffinierten Form eines lehrerzentrierten und autoritären Führungsstils das Wort geredet werden, einer Gängelung durch persönliche Bindungen. Es geht lediglich um praktische Konsequenzen aus der Tatsache, daß die gewöhnliche Interaktion im Unterricht zu wenig Gelegenheit bietet, sich umfassend kennenzulernen, Voreingenommenheiten, Fehldeutungen und Mißtrauen abzubauen und partnergerechte Kenntnisse und Vertrauensbeziehungen zu erwerben. Das Bemühen, Kontakte mit Schülern außerhalb des Unterrichts zu suchen, ist ein wechselseitiges Geschehen: es verändert nicht nur die Einstellung des Schülers zum Lehrer, sondern zuerst einmal die des Lehrers zum Schüler.

Es muß nicht immer zu formellen Gesprächen kommen. Oft ist es auch schon eine große Hilfe, wenn sich Lehrer und Schüler bei irgendeiner gemeinsamen Unternehmung außerhalb der Schulsituation erleben. Viele Lehrer suchen – mit Erfolg – solche Kontakte

- beim gemeinsamen Mittagessen mit Schülern (in Tagesheimschulen),
- beim Schulausflug, Wandertag, Skiurlaub, bei der Bildungsreise,
- bei Tanzabend, Nachtwanderung u. ä.,
- bei einem Fußball- oder Volleyballspiel Lehrer – Schüler (einmal pro Woche o. ä.),
- bei einem Seminar mit der ganzen Klasse in einem Schülerzentrum oder Landschulheim.

In manchen Fällen haben Religionslehrer diese Seminare als *Kommunikationstraining* gestaltet – meistens mit dem Erfolg einer spürbaren Verbesserung des sozialen Klimas und der Zusammenarbeit im weiteren Unterricht. Es empfiehlt sich, wenn überhaupt möglich, ein solches Training dann zu machen, wenn die Klasse in ihrer neuen Zusammensetzung und mit ihren Lehrern schon einige Wochen Erfahrung sammeln konnte. Nach Möglichkeit sollte ein Kommunikationstraining auch in Zusammenarbeit und mit Beteiligung des Klassenlehrers durchgeführt werden. Es kann von einem Lehrer

[8] Es ist bemerkenswert, daß von den ziemlich kirchenkritischen Münchener Gymnasiasten aus 10. Klassen, die N. Havers (1972, 114) befragt hat, 60% entschieden die Aussage bejahten (nur 11% verneinten sie, und 29% waren unentschieden): „Der Religionslehrer soll über alle wichtigen Probleme unseres Lebens mit uns reden", und daß 61% meinten, der Religionslehrer solle „eine Art Vertrauensperson für die Schüler sein." Nach älteren Umfragen wünschen sich die Schüler allgemein von einem Lehrer „Verständnis" und „Gerechtigkeit". Die wenigen Umfragen, die es speziell zur Person des Religionslehrers gibt, lassen vermuten, daß von ihm in einem besonderen Maß „Verständnis" erwartet wird.

geleitet werden, wenn dieser genügend Erfahrung mit Gruppenprozessen hat. Wird ein eigener Gruppentrainer dafür eingesetzt (was immer auch eine Geldfrage ist), so ist es meistens nicht überflüssig, auf einer jugendgerechten und unterrichtsbezogenen Ausrichtung zu bestehen.
Gesprächsangebot außerhalb der Schule:
Eine Religionslehrerin hat ihren Schülerinnen und Schülern der 10. Klasse erklärt, sie sitze jede Woche zu einer bestimmten Zeit in einem bestimmten Café der Stadt; dort könnten sie mit ihr über Dinge reden, für die im Unterricht gewöhnlich zu wenig Zeit vorhanden sei oder die sie lieber außerhalb der Schule besprächen. Das Angebot wurde von vielen dankbar angenommen und genutzt.
Andere Religionslehrer wurden von den Schülern direkt um solche Gesprächsmöglichkeiten gebeten und luden sie in kleinen Gruppen in ihre Wohnung ein. Eine andere, ebenfalls erfolgreich praktizierte Form besteht darin, daß der Religionslehrer die Schüler zu außerschulischen Gesprächen mit einem thematischen Schwerpunkt einlädt. Das Thema wird von Fall zu Fall vorher ausgemacht. Die Gespräche finden jedesmal in der Wohnung eines anderen Schülers statt.
Wenn ein Religionslehrer eine neue Klasse übernimmt, sollte er diskret, ohne Aufdringlichkeit, seine Bereitschaft signalisieren, mit den Schülern auch außerhalb des RU über persönliche Fragen zu sprechen, die sich privat besser erörtern lassen: Er kann ihnen dies sagen, wenn er sich vorstellt, und mit seinem Namen auch seine Adresse und Telephonnummer an die Tafel schreiben.

3. Arbeits- und Gesprächsformen, die die Kommunikation und Kooperation fördern

Partnerarbeit und Kleingruppenarbeit sind Arbeitsformen, durch die die ersten und entscheidenden Schritte von einem lehrerzentrierten und frontalen zu einem schülerzentrierten und sozialintegrativen, alle beteiligenden und aktivierenden Unterricht gemacht werden können. Darum stehen sie auch am Anfang dieses Abschnitts.

11 Partnerarbeit (Paararbeit)

Hier arbeiten je zwei Schüler etwa 5 bis 10 Minuten zusammen. Viele kurzfristige Aufgaben können auf diese Weise befriedigender gelöst werden als im Unterrichtsgespräch der Gesamtklasse. Die Paare besprechen (halblaut) und notieren sich beispielsweise,

- was sie zu einem eben eingeführten Thema *schon wissen* (erste Bestandsaufnahme in der Anfangsphase),
- welche *Fragen, Probleme oder Hypothesen* zu bedenken sind (Problemformulierung in der Anfangsphase einer Unterrichtseinheit),
- welche *konkreten Fälle und Situationen* ihnen zu einem bestimmten Thema, Problem oder Grundsatz (z. B. Spannungen mit der Autorität der Eltern) wichtig erscheinen (Materialsammlung),
- wie verschiedene Ansichten in Form von *Thesen* formuliert werden können (in der Erarbeitungs- und Lösungsphase),
- welche *Begründungen* für eine bestimmte Ansicht oder Praxis (z. B. Wehrdienst – Wehrdienstverweigerung) angeführt werden können,
- welche *Aussagen die Bibel* zu einem bereits unter soziologischer, psychologischer und philosophischer Rücksicht behandelten Thema macht (erste gegenseitige Prüfung, ob der biblische Einfall wirklich eine Aussage zum Thema ist),
- was sie von einem bereits behandelten Stoff *noch wissen* (Wiederholung).

Dann nennt jede Partnergruppe einen Punkt. Die anderen haken auf ihrem Notizblock ab, was schon genannt wurde und nennen Punkt für Punkt, was sie noch zu ergänzen haben. Man sollte diese Arbeitsform nicht auf die jüngeren Jahrgangsstufen beschränken. Sie ist als eine Steigerung der Methode 66 (Nr. 14), dic sich in der Erwachsenenbildung bewährt hat, zu betrachten und kann, wenn sie nicht durch allzu häufigen Gebrauch abgenutzt wird, die Schüler stark aktivieren und motivieren. Sie fordert auch die schüchternen Schüler durch Gesprächspartner zum Reden heraus, läßt alle zu Wort kommen (Bedürfnis nach Verbalisierung) und vermittelt ihnen das befriedigende Gefühl, zum Unterrichtsergebnis beitragen zu können.

Kleingruppenarbeit (Gruppenunterricht) **12**

Gruppen von 3 bis 5 Schülern bearbeiten 5 bis 20 Minuten lang (bei reiferen Schülern, bei Doppelstundenunterricht und bei besonders ergiebigen Themen kann sich diese Arbeit auch auf 30–45 Minuten erstrecken) eine genau begrenzte Aufgabe. Als Aufgabe eignen sich praktisch alle oben für die Partnerarbeit vorgeschlagenen Tätigkeiten, da sie Kooperation erfordern. Besonders angezeigt sind darüber hinaus *Gestaltungsaufgaben,* die das Zusammenwirken mehrerer

Personen verlangen: zu einer Konfliktsituation ein Rollenspiel vorbereiten (Nr. 76c), einen Prozeß (Nr. 80b), einen Tonbandbericht (Nr. 75), eine Collage oder eine Pantomime (Nr. 57, 90) erarbeiten oder einen Text nach verschiedenen Gesichtspunkten arbeitsteilig analysieren usw. Außerdem Themen, die eine *persönliche Stellungnahme im Gespräch* erfordern oder persönliche Erfahrungen anfragen (siehe besonders Nr. 18).

Gerade bei religiösen Themen brauchen Jugendliche, auch wenn sie sonst sehr selbstbewußt auftreten, den *Schutz der Anonymität,* um echte Fragen und Erfahrungen zu äußern. Die Kleingruppe regt nun einerseits jeden, auch den Schüchternen, zur Aussprache an, und sie verhindert gleichzeitig, daß das Plenum und der Lehrer/Leiter erfahren, von wem eine Äußerung kommt. Die Erfahrung zeigt, daß Jugendliche und Erwachsene oft nur auf diesem Weg zu einem existentiellen und erfahrungsbezogenen Gespräch kommen und daß sich in einem Lernprozeß ohne Kleingruppenarbeit häufig nur die Ungeniertesten, die ja nicht immer auch am meisten zu sagen haben, zu Wort melden. Ein Plenum hebt zwar gewöhnlich das intellektuelle Anspruchsniveau, mindert aber auch die Bereitschaft zu erfahrungsbezogenen Äußerungen.

Am einfachsten ist die *arbeitsgleiche* (= themengleiche) Kleingruppenarbeit, wo alle Gruppen an der gleichen Aufgabe arbeiten, die gleichen Medien (Dokumente, Bibel, Konkordanz, Lexika, Bilder) benützen und am Ende ergänzend – wie bei der Partnerarbeit – die Ergebnisse im Plenum zusammentragen. Hier wissen alle Teilnehmer, worin die Aufgabe bestand, und können deshalb der Zusammenfassung der Ergebnisse leichter folgen als bei *arbeitsteiliger* Gruppenarbeit, wo jede Gruppe ein eigenes Thema bearbeitet (z. B. die Gottesfrage bei verschiedenen Autoren) und am Ende vor den anderen Ergebnisse referiert, die diese nicht selbst erarbeitet haben.

Wie sollen sich die Kleingruppen bilden?

Einerseits vermindert eine rein autoritär vom Lehrer/Leiter vorgenommene Gruppeneinteilung oft die Freude am gemeinsamen Arbeiten und schränkt auch den Spielraum der Eigenverantwortung der Beteiligten ein. Andererseits besteht bei durchgängig freier Gruppierung die Gefahr, daß die Teilnehmer (besonders Schüler in wenig integrierten Klassen) immer nur mit denselben Personen zusammenarbeiten und Schwierige ausschließen. Diese Gefahr kann Jugendlichen durchaus klargemacht werden. Darum sind sie auch von der Regelung zu überzeugen, daß sie sich grundsätzlich frei gruppieren, daß aber der Lehrer aus guten Gründen ihre Gruppierung auch korrigieren kann: indem er z. B. nahelegt, daß sich „Spezialisten“ (in einem bestimmten Arbeitsverfahren wie Rollenspiel oder Tondbandarbeit usw. oder auch in einer bestimmten Thematik) auf mehrere Gruppen verteilen, damit sich fruchtbare Teams bilden usw.[9]. Von Zeit zu Zeit könnte man sich auch durch eine Aufteilung durch das Los um eine demonstrativ für alle offene Zusammenarbeit bemühen. Techniken der *Gruppeneinteilung durch Zufall* könnten in diesem Sinne folgende Verfahren sein:

- Puzzle: Man zerschneidet so viele Illustrierten-Bilder (oder verschiedenfarbige Kartons mit den Umrissen eines Tieres, Autos, Hauses u. a.), als man Gruppen bilden will, in so viele Teile, wie jede Gruppe Mitglieder haben soll und bietet diese Teile wie Lose an. Die Gruppen bilden sich nun durch Zusammensetzen der Teile. Die Gruppe, die sich zuerst zusammengefunden hat, kann man durch einen Preis auszeichnen.
- Verlosung: Man verteilt im Plenum (u. U. schon beim Hineingehen) *Blumen,* echte oder aus farbigem Papier hergestellte, verschiedener Art und in der Anzahl der gewünschten Gruppenstärke. Nach dem Sprichwort „Gleich und gleich gesellt sich gern“ sammeln sich danach die Enziane, Rosen usw. Sie können ihre Blumen als Abzeichen anstecken.
  Ähnlich mit *Bonbons* von verschiedener Farbe. Oder mit verschiedenen *Tierarten* (Enten, Hunde, Katzen, Vögel), deren Umrisse auf Kärtchen gezeichnet sind.
- Abzählen: Will man beispielsweise ein Plenum von 60 Personen in Fünfergruppen aufteilen, so läßt man reihum immer neu von 1 bis 12 zählen. Dann bilden alle Einser, alle Zweier usw. eine Gruppe. Ähnlich kann man auch in einem Loskorb Kärtchen mit Nummern (oder in Bildungshäusern mit dem Namen des vorgesehenen Gruppenraumes) verteilen.
- Anbandeln: Jeder bekommt beim Eingang, eingewickelt in Alufolie o. ä. einen Wollfaden von bestimmter Farbe und Länge. Sind

[9] In besonders stoff- und leistungszentrierten Phasen und bei jüngeren Schülern wäre auch darauf zu sehen, daß in den einzelnen Gruppen Begabte und weniger Begabte, langsam und schneller arbeitende Schüler günstig gemischt sind. Siehe dazu V. Švajcer, Möglichkeiten und Wege der Gruppenbildung in der Schule, in: E. Meyer (1970, 133–143).

alle beisammen, so erklärt man, daß die Teilnehmer mit Fäden von gleicher Farbe und Länge ihre Fäden zu einem Wurm zusammenknüpfen und so miteinander anbandeln und eine Gruppe bilden sollen. Die schnellste Gruppe erhält einen Preis. So kann man neue und alte Teilnehmer einer Veranstaltung spielerisch miteinander Kontakt aufnehmen lassen.

Exkurs: Gruppenarbeit und Projektunterricht

Kleingruppenarbeit ist auch ein wesentlicher Bestandteil des sog. *projektbezogenen Unterrichts.* Dieser Begriff wird zwar in der pädagogischen Literatur verschieden verwendet. Er meint im allgemeinen jedoch eine meistens mehrere Einzelstunden umfassende Unterrichtseinheit, die auf ein möglichst greifbares „Projekt" (eine Dokumentation, einen Prozeß, eine Aktion u. ä., siehe Nr. 75, 87) hinzielt und bei der Planung und Erarbeitung dieses Ergebnisses den Schülern eine maximale Mitbestimmung bei der Wahl der einzelnen Inhalte, Ziele und Methoden sowie ein Höchstmaß an Eigenaktivität einräumt. Obwohl es keine allgemein anwendbare Phaseneinteilung gibt, kann man, grob gesehen, folgende Schritte unterscheiden: Einführung des Themas – Sammlung von Einfällen, Gesichtspunkten, Fragen – Entwicklung und Verteilung von einzelnen Untersuchungs- und Gestaltungsaufgaben – Bearbeitung in Einzel-, Partner- oder Gruppenarbeit – Zusammenfassung im Plenum oder Aktion mit Auswertung. Oder nach N. Bossing: Zielsetzung – Planung – Ausführung – Beurteilung (siehe P. Bonn 1974; H. Weber 1973; B. Suin de Boutemard 1973).
Die Verwirrung, die immer wieder um den Begriff Projektunterricht entsteht, ist wohl darauf zurückzuführen, daß hier mehrere übergreifende Lernziele mit einer bestimmten Organisationsform des Unterrichts (eben dem Projektunterricht, der also keine Methode ist) verbunden werden. Den ersten Verfechtern der Projektidee, John Dewey, William H. Kilpatrick und Otto Haase, ging es um so grundlegende und verschiedene Anliegen wie
- Abbau der Lehrerdominanz und stärkere Mitbestimmung und Selbsttätigkeit der Schüler (Selbstorganisation der Lerngruppe und Einübung der Demokratie),
- Problemorientierter, lebensnaher Unterricht,
- Verbindung von schulischem und außerschulischem Lernen,

- Verbindung von Lernen und praktischem Handeln durch Produktorientierung (etwas Sichtbares, z. B. eine Zeitung machen, den Erfolg erleben und die Leistung nach der Mitarbeit beurteilen).

Diese Anliegen und die darin angestrebten Ziele sind ohne Zweifel auch für die Religionspädagogik von großer Bedeutung. Aber die pädagogische Literatur zeigt bis in die neueste Zeit, daß es die Unklarheit und die ideologische Überhöhung methodischer Verfahren fördert, wenn man sie alle in eine feste Organisationsform „Projektunterricht" preßt. Darum soll hier die Gesamtform von Unterrichtseinheiten offen bleiben und dafür deutlich gemacht werden, welche methodischen Elemente die oben genannten Ziele und Lernvorgänge am wirksamsten fördern. Dem Abbau der Lehrerdominanz und der Gestaltung eines schülerzentrierten RU sind vor allem die in diesem Kapitel behandelten Methoden zuzuordnen. Der Mitbestimmung der Schüler dienen die Vorschläge zur Themenfindung (Kapitel III). Mit der Verbindung von Lernen und praktischem Handeln (Produktorientierung, Lebensnähe) befaßt sich der Abschnitt über Aktionen (Nr. 87).

Rundgespräch mit einem Gesprächsleiter aus der Gruppe/Klasse 13

Wo immer es Inhalt und Informationsstand der Schüler erlauben, vom Unterrichtsgespräch Lehrer – Schüler zum Rundgespräch überzugehen, sollte man diese Gelegenheit schon möglichst früh wahrnehmen. Ein Schüler leitet das Gespräch und gibt jedem Teilnehmer, auch dem in der Runde sitzenden Lehrer, in der Reihenfolge der Wortmeldungen das Wort.

Bei jüngeren Schülern beschränkt sich diese Gesprächsleitung auf das Berücksichtigen der Wortmeldungen oder umfassender: auf die Wahrung der Gesprächsdisziplin (erst später können sie auch eine Gesprächsphase zusammenfassen und auf noch ungeklärte Fragen hinweisen). Gerade das fördert die Eigenverantwortung der Schüler im Unterricht, wenn sie von einem der Ihren und nicht von einer amtlichen Autoritätsperson hören, daß man nicht durcheinander, sondern der Reihe nach reden, störende Privatgespräche vermeiden soll usw. Ähnliches gilt für außerschulische Gruppen.

Versagt diese Selbstdisziplinierung durch einen Schüler – Gesprächsleiter, so sollte der Lehrer trotzdem der Versuchung widerstehen, das Durcheinander so bedrückend werden zu lassen (laissez-faire-Stil), daß die Mehrheit wieder nach seiner straffen Führung ruft. Zur Frage „War das Rundgespräch ein Rundgespräch?“ siehe unten Nr. 48c.

Exkurs: Mehr Selbststeuerung durch demonstrativen Verzicht auf Führung?

Es ist grundsätzlich möglich, nach dem Vorbild mancher Gruppentrainings durch weitestgehenden Verzicht auf Lehrerlenkung eine Klasse zu zwingen, sich ihrer eigenen Verantwortung bewußt zu werden, Initiativen zu ergreifen und sich selbst zu steuern. Der Lehrer fragt beispielsweise nach den Interessen der Schüler. Wenn sich die Klasse auf ein Thema geeinigt und es durch Kleingruppenarbeit in Einzelfragen gegliedert hat, stellt der Lehrer Informationsmaterial zum Thema bereit und erklärt, daß er für Fragen und Hilfen zur Verfügung stehe, daß die Klasse aber die Fragen selbständig erarbeiten soll (worauf er sich zwischen die Schüler setzt).
Während der nun folgenden hilflosen und zunächst ziellosen Gesprächs- und Arbeitsversuche macht er vorerst nur auf Kommunikationsfragen aufmerksam, ohne inhaltliche Anregungen zu geben: daß wichtige Argumente im Gespräch übergangen werden, daß anscheinend immer dieselben reden, daß sich das Gespräch im Kreis drehe, daß die Aufstellung eines Gesprächsleiters nützlich sein könne, daß man Teilergebnisse festhalten und offen gebliebene Probleme auf Karteikarten festhalten soll usw.
Mehrere Versuche dieser Art führten in 10. – 13. Klassen insofern zum Erfolg, als am Ende bei den Schülern ein erfreuliches Engagement für das bearbeitete Thema, Echtheit im Gespräch, Fähigkeit zur selbstverantworteten Projektarbeit und Kritikfähigkeit zu beobachten waren (R. Barbin 1966; D. Hameline/M.-J. Dardelin 1967; K. Frielingsdorf 1973, W. Albrecht 1973). „Am Ende“ bedeutet hier allerdings: nach zahlreichen Stunden der Ratlosigkeit und Frustration, nachdem das Experiment etwa ein Semester oder Trimester lang durchgezogen worden war, und dank der Tatsache, daß ein mehr oder weniger starker Leistungsdruck (bestimmte benotbare Arbeiten) zu einer gründlicheren Auseinandersetzung mit der Sachproblematik, die ja allein mit der Begeisterung für das Thema noch nicht gewährleistet ist, drängte.
Der Einfluß dieses Leistungsdrucks bzw. seine Notwendigkeit zum Erreichen von kognitiven Ergebnissen wurde bei Barbin, Hameline/Dardelin und Albrecht deutlich beobachtet. Das muß hier erwähnt

werden, um vor der Illusion einer *totalen Nichtdirektivität* zu warnen. Raum für echte Entscheidungen und Initiativen ist wichtig – sowohl für die sozialemotionale Erziehung als auch als Motivierung zu stoffbezogenem Lernen. Aber man sollte nicht meinen, in einer Arbeitsgruppe entwickle sich durch Zurücknahme der Anregungs- und Lenkungsfunktion des Leiters/Lehrers auf die Klärung des Kommunikations- und Kooperationsverhaltens ganz von allein ein tragfähiges, zu befriedigenden Ergebnissen führendes Interesse – so wie in der nichtdirektiven Geprächstherapie (wenigstens nach dem frühen C. Rogers) gerade durch das bloße, akzeptierende Anhören und Mitreflektieren des Therapeuten, der auf direktes Fragen, Informieren und Ermuntern verzichtet, das eigene, therapeutenunabhängige Verarbeiten angeregt werden kann[10]. Der pädagogische und der psychotherapeutische Bereich unterscheiden sich zu stark, als daß man die nichtdirektive Methode einfach übertragen könnte: Im pädagogischen Bereich kann man nicht so ausschließlich personenzentriert sprechen wie in der Einzel- und Gruppenpsychotherapie; außerdem „fehlt" hier der Leidensdruck, der einen Patienten zur Mitteilung und Verarbeitung treibt.

Es ist also zu fragen, ob die durch den demonstrativen Führungsverzicht erreichte Erziehung der Schüler zur Eigenverantwortung nicht durch eine Radikalkur erzwungen wird, die einen unverhältnismäßig hohen Preis fordert. Man sollte m. E. die notwendige Umorientierung von einer passiven, konsumentenhaften zu einer produktiven, mitbestimmenden Einstellung *zuerst einmal durch einen kooperativen Unterrichtsstil* mit weitgehender Entscheidungsfreiheit über Inhalte, Ziele und Methoden und mit den in diesem Kapitel angeführten Arbeits- und Gesprächsformen versuchen.

Methode 66 (Bienenkorb) **14**

Man stellt eine kurze, genau umgrenzte Frage zu der Gesamtthematik, die behandelt werden soll. Etwa: „Wo spüren Jugendliche die Abhängigkeit von ihren Eltern?" „Wo hat die Zusammenarbeit von Kirchen und Staat, wie sie bei uns geregelt ist, Auswirkungen auf das Leben der Bürger?" „Welches Teilproblem sollen wir in der nächsten

[10] Gesprächspsychotherapeuten der Generation nach Rogers betonen bereits korrigierend, daß einfühlendes Verstehen allein nicht genügt, sondern durch die Bereitschaft zu ergänzen ist, den Klienten, wenn nötig, mit seinen eigenen Widersprüchen zu konfrontieren und auf maßlose, unrealistische Ansprüche hinzuweisen. Ähnlich auch das nachrogerssche Lehrertraining (G. M. Gazda 1973, 140–147).

Stunde behandeln?“ Dann lädt man die Teilnehmer/Schüler ein, so wie sie sitzen, Sechsergruppen zu bilden und etwa 6 Minuten (darum „Methode 66“) miteinander darüber zu sprechen. (Oft sind Vierergruppen noch günstiger.) Die Ergebnisse werden dann ähnlich wie bei der Partnerarbeit ins Plenum eingebracht (siehe M. Kelber 1977). Auf diese Weise können beispielsweise viele Teilaufgaben innerhalb einer Textinterpretation gelöst werden. Aber auch Aufgaben, wie sie zur Partner- und Gruppenarbeit (Nr. 11, 12) genannt wurden, kommen in Frage, sofern sie in der Art einer kurzen Stoffsammlung und Erörterung zu bewältigen sind. Für umfassendere und persönlichere Fragen braucht man freilich mehr Zeit und damit die Form der Gruppen- und Partnerarbeit.

15 Kugellagerspiel (Paar-Interviews im Rotationsverfahren)

Die Teilnehmer/Schüler stellen sich in einem inneren und in einem äußeren Kreis auf, so daß sie sich paarweise gegenüberstehen. Nun fragen sich die Partner gegenseitig nach ihrer Meinung zu einer bestimmten Frage (wie bei der Methode 66) oder nach der Begründung für eine Entscheidung („Sollen wir als Klasse/Gruppe eine Aktion für Gastarbeiterkinder o. ä. durchführen?“ „Was hältst du vom persönlichen Lesen und Meditieren der Bibel?“). *Der Interviewer merkt sich jeweils einen bezeichnenden Satz,* eine charakteristische Meinung oder Begründung des Befragten (ohne daß es dieser erfährt). Nach 3–5 Minuten dreht sich der äußere Kreis um ein paar Glieder nach rechts, wonach das wechselseitige Interview von neuem beginnt. Dann bleibt der äußere Kreis stehen und der innere dreht sich nach rechts, um das Interview zu wiederholen. Dann setzen sich alle hin. Nun kann jeder von den drei bezeichnenden Aussagen, die er sich gemerkt hat, den Satz ins Plenum einbringen, der ihm persönlich am wichtigsten erscheint: als Anstoß zu einem Rundgespräch im Plenum.

16 Brainstorming

Brainstorming (wörtlich etwa „Ideensturm“) ist eher eine innere als eine organisatorische Gesprächsform. Die grundlegende Spielregel besagt, daß in der ersten Runde des Gesprächs – gleichgültig ob es im Plenum, in Klein- oder Paargruppen stattfindet – *jeder Teilnehmer ganz spontan und unzensiert durch Kritik seine Einfälle und Ideen äußern soll.* Diese werden gesammelt und erst in einem zweiten Arbeitsgang nach Wichtigkeit, Realisierbarkeit und Treffsicherheit beurteilt und geordnet.

Die vier klassischen Regeln für Brainstorming von Alex Osborn (1953) besagen:

1. Kritik findet später statt.
2. Freies Gedankenspiel ist willkommen. Je ungezwungener Einfälle sind, desto besser. Es ist leichter, sie wieder auf die Erde herunterzuholen als sie „hochzudenken".
3. Es kommt auf die Menge an. Je größer die Anzahl der Vorschläge, desto wahrscheinlicher, daß unter ihnen ein Gewinner ist.
4. Suche nach Verbesserung und Kombination der Vorschläge. Neben der Beisteuerung eigener Einfälle sollten die Teilnehmer Anregungen geben, wie die Vorschläge der anderen verbessert oder wie zwei oder mehr zu einem neuen Vorschlag kombiniert werden können.

Diese Regeln und damit das ursprüngliche Brainstorming sind ganz auf die Lösung von praktischen Problemen ausgerichtet, z. B. wenn man Einfälle für eine Werbeaktion, für eine Verbesserung in einem Betrieb, für eine technische Erfindung, für die Gestaltung eines Raumes oder Festes sucht.

Darum ist dieses Verfahren in der religiösen Bildungsarbeit dort am ergiebigsten, wo es um *Gestaltungsaufgaben* geht: um Ideen für eine Pantomime, eine musikalische Untermalung, ein Plakat (siehe Nr. 88–90), eine Aktion (Nr. 87). Aber darüber hinaus kann Brainstorming auch bei anderen Aufgaben angewandt werden, wo immer eine angstfreie, spontane, d. h. echte und kreative Atmosphäre nötig ist:

- beim Suchen und Formulieren von Themen und Lernzielen (siehe Nr. 52),
- beim Bewußtmachen und Sammeln von schülereigenen Erfahrungen, Problemen und Auffassungen (erziehungsbedingte religiöse Vorstellungen, Vorverständnisse und Mißverständnisse) – z. B. als Stoffsammlung für eine Diskussion über Konflikte in der Familie, über Glücksvorstellungen u. ä. oder für ein Rollenspiel (Nr. 76c). In diesem Fall hat das Brainstorming eine ähnliche Aufgabe wie die verschiedenen Verfahren zur Bewußtmachung mitgebrachter Erfahrungen und Einstellungen (siehe Kapitel IV).

17 Anhörkreis

Viele Jugendliche und Erwachsene wagen deshalb keine persönlichen Gedanken und Gefühle zu äußern, weil sofort darüber diskutiert wird, wobei „Diskussion" bedeutet, daß hier die Gesprächspartner eher auf Konfrontation als auf Verstehen eingestellt sind.
Damit nun vor der kritischen Auseinandersetzung auch eine angstfreie, persönliche Äußerung und ein gegenseitiges Verstehen gefördert werden, kann man bei erfahrungsbezogenen Themen für die erste Gesprächsphase die Spielregel aufstellen, daß zuerst nur Verständnisfragen und persönliche Erfahrungen geäußert werden sollen. Erst in einer zweiten Phase sind auch Stellungnahmen zum Gesagten, d. h. eine Auseinandersetzung vorgesehen.

17a Einzelbesinnung zur Vorbereitung eines Gesprächs im Plenum oder in Kleingruppen

Diese ebenso einfache wie wirkungsvolle und unentbehrliche Arbeitsform empfiehlt sich bei vielen Themen, die einen persönlichen Austausch erfordern – und zwar aus folgendem Grund. Gespräche können in der Regel nur dann ergiebig verlaufen, wenn die Schüler/Teilnehmer *zuerst eine Gelegenheit und einen Anreiz erhalten, sich auf ihre eigenen Gedanken und Gefühle zum Thema zu besinnen,* um dann wirklich eigene Erfahrungen und Überlegungen auszutauschen. Genau diese Voraussetzung fehlt aber beim Gespräch, das unvorbereitet einsetzt. Hier kommen die meisten Teilnehmer nicht zu eigener Überlegung und Stellungnahme, weil sie ganz mit den Äußerungen der zuerst Sprechenden beschäftigt sind.
Darum empfiehlt es sich, nachdem das Thema eingeführt wurde, zuerst eine *schriftliche Einzelbesinnung* zu einer zentralen Frage dieses Themas anzuregen. Oft kann man den Denkanstoß in eine mehr persönliche Frage, über die man nachher nicht redet, und in eine allgemeinere, über die man leicht miteinander sprechen kann, aufgliedern – wie in den unten angeführten Beispielen zu „Glück" und „Tiefpunkte".

(a) Jeder *überlegt zuerst still für sich seine Antwort* auf diese Frage und schreibt sie dann auf ein Blatt – ohne seinen Namen anzugeben. Dazu kann man Hintergrundmusik spielen lassen.
Bei außerschulischen Treffen kann dieses Arbeiten mit „Papier" zunächst an die Schule erinnern und Abneigung hervorrufen. Darum sollte man die Teilnehmer mit dem Hinweis motivieren, daß das

Schreiben keine Schularbeit, sondern eine Hilfe sein soll, um sich ungestört Gedanken machen und sie ohne Namen mitteilen zu können.

(b) Die *Auswertung* erfolgt je nach Thema und Zahl der Teilnehmer in Kleingruppen oder im Plenum. *In Kleingruppen:* Jeder legt sein Blatt in die Mitte. Dann liest reihum jeder die Niederschrift eines anderen vor. Wer will, kann die von ihm stammende Äußerung erläutern, muß es aber nicht tun. (Oft sind sie in verkürzter, nur andeutender Form niedergeschrieben.) Die Teilnehmer sprechen, wenn alle Beiträge vorgelesen sind, je nach Bedürfnis über Fragen, die bei ihnen angestoßen wurden. Gegebenenfalls kann jede Gruppe auch im Plenum noch einige dieser Fragen nennen. *Im Plenum:* Der Leiter sammelt die Blätter ein und liest sie vor.
Sollen die Beiträge unter einem bestimmten Gesichtspunkt ausgewertet werden, so sammelt und liest man sie am besten gleich im Plenum und notiert sie stichwortartig. Dann geht man sie unter der besonderen, weiterführenden Rücksicht noch einmal durch und fragt beispielsweise: Welche der genannten Erfahrungen kann man allein, welche nur in Gemeinschaft machen? (In diesem Fall könnte man die einzelnen Stichworte auch durch einen entsprechenden Großbuchstaben kodieren – etwa A = Allein möglich, G = Gemeinschaftsgebunden.)

(c) *Weiterführung:* Im Plenum kann der Lehrer/Leiter zu Fragen, die seiner Ansicht nach noch einer weiteren Klärung bedürfen, neue Impulse geben, um den Lernprozeß oder die Unterrichtseinheit abzuschließen: durch ein Kleingruppen- oder Unterrichtsgespräch, Referat, Textarbeit, Bibelarbeit (Nr. 93), Argumente pro und contra (Nr. 79), Leseimpulse (Nr. 82) u. a.

Beispiele:
Zum Thema „Glück“:

(a) Glücklich, oder wenigstens zufrieden, fühle (fühlte) ich mich beispielsweise, wenn (als)

. . . .

(b) Um glücklich und zufrieden zu werden, kann man folgendes tun

. . . .

Zum Thema „Sinn der Arbeit“:

(a) An meiner Arbeit finde ich sinnlos,

. . . .

(b) Wertvoll ist für mich

. . . .

Zum Thema „Tiefpunkte“:

(a) Ich habe Angst oder bin enttäuscht und bedrückt, wenn

. . . .

(b) Wenn ich einen solchen Tiefpunkt erlebe, mache ich gewöhnlich folgendes

. . . .

Als Bestandsaufnahme:

Was gefällt mir an unserer Gruppe (Klasse/Unterricht) – was sollten wir besser machen?

. . . .

Zum Thema „Jesus Christus“:

Wenn ich an meine bisherige religiöse Entwicklung zurückdenke und besonders an die Art, wie ich früher Jesus Christus gesehen habe, meine ich:

(a) Beeindruckt und angeregt hat mich an diesem Jesus (Bilder, Vorstellungen oder Ausdrücke, die mich angesprochen haben):

. . . .

. . . .

(b) Befremdet oder abgestoßen hat mich an der Gestalt Jesu:

. . . .

. . . .

(c) Ich meine, bei mir bis zum heutigen Tag folgende Entwicklung feststellen zu können:

. . . .

. . . .

Anspruchsvolle Einzelbesinnungen, die, wie die zuletzt genannte, eine ganze Unterrichtseinheit eröffnen sollen, müssen sorgfältig vorbereitet werden – etwa durch die Bearbeitung von biographischen Zeugnissen, die ihre Fragestellung verdeutlichen (beispielsweise Äußerungen von Erwachsenen über den Wandel in ihrem Jesusglauben) oder durch einen Kurzfilm (siehe das Arbeitsblatt zu „Leben in einer Schachtel") (Nr. 61), durch Dias (Nr. 60) u. ä.

Einzelbesinnungen können in verschiedenen Variationen durchgeführt werden und die Anfangsphase von komplexeren Arbeitsformen bilden: von der Metapherübung (Nr. 62), vom Vollenden angefangener Sätze (Nr. 67), von Gewichtungsaufgaben (Nr. 68 c), von Leseimpulsen (Nr. 82) u. a.

Um die Fragen ergiebig zu formulieren, wird man die Grundsätze beachten müssen, die unter Nr. 68 a dargelegt werden.

Der Schutz der Anonymität und die Gelegenheit zur stillen Besinnung begünstigen nicht nur kritische, sondern auch positive Äußerungen. Gerade zu Themen wie „Gebet" oder „Gott" äußern sich die Schüler in der Einzelbesinnung gewöhnlich positiver, als sie es im Gespräch ohne diese Vorbereitung (und mit dem Druck, kritisch zu erscheinen) täten.

Schreibgespräch (Schreibmeditation) 18

Das Schreibgespräch wird durch eine einfache Grundregel bestimmt: In der ersten Hälfte der verfügbaren Gesprächszeit (etwa 20–30 Minuten) erfolgt der Gedankenaustausch *nur schriftlich und schweigend,* während er in der zweiten Hälfte (nochmals 20–30 Minuten) *in einem normalen Gespräch* zu Ende geführt wird.

a) Zunächst erklärt der Lehrer/Leiter das Verfahren: Das Plenum wird in *Kleingruppen* von 4 bis höchstens 6 Teilnehmern aufgeteilt. Jede Kleingruppe erhält einen großen Papierbogen, auf den mit breitem Filzstift das zu bearbeitende Thema geschrieben ist.

Varianten: Ein Schreibgespräch kann auch als *Partnerarbeit* von zwei Tischnachbarn oder von Ehepaaren usw. durchgeführt werden – bzw. viele Aufgaben, die oben (Nr. 11) für die Partnerarbeit vorgeschlagen wurden, lassen sich auch in Form eines Schreibgesprächs zu zweit bearbeiten. – In Gruppen, die nicht zu groß sind, läßt sich – besonders zu einem meditativen Thema – das Schreibgespräch auch im *Plenum* durchführen, sei es daß alle um den Papierbogen herumsitzen, sei es daß dieser als Plakat an die Wand gehängt wird, so daß er für alle zu sehen und zu erreichen ist.

b) Der Austausch in der Kleingruppe (oder bei den Paaren oder im Plenum) gliedert sich in zwei Phasen: In der ersten Halbzeit sollen die Teilnehmer das Thema zuerst still überdenken und *nur schriftlich, ohne zu sprechen,* bearbeiten (ein Hinweis: keine Angst, wenn sich der Start lange zu verzögern scheint – das ist meistens eine fruchtbare Denkpause; keine Unruhe, wenn jemand sofort zu schreiben beginnt und mir noch nichts einfällt). Der Papierbogen liegt vor ihnen auf dem Tisch oder Boden, daneben Filzschreiber (nicht allzu breite). Wer einen Einfall, eine Bemerkung oder eine Frage zu dem Thema äußern möchte, schreibt sie auf das Blatt. Die anderen können ihrerseits Bemerkungen und Fragen niederschreiben, aber auch durch Antworten, Gegenfragen, Weiterfragen, Unterstreichungen, Fragezeichen, Verbindungslinien, Pfeile auf die Äußerungen ihrer „Vorschreiber“ eingehen (zur Veranschaulichung dieser Möglichkeiten zeigt man am besten ein Beispiel von einem früheren Schreibgespräch). – Nach dieser ersten Phase läßt man den Teilnehmern nochmals 20–30 Minuten Zeit, um das Gespräch *mündlich weiterzuführen.*

c) Bei vielen Themen empfiehlt es sich, am Ende dieser Gesprächsphase drei „Aussagen fürs Plenum“ festzuhalten. Diese werden dann zu Beginn des *Auswertungsgesprächs im Plenum* genannt. Dort kann eine Schlußdiskussion oder eine Zusammenfassung versucht werden.

Das Schreibgespräch hat sich bei Jugendlichen wie bei Erwachsenen, in kleinen Gruppen (auch bei Ehepaargesprächen) wie auch bei Tagungen mit vielen Teilnehmern bestens bewährt.

- Es ermutigt die weniger Redegewandten, weil sie sich hier in einfachen Stichworten, unvollständigen Sätzen oder Zeichen (Fragezeichen, Unterstreichungen usw.) äußern können, während die anderen gleichzeitig daran gehindert werden, ihnen ins Wort zu fallen.
- Es zwingt alle, sich aus einer gewissen Sammlung (Schweigen!) heraus zu äußern und die eigene Aussage auf den wesentlichen Kern zu konzentrieren. Darum sind die Beiträge eines Schreibgesprächs in der Regel besser durchdacht als die einer Diskussion.
- Es hält alle Beiträge der ersten Phase fest, so daß man sich besser damit auseinandersetzen und leichter auf eine frühere Äußerung zurückkommen kann.
- Es weckt durch das Schweigen Neugier und Spannung.

Das Schreibgespräch eignet sich für *verschiedene Themen:*

- Bei einem *Erfahrungsaustausch,* einem *Brainstorming* oder einer *Stoffsammlung* (Nr. 16, 65, 66) wird man das Thema betont offen formulieren, beispielsweise: „Wichtige Themen für den RU", „Freundschaft", „Was stört in unserer Gemeinschaft – was verbindet?", „Was finde ich an meiner Arbeit sinnlos – was wertvoll?".
- In mehr *meditativer Absicht* kann man ein Bild oder eine anregende Formulierung als Ausgangspunkt wählen, etwa: „Ich meinte erst *Beten* sei Reden. Ich lernte aber, daß Beten nicht bloß Schweigen ist, sondern Hören" (S. Kierkegaard), „Wenn du deine Opfergabe zum Altar bringst . . . (Mt 5,23 f.).
- Bei einer *argumentativen Auseinandersetzung* (Nr. 81) muß vor allem der Fragepunkt klar formuliert sein: „Gibt es ein Weiterleben nach dem Tod?" – „Euthanasie – ja oder nein?"
- Bei einer *Aktionskontrolle* ist das Thema etwa so zu formulieren: „Wo hat mir die Gruppe etwas gegeben? – Was müßten wir besser machen?"

Variante: Ein Schreibgespräch *zu zweit* eignet sich besonders für Text- und Bildmeditationen. Die Teilnehmer bilden Paare und tauschen ihre Einfälle zunächst nur schweigend und schreibend auf einem Blatt aus. Nach 10–15 Minuten setzen sie den Austausch durch das Gespräch im Plenum fort.

Methode 365 **18 a**

Dieses Verfahren eignet sich für die gleichen Themenbereiche wie das eben beschriebene Schreibgespräch (Nr. 18).
Die Schüler/Teilnehmer werden in Gruppen von 4–6 Personen aufgeteilt. Jeder hat ein Blatt DIN A 4 im Querformat vor sich liegen und faltet es so, daß drei gleich breite Spalten entstehen. Sie sollen ihn einladen, zu dem Thema etwa drei Äußerungen nebeneinander – also auf gleicher Höhe, aber in drei Spalten – zu notieren. Natürlich ohne zu sprechen. Haben die Teilnehmer ihre ersten drei Äußerungen niedergeschrieben, so reicht jeder sein Blatt an den Nachbarn zur Linken weiter, der unter den Beitrag, zu dem er Stellung nehmen möchte, in der entsprechenden Spalte seine Bemerkung oder Frage schreibt. Die Blätter werden im Uhrzeigersinn weitergereicht und kommentiert, bis jeder seine Äußerungen samt den Anmerkungen der anderen Gruppenteilnehmer wieder vor sich hat. Nun kann man nochmals eine Runde beginnen, indem man immer noch schweigend aufs neue Äußerungen niederschreibt. Statt dessen kann man aber auch den begonnenen Gedankenaustausch in einem normalen Ge-

spräch weiterführen. („Methode 365“ bedeutet: 3 Spalten für etwa 6 Teilnehmer, die ungefähr 5 Minuten lang ihre ersten Beiträge niederschreiben.)

18b Um Fragen würfeln

Der Leiter schreibt einige Frageimpulse (siehe S. 170ff.) zum Thema des beabsichtigten Rundgesprächs auf Karten und legt sie auf einen Stoß. Die Teilnehmer würfeln reihum. Wer eine Sechs hat, hebt eine Karte ab, liest die Frage vor und äußert sich dazu; nach ihm tun das – je nach Interesse – auch andere. Dann würfelt und spricht man weiter so – und geht schließlich zum freien Gespräch über.

4. Übungen (Laboratoriums- und Spielsituationen) für gruppenzentrierte Phasen

Die folgenden Übungen bieten sich für jene Phasen des Unterrichts oder der Jugendarbeit an, in denen man durch Laboratoriums- und Spielsituationen mehr personen- und gruppenzentriert, ausdrücklich die Kommunikations- und Kooperationsfähigkeit fördern will. Sie können auch zu einem seminarartigen Kommunikationstraining zusammengestellt werden. In jedem Fall muß man die Übungen so auswählen, daß sie den Bedürfnissen der Klasse/Gruppe in der augenblicklichen Lage entsprechen. Darum weisen die folgenden Beschreibungen jeweils schon zu Anfang auf die Zielsetzung hin, für die sich eine Übung eignet.
Ebenso wichtig sind die Hinweise zur Auswertung und Reflexion, die den Übungen folgen muß, sollen sie nicht zu bloßen Unterhaltungs- und Psychospielen werden. Bei der Auswertung ist allgemein zu beachten, daß man die in der (Laboratoriums-)Übung gewonnenen Einsichten in die Schwierigkeiten und Chancen der Kommunikation und Kooperation auch auf alltägliche, aufgabenzentrierte Lernsituationen der Klasse/Gruppe zu übertragen sucht (= das Problem des Transfers und der Antizipation in bezug auf die „Back-Home-Situation“, in der man nach dem Training wieder lebt).
Für manche Auswertungen können auch Texte herangezogen werden, wie sie in den bekannten Werken von T. Brocher, P. Hofstätter, K. Antons, P. Sbandi u. a. zu finden sind. Auch Kurzfilme über sozialpsychologische Probleme wie Mitläufertum, Cliquenwesen, Außenseiter, Anpassung, Vorurteile, Aggression, Nicht-Kommuni-

kation können zur Sensibilisierung beitragen, beispielsweise Titel wie: Das Idol, Der große Mann, Die Nashörner, Nachmittags, Ordnung im Haus, To Speak Or Not To Speak, Der Neid.
Nach dem eingangs formulierten Grundsatz: „Die Beziehungsklärung soll möglichst im Zusammenhang mit der Sachbearbeitung versucht werden" muß sich die Sozialerziehung vor allem auf die im nächsten Abschnitt vorgeschlagene gemeinsame Beobachtung des Unterrichts- und Gesprächsverlaufs (Nr. 44–47) konzentrieren. Es sei aber hier schon darauf hingewiesen, daß diese gemeinsame Beobachtung häufig dadurch ertragreicher gestaltet werden kann, daß man die Jugendlichen durch eine der folgenden Übungen für die entsprechende Problematik sensibilisiert.

1-Mark-Spiel **19**

Ziel: Den Sinn einer Konsensbildung bewußt machen und zum Gedankenaustausch motivieren.
Man stellt den Teilnehmern die Aufgabe zu schätzen, wieviel ein Einmarkstück (oder eine andere Münze) wiegt. Zunächst schätzt jeder für sich das Gewicht und notiert seine Schätzung auf einem Blatt. der Leiter läßt die Einzelschätzungen nennen und hält auf der Tafel die zwei niedrigsten und die zwei höchsten Werte fest. Dann versuchen die Teilnehmer in Vierergruppen durch den Austausch von Argumenten zu einer gemeinsamen Meinung über das Gewicht des Geldstückes zu kommen (vgl. die Richtlinien für das NASA-Spiel Nr. 20). Nun vergleicht man die vier extremsten Einzelschätzungen mit den vier extremsten Gruppenschätzungen und nennt das tatsächliche Gewicht des Geldstücks. Es zeigt sich praktisch immer, daß die Gruppenschätzungen extreme Fehlschätzungen vermeiden und darum dem wirklichen Gewicht näherkommen als die extremsten Einzelschätzungen. (Es geht nur um die Extremwerte, denn richtige Einzelschätzungen sind keineswegs unwahrscheinlich).
Wenn – was selten vorkommt – eine Gruppe bei ihrer gemeinsamen Schätzung einen noch extremeren Wert als bei den Einzelschätzungen annimmt, kann man sie nochmals mit den anderen Gruppen sprechen lassen. Denn zunächst unterscheidet sie sich von diesen besonders stark.
Auswertung: Nun spricht man darüber, wie es zu dem günstigen Gruppenergebnis kam, wie man sich einigte. Auch darüber, wie

schwer man seine Ansicht gegen den Druck der Gruppe aufrechterhalten und andere überzeugen kann.

Im Anschluß an diese Übung, die praktisch bei jedem Publikum durchführbar ist, sind folgende Fortführungen möglich:

(1) Die Teilnehmer Regeln für ein fruchtbares Gespräch formulieren lassen und am Ende auf einen Papierbogen schreiben, der im Raum hängen bleibt.

(2) Selber einige Regeln für ein ergiebiges Gespräch nennen, etwa diese:

- Den eigenen Standpunkt mutig vertreten, ihn aber sachlich, mit Argumenten begründen.
- Aktiv zuhören, d. h. die Aussage des anderen zu verstehen suchen und sich nicht gleich eine Erwiderung zurechtlegen.
- Nie einen Gesprächsteilnehmer lächerlich machen; jeder soll ein Recht auf seine eigene Ansicht haben.
- Andere in Ruhe ausreden lassen. Alle sollen zu Wort kommen können: Die Zurückhaltenden sollen sich häufiger melden, wer eher viel redet, sich etwas zurückhalten . . .

(3) Einige Themen überlegen, bei denen sich ein Gespräch, wie wir es hier spielerisch geübt haben, lohnen könnte (= Themenvorschläge für den RU oder das Gruppengespräch in den kommenden Monaten – siehe Nr. 52–54).

(4) Eine Bestandsaufnahme in der Gruppe oder Klasse einleiten, indem man in einer Einzelbesinnung (Nr. 17a) oder einem Schreibgespräch (Nr. 18) das Thema bearbeitet: „Was ging in den letzten Wochen bei uns gut – was sollten wir in Zukunft besser machen?“

(5) Eine Gesprächsbeobachtung im Sinne von Nr. 44 anregen.

(6) Einen Text über die Vorteile und Erfordernisse von Kooperation besprechen oder einen Text über „aktives Zuhören“ vorlegen (vgl. Th. Gordon, Lehrer-Schüler-Konferenz, Hamburg 1977, 66–76).

Variante:

Ähnlich kann der Leiter 10 bekannte Städte Europas nennen und sie – zuerst einzeln, dann in Gruppen – nach ihrer Entfernung vom Aufenthaltsort der Gruppe/Klasse zu einer Reihe ordnen lassen (z. B. 1. Wien, 2. Florenz . . .).

20 NASA-Spiel

Ziel: Den Leistungsvorteil der Gruppe und die Erfordernisse einer Konsensentscheidung bewußt machen.

1. Runde: Einzelentscheidungen
Jeder Teilnehmer erhält auf einem Blatt folgende Instruktion und versucht, die darin gestellte Aufgabe *allein* zu lösen.

Ihr seid Mitglieder einer Raumfahrermannschaft, die auf der beleuchteten Oberfläche des Mondes mit ihrem Mutterschiff zusammentreffen sollte. Wegen technischer Schwierigkeiten mußte Euer Raumschiff aber an einer Stelle landen, die etwa 300 km von dem vereinbarten Treffpunkt entfernt liegt. Während der Landung ist viel von der Ausrüstung an Bord zerstört worden. Euer Überleben hängt davon ab, ob Ihr das Mutterschiff zu Fuß erreicht. Um diese Strecke bewältigen zu können, dürft Ihr nur das Allernotwendigste mitnehmen. Auf der untenstehenden Liste sind 15 Dinge aufgeführt, die unzerstört geblieben sind. Eure Aufgabe besteht darin, diese Gegenstände in eine Rangordnung zu bringen, die ihre Wichtigkeit für den 300-km-Marsch ausdrückt. Setzt die Nummer 1 neben den wichtigsten Gegenstand, die Nummer 2 neben den zweitwichtigsten usw. bis zur Nummer 15 neben dem unwichtigsten.

☐	1	Schachtel Streichhölzer
☐	1	Dose Lebensmittelkonzentrat
☐	15	Meter Nylonseil
☐	30	m² Fallschirmseide
☐	1	tragbarer Kocher
☐	2	Pistolen, 7,65 mm
☐	1	Dose Trockenmilch
☐	2	Sauerstofftanks zu je 50 l
☐	1	Sternkarte (Mondkonstellation)
☐	1	Schlauchboot, aufblasbar mit CO_2-Flaschen
☐	1	Magnetkompaß
☐	22	Liter Wasser
☐		Signalpatronen (brennen auch im luftleeren Raum)
☐	1	Erste-Hilfe-Koffer mit Injektionsspritze
☐	1	Fernmeldeempfänger und -sender, mit Sonnenenergie betrieben

---

2. Runde: Gruppenentscheidung
Die Teilnehmer bilden nun Gruppen von 6 bis 8 Personen und nehmen ihre ausgefüllte Rangliste mit. Sie erhalten sinngemäß folgende Anweisung: Das ist eine Übung zur Herbeiführung von wirklichkeitsnahen Entscheidungen. Eure Gruppe soll einstimmig beschließen. Der Rangplatz jedes der 15 zum Überleben notwendigen Gegenstände muß also die Zustimmung jedes Gruppenmitglieds erhalten. Es wird sich nicht in allen Punkten eine einheitliche Mei-

nung erreichen lassen. Versucht aber, jeden Punkt so zu beschließen, daß alle Mitglieder wenigstens teilweise zustimmen können. (Es steht 1 Stunde Zeit zur Verfügung.) Dazu einige Richtlinien:

a) Ich versuche nicht, meine persönliche Meinung durchzusetzen, sondern mit logischen Argumenten zur Klärung der Aufgabe beizutragen.
b) Ich unterstütze nur solche Lösungen, mit denen ich wenigstens teilweise einverstanden bin, ändere meine Meinung also nicht einfach, um Einigkeit zu erzielen und Konflikte zu vermeiden.
c) Wir benützen keine technischen Hilfsmittel, um Beschlüsse zu erreichen, also keine Mehrheitsabstimmungen, Errechnung des Durchschnitts der von den einzelnen Mitgliedern festgesetzten Punktzahlen oder Tauschgeschäfte mit Punkten.
d) Wir betrachten Meinungsverschiedenheiten eher als Hilfe denn als Hindernis zur Beschlußfassung.

Es empfiehlt sich, in jeder Gruppe einen *Beobachter* einzusetzen, der sich nicht am Gespräch beteiligt, sondern es unter den für die 3. Runde angeführten Gesichtspunkten (die man ihm auf einem Blatt mitteilen kann) verfolgt. Beim anschließenden Auswertungsgespräch sagt er dann – mit den anderen –, was ihm auffiel.

3. Runde: Vergleich der Ergebnisse und Auswertungsgespräch

Nun wird die Rangliste mitgeteilt, die NASA-Fachleute für den Ernstfall aufgestellt haben. Sie lautet:

15	Streichholzschachtel	Auf dem Mond wenig oder nicht zu gebrauchen
4	Lebensmittelkonzentrat	Notwendige Tagesration
6	Nylonseil	Nützlich beim Zusammenbinden von Verletzten und beim Klettern
8	Fallschirmseide	Schutz gegen Sonnenstrahlen
13	Kocher	Nützlich nur bei Landung auf dunkler Seite des Mondes
11	2 Pistolen	Könnten zur Herstellung von Selbstantriebs-aggregaten dienen
12	Trockenmilch	Nahrung, bei Mischung mit Wasser trinkbar
1	2 Sauerstofftanks	Füllt Atmungsbedarf
3	Sternkarte	Eines der wichtigsten Orientierungsmittel
9	Schlauchboot	CO_2-Flaschen zum Selbstantrieb über Klüfte usw.

14	Magnetkompaß	Wahrscheinlich keine Magnetpole, deshalb unbrauchbar
2	22 Liter Wasser	Ergänzt Wasserverlust infolge Schwitzens usw.
10	Signalpatronen	Notruf, wenn in Sichtweite
7	Erste-Hilfe-Koffer	Medikamente können wertvoll sein
5	Fernmelde-Empfänger und -Sender	Notrufsender, möglicherweise Verbindung mit Mutterschiff

Die Teilnehmer stellen bei jeder eingetragenen Zahl die Differenz (gleichgültig ob nach oben oder nach unten) zum NASA-Ergebnis fest – und zwar 1. bei ihrer Einzelentscheidung und 2. bei ihrer Gruppenentscheidung. Die Fehlpunkte werden jeweils zusammengezählt. Nun kann man *die Einzelergebnisse mit den Gruppenergebnissen vergleichen*. Dazu hält man am besten die höchste Fehlpunktzahl, die niedrigste Fehlpunktzahl und den Durchschnitt aller Einzelergebnisse fest oder fragt, wie viele Teilnehmer bei ihrer Einzellösung weniger Fehlerpunkte hatten als ihr Gruppenergebnis. In der Regel zeigt sich, daß die Fehlerquote beim Gruppenergebnis geringer ist als bei den Einzellösungen.

Beim Auswertungsgespräch sollte man aber nicht nur den Leistungsvorteil der Gruppe feststellen, sondern auch fragen:

- Wie kommt eine Gruppe zu diesem Leistungsvorteil? (Durch Einanderanhören und Austausch von verschiedenen Gesichtspunkten und Informationen)
- Wo gab es Schwierigkeiten und warum? Versuchten einzelne, das Gespräch zu beherrschen, oder konnten alle zu Wort kommen? Gingen die Teilnehmer auf die Argumente der anderen ein? Wurden zurückhaltende Teilnehmer zur Meinungsäußerung aufgefordert und ermutigt?
- Welche 2–3 „Regeln für ein fruchtbares Gespräch" könnten wir aufgrund der eben gemachten Erfahrungen formulieren? Dient die Übung eher einer Einstimmung, so kann der Leiter selber einige Gesprächsregeln (nach S. 64) nennen.

Die ganze Übung nimmt ca. 1 Stunde in Anspruch. Sie ist aber auch – in der Schule mehrfach erprobt – in Fortsetzungen möglich. Sie hat sich bei Jugendlichen (ab 14 J.) wie auch bei Erwachsenen bestens bewährt und kann auch dann noch mit Nutzen durchgeführt werden, wenn einzelne Teilnehmer die NASA-Liste schon einmal kennengelernt haben.

21 Figuren zeichnen lassen

Ziel: Erfahrung der Notwendigkeit des Zuhörens und Zurückfragens in Gespräch und Zusammenarbeit.

Jeder zweite Schüler zeichnet nach den Anweisungen des Lehrers (oder eines instruierten Schülers) die nebenstehenden Figuren auf zwei DIN-A4-Blätter, während sein Nachbar ihn beobachtet und seine Zeichnungen mit denen eines anderen zeichnenden Schülers vergleicht.

Die Anweisungen für die Figuren auf Blatt I werden so gegeben, daß keine Rückfragen an den Instruktor erlaubt sind. (Um auch eine Kommunikation durch Blickkontakt auszuschließen, kann sich der Instruktor mit dem Rücken zur Klasse setzen, muß dabei aber besonders langsam und deutlich sprechen.) Bei den Anweisungen zur zweiten Zeichnung (der schwierigeren) können Rückfragen an den Instruktor gestellt werden, die dieser beantworten muß (ohne jedoch in die Luft zu zeichnen).

Im Auswertungsgespräch können die Beobachter (und nach ihnen auch die Schüler, die gezeichnet haben) feststellen, daß bei dem Blatt, wo eine Verständigung (eine Zweiweg-, nicht nur eine Einweg-Kom-

Blatt I

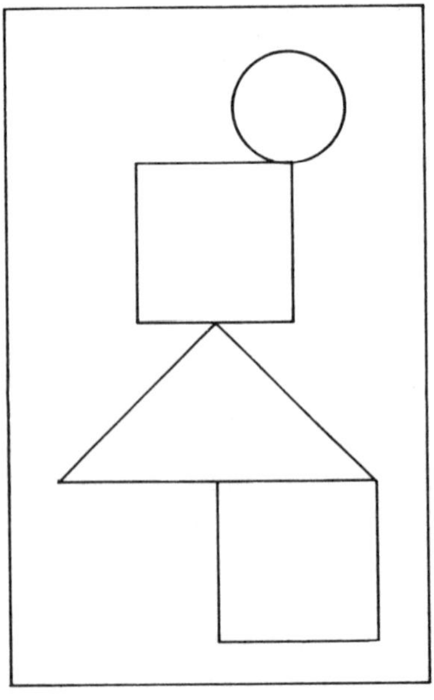

Blatt II

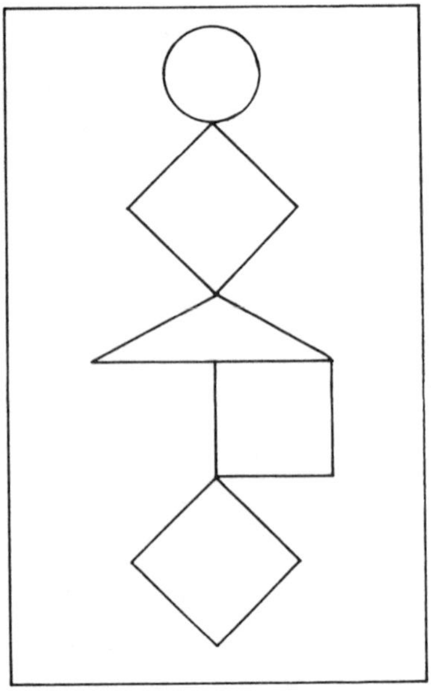

munikation) möglich war, trotz des höheren Schwierigkeitsgrades der Aufgabe ein besserer Erfolg erzielt werden konnte. Daraus erhellt, wie wichtig Rückfragen (und natürlich auch Zuhörenkönnen) und Antworten, die auf sie eingehen, für eine Verständigung in Gespräch und Zusammenarbeit sind.

Kontrollierter Dialog **22**

Ziel: Einübung genauen Zuhörens und Formulierens (nach T. Brocher 1967; K. Antons 1976).
Die Anwesenden teilen sich in Dreiergruppen auf. Das Thema kann vom Leiter vorgegeben oder von den dreien gewählt werden; es sollte engagierte Stellungnahmen ermöglichen (etwa: „Soll der Führerschein alle zwei Jahre erneuert werden müssen?“ „Soll das Rauchen in den Warteräumen von Behörden untersagt sein?“) und versuchen, darüber nach folgenden Spielregeln, über die der dritte als Beobachter wacht, ein Gespräch zu führen:
A beginnt mit einem Satz, einer Stellungnahme. Bevor B nun seinerseits etwas erwidert, muß er den Satz von A sinngemäß genau wiederholen („Du meinst . . .“) und von A seine Wiedergabe mit „stimmt“ oder „richtig“ bestätigt erhalten. Hat B seine eigene Aussage gemacht, so muß A sie in der gleichen Weise wiedergeben und von B bestätigen lassen usw.
Wird eine Aussage nicht ganz sinngemäß wiederholt, so antwortet der betreffende Urheber mit „falsch“ oder „nein“. Der Gesprächspartner muß sie dann nochmals wiederholen. Ist sie dann immer noch falsch, so sagt der Urheber nochmals, was er meinte, B wiederholt usw.
C achtet als Beobachter auf die Einhaltung der Spielregeln und zeigt nach 10 Minuten das Ende der ersten Gesprächsrunde an. Dann folgen zum gleichen Thema noch 2 Runden von ebenfalls 10 Minuten und mit Rollenwechsel, so daß jeder Teilnehmer auch einmal Beobachter war.
Nach 30 Minuten treffen sich alle zum Auswertungsgespräch (bei sehr selbständigen Jugendlichen kann ein erstes Auswertungsgespräch auch in den Dreiergruppen versucht werden). Die Anfangsfrage könnte lauten: Wie unterscheidet sich nach den eben gemachten Erfahrungen diese Gesprächsform von unseren gewöhnlichen Gesprächen? Dann: *Was macht es für zwei Menschen schwer, sich in einem Gespräch ausreichend zu verstehen?* Aus den vorgebrachten

Erfahrungen lassen sich u. a. folgende Punkte festhalten und notieren:

1. Häufige Fehler auf seiten des Sprechenden:
- Drückt sich ungenau aus (Beispiele!). – Zusatzfrage: Warum tun wir das? (Weil wir nicht genügend berücksichtigen, daß der Partner vieles erst verstehen kann, wenn wir es ihm erklären . . .)
- Ordnet seine Gedanken nicht, bevor er spricht. (Die Äußerungen sind so wenig zusammenhängend, daß eine Zusammenfassung schwierig wird.)
- Verwirrt dadurch, daß er in einer Aussage zuviel unterbringen will. Redet mehr und länger, als der Partner aufnehmen kann. – Zusatzfrage: Warum tun wir das? (Weil wir den andern durch unser Vielreden beeinflussen wollen und fürchten, wir könnten zu wenig Redezeit haben, durch Einwände eine Niederlage erleiden usw.).

2. Häufige Fehler auf seiten des Zuhörers:
- Hört nicht aufmerksam zu, sondern legt sich, während der Partner noch spricht, seine Antwort zurecht. Darum kann er dessen Aussage nicht vollständig wiedergeben.
- Achtet eher auf Details (die ihn besonders anregen), anstatt den Gesamtsinn der Mitteilung zu erfassen.
- Wiederholt mehr, als der Partner gesagt hat, d. h. denkt dessen Gedanken schon weiter.
- Deutet weniger vertraute Gedanken nach seinen eigenen Denkschemata um.

Dieses Auswertungsgespräch kann man mit der Aufgabe abschließen, 2–3 „Regeln für ein echtes Gespräch“ zu formulieren. (Im Anschluß daran kann man gegebenenfalls auch Wesen und Bedeutung des „aktiven Zuhörens“ erläutern.)
Gesamtdauer: 45–60 Minuten. Die Übung hat sich auf der Sekundarstufe II und bei Erwachsenen bestens bewährt. Sie kann – mit einfacherer Auswertung – auch bei Jüngeren gemacht werden, in spielerischer Form sogar schon in der 3. Klasse.
Variante: Wenn das Rundgespräch innerhalb des normalen Unterrichts schwierig wird, weil die Beteiligten sich unklar ausdrücken oder aneinander vorbeireden, kann man vorschlagen, nach den Regeln des Kontrollierten Dialogs weiterzudiskutieren. Jeder muß dann zuerst die Meinung seines Vorredners korrekt wiedergeben, bevor er seine eigene äußert – eine Spielregel, die disziplinierend wirkt.

Gemeinsam ein Bild malen 23

Ziel: Den Leistungsvorteil, die Schwierigkeiten und die menschlich-religiöse Bedeutung der Zusammenarbeit bewußt machen.

(a) Übung: Jeder überlegt still für sich, welches Bild er gern zeichnen würde. Dann setzt man sich in Paaren zusammen. Jedes Paar bekommt ein DIN-A4-Blatt und *einen* Filzstift. Beide Partner fassen diesen Stift mit einer Hand und führen ihn gemeinsam: Ohne sich vorher über ihr Ziel abzusprechen, malen sie schweigend (am besten bei Hintergrundmusik) das Blatt voll. Auch der Lehrer/Leiter gibt kein Thema vor; vielmehr soll sich beim Malen durch Druck und Gegendruck ergeben, welche Gegenstände oder Ornamente gemalt werden. Es soll schon ein Bild entstehen, nicht nur ein unverbindliches Gekritzel. Wenn die Teilnehmer genügend Zeit und Lust haben, können sie auf diese Weise auch ein zweites Blatt bemalen. (Für das erste Blatt reichen gewöhnlich 5–10 Minuten.)

(b) Auswertung zu zweit: Danach besprechen die Paare folgende Fragen, die man an die Tafel oder auf einen Papierbogen schreiben kann, damit sie von allen gesehen werden:
– Was machte mir bei dieser Übung Schwierigkeiten – was machte Spaß?
– Konnte ich meine Ideen einbringen? (Oder hat der andere alles bestimmt?)
– Erlebte ich „Kooperation“? (Freude an einer gemeinsam entwickelten Idee?)

(c) Weiterführung im Plenum: Um die Alltagserfahrung und auch die religiöse Dimension in die Betrachtung einzubeziehen, kann der Lehrer/Leiter folgende Fragen besprechen:
– Wo erfahren wir solche Schwierigkeiten und Chancen von Kooperation *im Alltag?* (Beispielsweise: Gemeinsam eine Fahrt planen oder am Arbeitsplatz die Urlaubstermine auf die Wünsche und Bedürfnisse der Mitarbeiter abstimmen; miteinander ein Fest vorbereiten, einander beraten und auf neue Ideen bringen; etwas zuwege bringen, das wir als Einzelne nicht leisten könnten – durch einen partnerschaftlichen Austausch, durch Verzicht auf Alleinherrschaft, durch die Bereitschaft, eigene Vorschläge und Anstrengungen zu machen, sie aber auch mit denen der anderen in Einklang zu bringen . . .)
– Welche (zwei oder drei) *Grundregeln* könnten wir für das Gelingen von Kooperation formulieren?

– Wo ist Kooperation, ein Miteinander statt eines bloßen Nebeneinanders, *besonders wichtig?* (Einige Situationen nennen.)
– *Zur religiösen Vertiefung,* die u. U. erst nach mehreren gruppenpädagogischen Übungen sinnvoll ist: Unsere Umgebung verlangt von uns immer wieder, daß wir kooperativ, gerecht und hilfsbereit seien. Es fragt sich, ob wir dies aus Überzeugung sind oder nur, wenn wir müssen und einen Vorteil davon haben. Lohnt es sich, „sozial" zu sein; was bedeutet mir der andere? – Dies ist keine psychologische oder soziologische, sondern eine Weltanschauungsfrage. Der christliche Glaube will uns nun vor Kälte und Rücksichtslosigkeit bewahren und zu sozialem Empfinden ermutigen: Zusammenwirken in wichtigen Dingen, Gerechtigkeit und Hilfsbereitschaft – das ist etwas überaus Wertvolles; es lohnt sich, sich für das Wohl anderer einzusetzen. In den Augen Gottes hat jeder Mensch, auch der benachteiligte und ferne, dasselbe Lebensrecht. Gott hat uns auch durch Jesus gezeigt, daß er uns zu einem brüderlich-schwesterlichen Miteinander führen will, wo nicht das Gesetz des Stärkeren, sondern das Füreinander-Einstehen („dienen") gilt: Mk 10,42–45. – Diesen Gedanken kann man gegebenenfalls durch eine Text- oder Bildbetrachtung, ein Lied (z. B. „Selig seid ihr . . ., wenn ihr Unrecht spürt" oder „O Herr, mach mich zu einem Werkzeug deines Friedens") oder einen Film (etwa „O happy day") meditativ weiterführen.
Variante I: Bei jüngeren Schülern kann man zur gleichen Übung ein Rahmenthema vorgeben und z. B. die Aufgabe stellen, gemeinsam ein Bild mit einem Haus oder einem Baum oder einem Tier zu malen.
Variante II: Man bildet Vierergruppen. Jeder Teilnehmer hat einen oder mehrere Filzschreiber.
Die vier sitzen jeweils um einen quadratischen Papierbogen von etwa 60 cm Seitenlänge, der in der rechts durch gestrichelte Linien angedeuteten Weise quadratisch gefaltet ist. In der Mitte des Bogens ist mit Bleistift ein Kreis eingezeichnet. Jeder der vier Gruppenteilnehmer malt zunächst

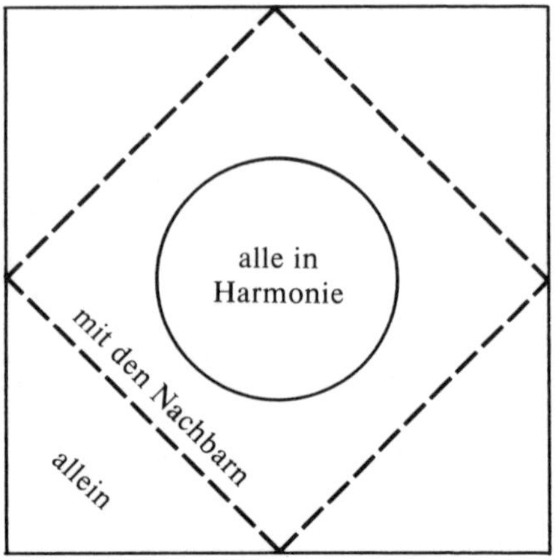

von „seinem“ Eck her „sein“ Dreieck *allein* aus. Das Feld über der Faltlinie soll jeder *zusammen mit dem linken und rechten Nachbarn* gestalten und dabei auf deren Ideen eingehen (ohne daß jedoch ein Thema vorgegeben oder abgesprochen wird). Den Kreis in der Mitte malen alle vier mit dem Ziel aus, ein *harmonisches Gemeinschaftswerk* zu schaffen. Sie einigen sich darauf im Gespräch.
Variante III: Jeder Teilnehmer überlegt zuerst still für sich, was für ein Bild er malen möchte, und skizziert seine Idee mit einem Filzschreiber auf einem Blatt Papier. Dann bildet man Dreiergruppen. Jede Dreiergruppe soll einen Entwurf für ein gemeinsames Bild machen und ihn mit Fingerfarben oder Wachsfarben auf einem Papierbogen ausführen. – Auswertung wie oben. Von allen hier angeführten Varianten ist dies meistens die beliebteste und wirksamste.

Spiegelpantomime **24**

Ziel: Die Schwierigkeiten und die Bereicherung kreativer Kooperation erfahren.
Die Teilnehmer bilden Paare, stellen sich aber in der ersten Runde mit dem Rücken gegeneinander auf, um so zunächst weitgehend unbeobachtet und unbefangen tänzerische und gestische Bewegungen zu etwa 2 Minuten betont rhythmischer Musik zu suchen (beispielsweise zu Waldo de los Rios, Mozartmania). In der Einführung sollte der Leiter darauf hinweisen, daß man den Mut haben sollte, die Körpersprache zu entdecken und mit Phantasie Bewegungen (vor allem mit Händen und Armen) zu suchen, einander also nicht altbekannte Gymnastikübungen vorzumachen.
In einer zweiten Runde wendet sich jeder seinem Partner zu. Die Partner machen nun – angeregt durch die Musik – Bewegungen und versuchen, dabei stets wie Bild und Spiegelbild übereinzustimmen. Es ist völlig offen, wer wie lange die Initiative ergreift. Normalerweise spielt sich mit der Zeit ein ausgewogenes, gleichberechtigtes Verhältnis von Führen und Sichführenlassen ein – eine Kooperation ohne Worte.
Zu einer dritten Runde bilden alle einen großen Kreis (oder mehrere Kreise). Nun macht man dasselbe Spiel gemeinsam: alle ahmen die Bewegungen nach, die – ohne vorausgehende Regelung! – von einzelnen vorgeschlagen werden. – Bei allen Runden sollen die Spieler schweigen, um sich auf ihre Erfahrung konzentrieren zu können.

Gesichtspunkte für ein Auswertungsgespräch:

- Was hat Spaß gemacht – wo gab es Spannungen? Sich gerne vom anderen anregen und führen lassen. Aber auch Angst, daß der Partner alles allein bestimmen will. Oder Ärger darüber, daß sich der andere nichts einfallen läßt, sondern konsumhaft auf fremde Initiativen wartet. Oder: Konnten sich alle angemessen beteiligen? Kam Freude am gemeinsamen Improvisieren auf?
- Wie hat sich das Zusammenspiel auf den Erfindungsreichtum an Figuren ausgewirkt? Haben die Beteiligten einander auf neue Ideen gebracht und auf den Ideen des anderen aufgebaut oder nur zusammenhanglos einzelne Formen vorgemacht?
- Wie war es beim Spiel im Kreis: wann ging es besser, am Anfang oder am Ende? Warum? (Wie wäre es, wenn ein einziger Spieler alle Bewegungen vormachen würde?)
- Wo erfahren wir im normalen Zusammenwirken mit anderen ähnliche Regungen: Verlangen nach Führung, Drang zur Überlegenheit, Freude an gemeinsamer Ideenproduktion usw.? (Weitere Auswertung wie in Nr. 23).

Die Übung eignet sich sehr gut als harmonischer Abschluß einer Phase, in der zuvor andere Kooperationsaufgaben gelöst und besprochen wurden. In diesem Fall verzichtet man am besten auf ein Auswertungsgespräch. Nicht riskieren sollte man sie in Klassen/Gruppen, die sie sicher veralbern würden.

25 Architektenspiel

Ziel: Den Leistungsvorteil und die Schwierigkeiten einer kreativen Zusammenarbeit bewußt machen.
Die Teilnehmer bilden Dreiergruppen. Die drei werden jeweils mit einer Hand aneinandergefesselt (der mittlere Teilnehmer ist also mit seiner Linken an den einen, mit seiner Rechten an den anderen Mitspieler gebunden). Aufgabe: Die drei sollen, *ohne zu sprechen,* aus Gegenständen, die im und um das Haus herum zu finden sind (Stühle usw.) etwas aufbauen. Sie haben dazu eine halbe Stunde Zeit.
Nach dieser Übung bewundert man zuerst einmal die entstandenen Kreationen. Im Auswertungsgespräch kann man dann überlegen, wie die gemeinsame Idee gefunden und verwirklicht wurde. Ob sich alle daran beteiligt haben, so daß ein Werk entstand, das mehr ist als die Idee eines einzelnen oder die Summe von drei Ideen. Wie kann man auch in der Gruppe/Klasse solche Zusammenarbeit erreichen?

Brückenbau-Übung **26**

Ziel: Sensibilisierung für die Erfordernisse und Schwierigkeiten der Zusammenarbeit.
Das Plenum wird in einzelne Gruppen aufgeteilt. (Man kann auch jeder Gruppe einen Beobachter zuteilen, dem man die unten zum Auswertungsgespräch vorgeschlagenen Gesichtspunkte auf einem Blatt mitgibt.) Jede Gruppe erhält nun in ihrem Arbeitsraum die folgende Anweisung.

Baut mit Eurer Gruppe in dem Euch zugeteilten Raum eine Brücke, die ausschließlich aus dem Material, das Euch zur Verfügung gestellt wird, konstruiert sein soll. Das Material besteht für jede Gruppe aus:

4 Bogen Karton
1 Tube UHU-Kleber
1 Rolle Tesafilm
1 Schere
1 Lineal (30 cm lang)
(4 Filzschreiber)
und für den Entwurf (nur dafür!):
2 Bleistifte
4 Bogen Schreibmaschinenpapier.

Die Brücke muß auf ihrem eigenen Fundament stehen können, d. h. weder irgendwo angelehnt noch aufgehängt sein (an Wand, Decke oder sonstigem Gegenstand). Sie muß standfest genug sein, um eine Lücke zwischen zwei Tischen von 60 cm Länge zu überbrücken und dabei in ihrer Mitte die Belastung des quer gelegten Lineals auszuhalten, ohne umzufallen oder einzuknicken.
Ihr könnt das Material in jeder beliebigen Art und Weise zuschneiden, biegen, kleben, zusammenfügen usw. Doch ist zu beachten: Kein einzelner Streifen darf länger als 50 cm und breiter als 15 cm sein. Natürlich könnt Ihr diese Streifen in jeder beliebigen Art verbinden.
Die Gruppen stehen *miteinander im Wettbewerb*. Eine gewinnt; die anderen sind Verlierer. Die fertiggestellten Brücken werden von einer Jury nach drei Kriterien beurteilt: 1. Spannweite, 2. Standfestigkeit, 3. Schönheit (Originalität).
Der Bau muß *in 90 Minuten fertig sein* (bei Zeitmangel: in 60 Minuten). Jede Gruppe bringt ihn dann ins Zimmer der Jury und entsendet ein Jury-Mitglied.

Nach der Arbeit der einzelnen Gruppen werden die Bauwerke von der *Jury* beurteilt (innerhalb von 15 Minuten).
Dem *Plenum* wird die Entscheidung der Jury mitgeteilt. Es folgt ein *Auswertungsgespräch* über die bei der Arbeit gemachten Beobachtungen – nach folgenden Gesichtspunkten. (Wurden Beobachter eingesetzt, so können sie das Gespräch mit ihren Notizen einleiten.)

1. Ernannte die Gruppe einen „Generaldirektor?" Wer machte Vorschläge für die Ernennung? Wer wurde ernannt oder ernannte sich selbst? Nahm der Ernannte die Funktion wahr? Anerkannte ihn die Gruppe? – Oder, wenn kein Generaldirektor ernannt wurde, wie wurde die Planung und Durchführung koordiniert?
2. Wurden andere Funktionen verteilt, übernommen oder abgelehnt? (Designer, Zuschneider, Kleber)
3. Planung: Wer machte Vorschläge und wer griff sie auf? Wurden Vorschläge überhört und überstimmt?
4. Durchführung: Aufgrund einer solchen Planung oder einfach so? *Wer* übernahm welche Aufgaben? Den Fähigkeiten entsprechend? Führungsstil? Wie war das Arbeitsklima? Zeigten sich Rivalitäten, und wie wirkten sie sich aus? Wurde viel herumdiskutiert? Wer blieb unbeteiligt? Wer wurde übergangen oder zurückgedrängt?

Diese Reflexion über den Verlauf der Gruppenarbeit ist wichtiger als die Bewertung der Bauwerke durch die Jury. Da die Bewertung in Gruppen mit wenig Zusammenhalt leicht zu einem Streit führt, der nicht genügend aufgearbeitet werden kann, ist es manchmal ratsam, nur zu sehen, daß alle Bauwerke in Ordnung sind, und die Bewertung zugunsten einer ungestörten Reflexion auf die Art der Zusammenarbeit auszuklammern.

Variante: Turmbau-Übung
Mit dem gleichen Ziel und praktisch den gleichen Anweisungen und Materialien kann man die Aufgabe stellen, einen *Turm* zu bauen, der 1. nach Höhe, 2. nach Standfestigkeit und 3. nach Originalität bewertet wird.
Diese Übungen haben sich als sehr beliebt und erfolgreich erwiesen. Man muß aber genügend Zeit (ca. 2½ Stunden) ansetzen und darf vor allem das Auswertungsgespräch nicht abkürzen.

27 Städtebauspiel

Ziel: Sensibilisierung für die Erfordernisse und Schwierigkeiten der Zusammenarbeit.

Je vier Spieler bilden ein Team. Sie erhalten einen Haufen Bauklötze und einen großen Bogen Papier, auf dem nur der Grundriß einer Landschaft aufgezeichnet ist: ein Fluß, Berge, Wälder und ein See. Mit den Bauklötzen sollen sie innerhalb von 60 Minuten eine Stadt bauen. Dabei gilt jedes Haus, das auf den Grundriß gesetzt worden ist, als gebaut und darf – da das Abreißen und Neuaufbauen zu kostspielig ist – nicht mehr verändert werden. Es soll eine Stadt entstehen, in der für alle wichtigen Bedürfnisse der Bewohner gesorgt ist: für Gesundheitsfürsorge, Verkehr, Bildung und Kultur, Einkauf usw.
Man kann wie bei der Brückenbau-Übung Beobachter aufstellen, die die Zusammenarbeit verfolgen und sich Notizen machen. – Nach der vereinbarten Zeit wird zuerst die Stadt begutachtet: ist es ein zusammenhängendes oder ein unorganisches Gebilde; wurden wichtige Teile vergessen (Krankenhäuser, Schulen)? Dann spricht man darüber, wie es zu dem vorliegenden Gebilde kam: Fanden die Teilnehmer zu einem gemeinsamen Werk zusammen, führten sie die Idee eines einzelnen aus oder arbeiteten sie ohne Verbindung miteinander? (Siehe dazu auch die Gesichtspunkte zur Brückenbau-Übung Nr. 26).

Quadrat-Übung 28

Ziel: Bewußtmachung von Konflikten bei gemeinsamer Problemlösung ohne gegenseitiges Dominieren (siehe T. Brocher 1967, 161–168; K. Antons 1973, 117–120).
Man bildet Fünfergruppen, die jeweils um einen Tisch sitzen. Jeder Gruppe wird ein Beobachter zugeteilt, der auf die Einhaltung der unten angegebenen Regeln achtet und das Verhalten beobachtet.
Auf dem Tisch jeder Fünfergruppe liegt ein großer Umschlag. Er enthält 5 Briefumschläge, die jeweils durch einen eigenen Großbuchstaben gekennzeichnet sind: A, B, C, D, E. Jeder Briefumschlag enthält in der hier angegebenen Ordnung Quadrat-Teile, die nach der folgenden Vorlage aus genau gleich großen Kartonquadraten von jeweils 10 cm Seitenlänge gefertigt wurden (die kleinen Buchstaben können auf der Rückseite stehen bleiben).
Jede Fünfergruppe erhält folgende Anweisung (zuerst im Plenum mit der Gelegenheit zu Rückfragen, dann durch ein Blatt, das der Beobachter mitnimmt oder das auf dem Tisch liegt).

In dem großen Umschlag, der auf Eurem Tisch liegt, sind 5 weitere Umschläge. Jeder dieser kleinen Umschläge enthält verschieden geformte Teilstücke, aus denen Quadrate zu bilden sind. – Die Aufgabe jeder Gruppe ist es, wenn das Startzeichen gegeben wird, 5 Quadrate von genau gleicher Größe herzustellen. Die Aufgabe ist nicht eher beendet, bis jedes Mitglied ein vollständiges Quadrat von genau gleicher Größe wie alle anderen vor sich liegen hat.
Während der Übung sind folgende Regeln zu beachten:

1. Kein Mitglied darf sprechen.
2. Kein Mitglied darf ein anderes um ein Teilstück bitten oder in irgendeiner Weise signalisieren, daß es ein bestimmtes Teilstück braucht, das ein anderer ihm geben soll.
3. Jedes Mitglied kann, wenn es will, Teilstücke in die Mitte des Tisches legen oder an ein anderes Mitglied geben, jedoch darf niemand direkt in die Figur eines anderen eingreifen.
4. Jedes Mitglied darf Teilstücke aus der Mitte nehmen, aber niemand darf Teile in der Mitte des Tisches montieren.

Ein Gruppenmitglied öffnet jeweils den großen Umschlag und überreicht jedem Teilnehmer einen der verschlossenen Briefumschläge A–E. Die Beobachter geben ein Startzeichen für den Beginn der Zusammensetzarbeit und stoppen die Zeit, die vergeht, bis alle ihr Quadrat zusammengebaut haben.
Nun sollen zuerst die Gruppenmitglieder unter sich über ihre Erfahrungen sprechen. Dann kann sich ein Auswertungsgespräch im Plenum anschließen, wo zuerst die Beobachter, dann alle Teilnehmer über Fragen wie die folgenden reflektieren:

- Wie fühlt man sich, wenn ein Mitglied ein wichtiges Teilstück festhält, ohne selbst zu sehen, daß es damit den Schlüssel zur Lösung in der Hand hält?
- Was empfanden die Teilnehmer, wenn ein Mitglied ein unrichtiges Quadrat fertig hatte und sich mit selbstzufriedenem Lächeln zurücklehnte? Was dachte der Selbstzufriedene?
- Welche Gefühle hatten die Teilnehmer gegenüber einem Langsameren?

Von da aus kann man fragen, wo wir solche Erfahrungen im gewöhnlichen Zusammenwirken im Klassen- oder Gruppenleben machen. – Diese Übung kann in verhältnismäßig kurzer Zeit (1 Stunde) zu sehr

Vorlagen für die Quadratteile

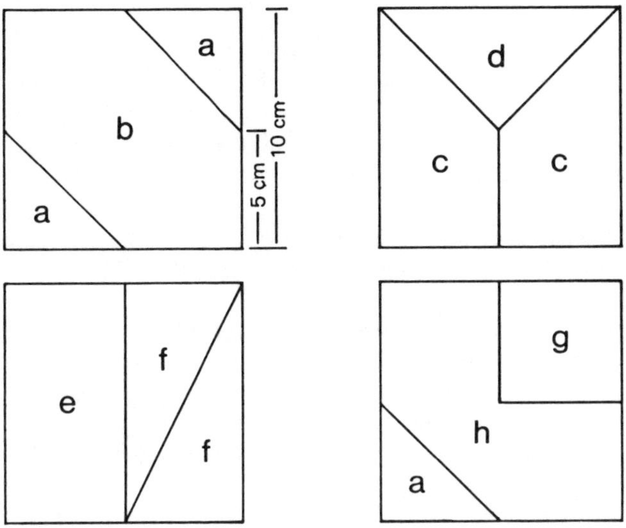

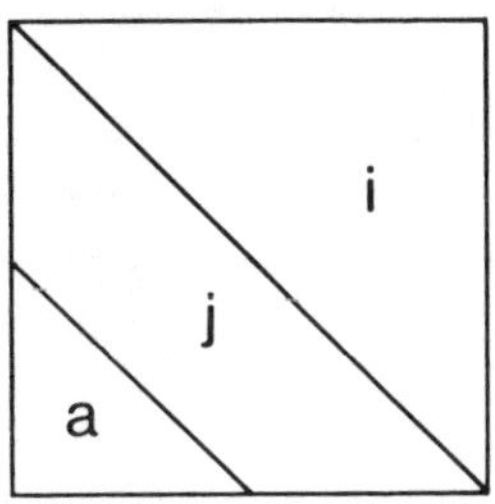

Umschlag A hat folgende Stück:	i, h, e
Umschlag B	a, a, a, c
Umschlag C	a, j
Umschlag D	d, f
Umschlag E	g, b, f, c

intensiven Erfahrungen führen, wenn man das Auswertungsgespräch genügend vertieft.

Miteinander gegeneinander **28 a**

Ziel: Lernen, in einer Wettbewerbssituation eigene Zielstrebigkeit mit Rücksicht auf andere zu verbinden.
1. Phase: Die Schüler/Teilnehmer spielen zuerst eines der bekannten Würfel- und Brettspiele, bei denen der Rücksichtslosere schneller zum Ziel kommt: „Mensch ärgere dich nicht“ oder „Mühle“, „Dame“ o. ä.
2. Phase: Die Schüler/Teilnehmer spielen nach folgenden Regeln das

Spiel „Miteinander gegeneinander“, das man nach nebenstehender Skizze auf einen Papierbogen zeichnet.
Spielregeln:
– Jede Partei (ein einzelner oder eine Dreiergruppe) soll mit ihren Figuren (Türme, Kreise, Dreiecke, Quadrate) in das gegenüberliegende Feld gelangen. Dabei dürfen sich die Figuren nur vorwärts bewegen, keinen Punkt doppelt besetzen und nicht aus dem Spielfeld herausgenommen werden. Jede Partei hat reihum mit einer Figur einen Zug.
– Wird eine Partei so blockiert, daß sie mit keiner Figur mehr ziehen kann, so erhalten die blockierenden Figuren der anderen Parteien für jede Blockade einen Minuspunkt.
– Sobald eine Partei alle ihre Figuren in das gegenüberliegende Feld gebracht hat, wird jeder folgende Zug, den die anderen Parteien bis zu ihrem Endziel benötigen, als weiterer Minuspunkt gewertet. Siegerin ist die Partei mit den wenigsten Minuspunkten.
Die Spieler müssen nach diesen Regeln also das eigene Ziel so verfolgen, daß sie dabei die anderen Parteien nicht blockieren, sondern mit ihnen zusammenarbeiten.
3. Phase: Die Schüler/Teilnehmer vergleichen die beiden Spielformen von Phase 1 und 2 miteinander und überlegen die Fragen:
– Wie unterscheidet sich die erste Spielform von der zweiten – besonders im Hinblick auf das Verhältnis zu den Konkurrenten? (Beim 2. Spiel: kein Rausschmiß, keine Blockade, größere Chancen bei Rücksichtnahme und Zusammenarbeit – beim 1. Spiel jeweils das Gegenteil.)
– Welche Spielform findet ihr befriedigender? Warum?
– Wo stehen wir in unserem normalen Leben in ähnlichen Konkurrenzsituationen? (Rivalität mit Geschwistern, mit Gleichaltrigen in Jugendgruppe, Schulklasse, Betrieb . . .)
– Formuliert 2–3 „Spielregeln für Wettbewerb“ (im Alltag), die ihr (a) als unmenschlich und unchristlich ablehnt bzw. die ihr (b) als fair anerkennt. (Frei nach B. Heinrich, Glaube im Gespräch, München 1977, 33ff.)

29 Blind führen – sich blind führen lassen

Ziel: Angst und Vertrauen erfahren, ebenso das Verlangen nach Geborgenheit und die Schwierigkeit, Mißtrauen gegenüber der Umgebung zu überwinden.

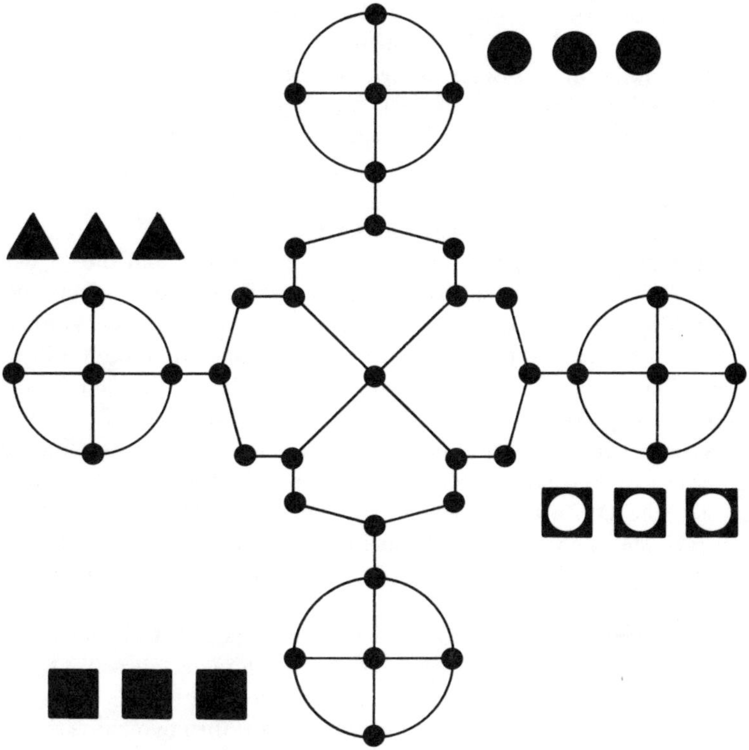

Man bildet Paare. Jeder läßt sich blind und ohne Worte, nur mit der Hand, von seinem Partner führen, 10–15 Minuten lang. Dann führt er den Partner selbst, der seinerseits die Augen schließt, ebenfalls 10–15 Minuten lang. Die Partner führen einander durch den Raum, durch das Haus und wenn möglich auch ins Freie. Der Führende soll den Blinden möglichst vielerlei Situationen erleben lassen: kleine und große Hindernisse, gefährliche und risikolose Passagen; wenn es beiden Spaß macht, können sie auch miteinander laufen.
Nach dieser Übung, die den Teilnehmern meistens sehr wohltut, folgt ein Erfahrungsaustausch – entweder im Rundgespräch oder in Form eines Schreibgesprächs (Nr. 18) in Kleingruppen:
- Was war für uns angenehm bei dieser Übung, was unangenehm?
- Wie haben wir den anderen in dieser Übung empfunden, und wie unterscheidet sich diese Erfahrung von den gewöhnlichen Bezie-

hungen, die wir im Alltag mit anderen haben (wo spüren wir mehr, wo weniger Nähe und Verbundenheit oder Angst usw.)?
- Was erfüllt uns in unseren alltäglichen Beziehungen mit Vertrauen? Was verbindet uns, was isoliert, was ängstigt uns?
- Welche Ängste sollten wir überwinden? Welche Initiativen wagen, um Mißtrauen abzubauen und Vertrauen wachsen zu lassen?

Zum Alltags- und Glaubensbezug der Übung:
Gerade die zuletzt genannten Fragen sind wichtig, um die in der Übung oft aufbrechenden Erfahrungen auch für die reale Schul- und Gruppensituation fruchtbar zu machen. Die Teilnehmer können nämlich von dem Vertrauen, das sie in der Übungssituation mit ihrer von Alltagsreibereien freien Atmosphäre erfahren, sehr tief beeindruckt sein und ein starkes Verlangen nach idealer, ungetrübter, fast frühkindlicher Einheit und Geborgenheit empfinden. Wenn man die Schwierigkeiten und (berechtigten) Grenzen solcher Verbundenheit im alltäglichen Zusammenleben nicht bedenkt, führt die im Training erwachende Euphorie und Sehnsucht nur zu übertriebenen affektiven Ansprüchen an die Umgebung und zu Enttäuschung und Resignation.
In der Auswertung wird oft auch ganz natürlich das Thema „Vertrauen und Geborgenheit in Gott" ins Gespräch gebracht. Diese Thematik kann auch Teilnehmer, die nicht davon sprechen, bewegen. Der Leiter sollte die hier bewußt gewordene Erfahrung nicht verkürzt und vereinfacht als Glaubenserfahrung deuten: als Nächstenliebe, Gottesliebe oder Gemeinschaft im Heiligen Geist. Er sollte sie aber auch nicht auf ein rein zwischenmenschliches Geborgenheitsbedürfnis reduzieren. Psychologisch und theologisch ist hier wohl folgende Klärung und Vertiefung angebracht: In jedem Menschen erwacht immer wieder die Sehnsucht nach einem Angenommensein um seiner selbst willen, nicht nur um seiner Nutzleistung willen. In dieser Sehnsucht erfassen wir, was Liebe ist – aber diese Sehnsucht ist oft auch vermischt mit maßlosem, allzu passivem und besitzenwollendem (positivem) Verlangen nach einer Einigung ohne jede Auseinandersetzung, nach einem Geliebtwerden ohne Forderung (Bindung, Engagement), fast nach einem Bedient- und Angebetetwerden. „Christliche Brüderlichkeit" und Gottes Liebe zu uns stellen wir uns dann leicht (narzißtisch) als Erfüllung dieser Sehnsucht nach Wärme, Beachtung und Geborgenheit vor. Ist sie das?
Der, den Jesus als „Vater" (Abba) bezeichnet und im einsamen Gebet

gesucht und angerufen hat, ist sicher die Quelle eines unbedingten Angenommenseins des Menschen um seiner selbst willen; und die „Brüderlichkeit“, die aus dieser alle umfassenden, universalen Liebe des „Vaters“ hervorgehen soll, ist ebenfalls Annahme des anderen um seiner selbst willen. Aber das bedeutet – im Verhältnis zu Gott („Vater“) wie auch zum Mitmenschen – nicht nur gefühlsmäßiges Einssein, sondern Einssein in der Bereitschaft, wie er das Gute zu tun, sich zu engagieren, zu dienen – nicht sich bedienen zu lassen (Mt 20,25–28; 5,43–48; Lk 6,38). Der „Vater“, zu dem Jesus betete und nach dem er sich sehnte, war auch derjenige, von dem er sich zum täglichen Dienst an den anderen „gesandt“ wußte und mit dem er im Alltag eins war. So ist Gott nicht nur eine Instanz, von der wir (passiv) Geborgenheit empfangen, sondern eine, die uns auch befähigen will, anderen (verantwortlich-aktiv) Geborgenheit zu geben, also nüchterne und verläßliche Hilfe zu verschaffen.
In diesem Sinn kann man Teilnehmer mit dieser Übung nicht nur für eine Grundfrage zwischenmenschlicher Beziehungen, sondern auch für das Verhältnis zu Gott sensibilisieren.

Zum Thema „Glauben als Vertrauen“
könnte man das Auswertungsgespräch in folgenden Schritten einleiten und weiterführen:
- Was war bei dieser Übung angenehm – was unangenehm?
- Wann und wie spürte ich dabei Angst – wann und wie Vertrauen?
- Einzelbesinnung (Nr. 17a): „Ich habe Angst, wenn ...“ – Die Beiträge werden eingesammelt und ohne Diskussion vorgelesen.
- Gespräch in Vierergruppen (u. U. als Schreibgespräch nach Nr. 18): „Was hilft mir, wenn ich Angst habe?“ Als Fortsetzung dieses Schrittes könnte man in Form von „Leseimpulsen“ (Nr. 82) einige biblische oder nachbiblische Äußerungen vorlegen, die zeigen, wie Menschen auch aufgrund ihres Glaubens versuchen können, Angst zu überwinden und Gelassenheit und Vertrauen zu finden.
- Abschließend versucht jeder für sich (ohne weitere Aussprache darüber), ein „Gebet in Angst“ zu formulieren (Alternativaufgabe für Teilnehmer, die das nicht wollen: einen Tagebucheintrag über „Angst“ schreiben).

In einfacherer Form und bei jüngeren Schülern (bereits bei 11jährigen) läßt sich durch diese Übung auch die Einsicht vorbereiten, daß „Glauben“, wie es die Bibel von Abraham oder den ersten Christen berichtet und uns als Weg zeigt, *nicht* – wie in der Alltagssprache – ein unsicheres Wissen und Meinen bedeutet, sondern völliges Vertrauen in die Führung und das Ja Gottes (das uns trotz Gefahr und Leid gilt). Die Schüler bilden Paare. Der eine Partner schließt jeweils die Augen oder läßt sie sich verbinden und muß nun in einem ersten Gang blind und ohne fremde Hilfe den Weg durch die Stuhl- und Bankreihe zum anderen Ende des Unterrichtsraumes suchen. In einem zweiten Gang führt ihn der sehende Partner denselben Weg. Das gleiche tun dann die Partner, die eben geführt haben. Danach spricht man, wie man den ersten bzw. den zweiten Durchgang erlebt hat – und wie „Glauben" ein ähnliches Sichanvertrauen bedeutet.

30 Schlange-Gehen

Ziel: Angst und Vertrauen sowie das Verlangen nach Zugehörigkeit einerseits und nach Steuerung andererseits erfahren.
6 bis 15 Teilnehmer bilden eine Schlange, indem sie sich an den Schultern oder Händen fassen. Nur der erste geht mit offenen Augen und führt die Schlange über vorhandene oder gedachte Hindernisse, über Treppen, um Stühle herum, unter Tischen hindurch, in der Hocke, auf Zehenspitzen – etwa 10–15 Minuten lang. Spielregel: Signale dürfen nur durch Gangart und Berührung, nicht durch Sprechen weitergegeben werden. – Auswertungsgespräch nach den gleichen Gesichtspunkten wie beim Blindführen (Nr. 29).

31 Pendeln

Ziel: Zuwendung und Sorgfalt von seiten anderer annehmen können; über den eigenen Körper Angst und Vertrauen erfahren.
Die vier folgenden Übungen sehen von außen eher sportlich aus. Sie können aber bei entsprechender Atmosphäre Gefühle, die unsere Beziehungen zu anderen bestimmen, sehr intensiv vom Körperempfinden und Symbolbewußtsein her erfahren lassen. Die Übungen (Nr. 31a–33) werden am besten durch „Pendeln" eingeleitet.
Die Teilnehmer bilden Dreiergruppen. Jeweils einer steht in der Mitte, während die beiden anderen ihm von hinten bzw. von vorne die Hände an die Schultern legen (sie sollen einen Fuß zurücksetzen, um ihr Gleichgewicht leichter halten zu können). Der Teilnehmer in der Mitte lehnt sich nun etwas zurück, worauf die beiden anderen ihn sachte nach hinten und nach vorn pendeln lassen – zuerst nur wenig, dann weiter und tiefer und schließlich wieder in die aufrechte Aus-

gangsstellung zurück. Dann wechselt man die Rollen, so daß jeder einmal in der Mitte pendeln kann.
Wer gependelt wird, soll die Augen schließen, damit er sich besser auf seine Körpererfahrung konzentrieren kann. Aus dem gleichen Grund sollten alle Beteiligten auch schweigen – was durch Hintergrundmusik erleichtert wird.
Das Auswertungsgespräch erfolgt nach den gleichen Gesichtspunkten wie beim Blindführen (Nr. 29). Die Teilnehmer brauchen gerade bei dessen Beginn einige Zeit, um ihre Erfahrungen in Worte zu fassen. Sie sollen sich auf ihre Gefühle beim Gependeltwerden (Angst oder Vertrauen, Ärger über mangelnde Sorgfalt der anderen oder Dank für ihren Einsatz?) und auch beim Pendeln (Neigung zu Sorgfalt oder zu Mutwillen, Angst vor Nähe oder Freude an der Berührung?) besinnen.
Bei einer Lerneinheit zum Thema „Zärtlichkeit“, „Zuwendung“, „Kontakte“ o. ä. könnte man diese Übung (oder die drei folgenden) auch durch eine schriftliche Einzelbesinnung mit anschließendem Gruppengespräch (Nr. 17a) auswerten und durch entsprechende Fragen zum angezielten Thema überleiten. Etwa in dieser Weise (zum Thema „Zärtlichkeit“):
(a) Was empfanden Sie bei der eben erlebten Übung als angenehm, was als unangenehm? Fühlten Sie sich gleich zu Anfang wohl oder erst später?
(b) In welcher Form gibt es in der Familie, in einer Gruppe, einer Schulklasse oder sonstwo Zeichen der Sorgfalt, Einfühlung oder Zärtlichkeit? Welche haben Sie gern, welche sind Ihnen unangenehm? Welchen Umgangston und -stil wünschen Sie sich?
(c) Zu wem können Sie herzlich und zärtlich sein; wem gegenüber gelingt Ihnen das nicht, obwohl Sie es möchten? Wie denken Sie darüber?
(d) Was erwarten Sie von einem Freund/Freundin? Was ist für Sie besonders wichtig? Und was müssen und können Sie selbst zu einer Freundschaft beitragen?

Tragen – Wiegen **31 a**

Ziel: Zuwendung, Vertrauen und Angst in der Gruppe über den eigenen Körper fühlen (aus der Encounter-Tradition).
Etwa 6–8 Teilnehmer stellen sich einander in zwei Reihen gegenüber und bilden durch festes Verklammern der Hände eine Trage. Einer

legt sich mit dem Rücken darauf und wird dann von den anderen einige Zeit hochgehoben und gewiegt, kurz hochgeworfen und wieder aufgefangen. Dies zwei- bis dreimal. Wer gewiegt wird, schließt die Augen; alle schweigen (Hintergrundmusik). Dann kommt ein anderer Teilnehmer in die „Wiege". – Auswertungsgespräch nach den gleichen Gesichtspunkten wie beim Blindführen (Nr. 29) oder Pendeln (Nr. 31).

Variante: „Reißverschluß"
Dem gleichen Ziel dient auch folgende Übung: Hinter einem Tisch stellen sich die Teilnehmer in zwei Reihen gegenüber und verschränken die Arme und Hände zu einem „Reißverschluß". Von dem Tisch aus läßt sich nun jeder, der dazu bereit ist, nach hinten in den Reißverschluß fallen. Dann wird er etwas gewiegt, hochgeworfen, gewiegt und sachte aufgerichtet. Manchen macht es den gleichen rauschhaften Spaß, den ein Kind hat, wenn es sich in die Arme des Vaters stürzt. Andere empfinden (auch als Zuschauende und Haltende) starke Angst. – Auswertungsgespräch ähnlich wie beim Blindführen (Nr. 29).

Variante: Verwundeter Soldat
Die Teilnehmer bilden Sechsergruppen. Jeder kann nun einmal die Rolle eines verwundeten Soldaten spielen. Er denkt sich eine Verletzung aus, legt sich auf den Boden und teilt den fünf „Unverletzten" seiner Kleingruppe die Art seiner Verwundung mit, wobei er die entsprechende Lage einnimmt. Von nun an hält er die Augen geschlossen. Die Unverletzten haben die Aufgabe, den Verwundeten behutsam aufzuheben und so an eine andere Stelle im Raum zu tragen, daß er das Gefühl der Sicherheit und Geborgenheit haben kann. – Wenn jeder diesen Krankentransport erlebt hat, folgt ein ähnliches Auswertungsgespräch wie in Nr. 29 bzw. 31.

32 Herumgeben

Ziel: Zuwendung, Vertrauen und Angst in der Gruppe über den eigenen Körper fühlen (aus der Encounter-Tradition).
Der Leiter erklärt zuerst Sinn und Technik des Spiels; die Ausführung erfolgt dann, ohne daß gesprochen wird. Wer einen Rückenschaden hat, soll an dieser Übung nicht teilnehmen.
Die Teilnehmer bilden Gruppen und Kreise von etwa 7 Personen. Bei jeder Gruppe tritt einer in die Mitte des Kreises. Er kreuzt die Arme

über der Brust, und die anderen treten dicht an ihn heran und halten ihn leicht mit den Händen. Nun schließt der Teilnehmer in der Mitte die Augen, entspannt sich (hält sich aber gerade, Knie nicht durchbiegen!) und läßt sich nach einer Seite fallen. Die Teilnehmer im Kreis fangen ihn auf und geben ihn sanft im Kreis herum. Dabei wird der Kreis zuerst langsam vergrößert und später wieder enger gemacht. Das Herumgeben wird dadurch beendet, daß er wieder in die Mitte gestellt und festgehalten wird. Das alles soll nicht in einer Hau-ruck-Mentalität geschehen, sondern so, daß der Teilnehmer in der Mitte darauf vertrauen kann, daß ihn die anderen nicht fallen lassen. Es soll auch nicht gesprochen oder gelacht werden, damit sich der Teilnehmer in der Mitte auf seine Erfahrungen konzentrieren kann. – Jeder, der es wünscht, kann einmal in die Mitte gehen und sich herumgeben lassen. – Das Auswertungsgespräch erfolgt (in Kleingruppen oder im Plenum) nach den gleichen Gesichtspunkten wie beim Blindführen (Nr. 29).

Sich auf einen Hintermann fallen lassen 33

Ziel: Zuwendung, Vertrauen und Angst in der Gruppe erfahren.
Die Teilnehmer bilden einen Innenkreis und einen Außenkreis. Alle schauen nach innen. Hinter jeder Person im Innenkreis steht eine im Außenkreis, die den Vordermann auffängt, wenn er sich nach hinten fallen läßt. (Der Leiter muß prüfen, ob die Außenstehenden in sicherer Position sind, d. h. einen Fuß zurücksetzen). Nun werden die Teilnehmer im Innenkreis aufgefordert, sich steif nach hinten fallen zu lassen. Der Innenkreis dreht sich um einige Punkte und läßt sich erneut fallen. Dann bildet der Außenkreis den inneren Kreis und wiederholt dasselbe. – Auswertungsgespräch ähnlich wie zu Nr. 29 bzw. 31.

Heißer Stuhl 34

Ziel: Feedback geben und ohne Gruppenzwang empfangen lernen (frei nach K. W. Vopel 1974, Heft 1, 65–68).
Die folgende Übung ist nur in Gruppen möglich und sinnvoll, die schon ein gewisses Maß an Vertrauen entwickelt haben, deren Mitglieder sich einigermaßen kennen, mindestens 16 Jahre alt und nicht zahlreicher als 20 in der Gruppe sind.
Ihr Sinn besteht darin, daß jeder Gelegenheit bekommt, anderen mitzuteilen, wie sie positiv und negativ (Wertschätzung und Kritik)

auf ihn wirken bzw. von den anderen zu hören, wie er auf sie wirkt: Feedback geben und empfangen.
Neben den Stuhl des Leiters stellt man einen freien Stuhl. Auf diesen „Heißen Stuhl“ kann sich jeder setzen, der das Feedback anderer hören möchte. Dieses soll sich auf das Verhalten beziehen, das der Betreffende in letzter Zeit in der Gruppe gezeigt hat.
Wer sich auf den Heißen Stuhl setzt, bittet damit die anderen zu äußern, was ihnen an ihm gefällt oder nicht gefällt. Nun können sich alle Gruppenmitglieder nacheinander vor den Teilnehmer auf dem Heißen Stuhl stellen oder sich ihm auf einem freien Stuhl gegenübersetzen (dies um sich auf ihn zu konzentrieren) und ihm ihr Feedback geben. Dabei gilt die Regel: *Wer Feedback gibt, soll beides ausdrükken: positive und negative Reaktionen, Wertschätzung und Kritik*. „An dir gefällt mir, daß ... Ich hätte es lieber, wenn ... denn ...“ Es wäre ja einseitig, wenn wir an einem nur Gutes oder nur Abstoßendes sehen würden.
Der Teilnehmer auf dem Heißen Stuhl hört sich die Feedbacks an, *ohne zu antworten*. Er soll dadurch üben, ohne Rechtfertigung Feedback aufzunehmen, zu verdauen und später in Ruhe zu entscheiden, in welchem Maß er eine Stellungnahme beherzigen will. (Wenn niemand mehr zum Feedbackgeben vortritt, kann er einzelne Gruppenmitglieder fragen, ob sie ihm Feedback geben möchten.) Darum soll er, wenn genug Feedback gegeben wurde, die Runde mit einem Satz beschließen (man kann ihn auch auf eine Wandzeitung schreiben), den auch jeder folgende Feedback-Empfänger rituell wiederholt:

Vielen Dank, daß ihr mir das gesagt habt
Ich will es auch bedenken.
Und ich bin nicht auf der Welt,
um so zu sein,
wie ihr mich haben wollt.

In einer weiteren Phase könnte jeder für sich überlegen (und auf ein Blatt notieren), wie er die ihn betreffenden Äußerungen *in Wünsche der anderen an sich umformulieren* kann und wie er sich dazu stellt. So könnten diese Äußerungen relativiert und doch als Orientierungshilfe wirksam werden. In einer Klasse/Gruppe, die sich gut versteht, könnte man abschließend über die Ergebnisse dieser Überlegung sprechen.
In diesem Geist soll die ganze Übung, bei der alle auf dem Heißen Stuhl sitzen können, durchgeführt werden: Feedback – nicht als

Gruppenzwang und Anpassungsprozedur, sondern als Rückmeldung von Reaktionen, die das Verhalten eines Mitglieds bei anderen ausgelöst hat, gleichgültig, ob diese Reaktionen angemessen waren oder ob sie auf einem Mißverständnis beruhen oder nur ein Problem des Feedback-Gebenden sind. Es ist wichtig zu erfahren, wie wir auf andere wirken. Sind deren Reaktionen einmütig, so ist das Grund genug, ein bestimmtes Verhalten in Frage zu stellen. Sind sie sehr unterschiedlich (findet der eine ein Verhalten positiv, das ein anderer negativ empfindet), so relativieren sie sich gegenseitig.
Aber es ist auch wichtig zu lernen, Feedback zu geben, damit Mißverständnisse abgebaut und Spannungen geklärt werden können.
Wie wirkt und hilft Feedback? Wann und bei wem könnten wir auch in unserem alltäglichen Zusammenwirken um Feedback bitten? – Solche und ähnliche Fragen sollte man in einem abschließenden Gespräch behandeln. (Siehe auch Nr. 38.)

Feedback in strukturierter Form **34a**

Ziel: Feedback geben und ohne Gruppenzwang empfangen lernen und so zu einer realistischen, eigenständigen Selbsteinschätzung und Vorsatzbildung kommen (frei nach B. Hauser, Trostdorf).
Diese Übung, die im Unterschied zum „Heißen Stuhl" (Nr. 34) stärker gelenkt ist, kann auch schon bei 14- bis 16jährigen Schülern verwendet werden – vorausgesetzt, daß man eine Atmosphäre schaffen kann, in der die Teilnehmer ihre Äußerungen in konstruktiver Absicht machen und nicht verabsolutieren.

Phase I: Selbsteinschätzung
Die Teilnehmer bearbeiten zuerst in einer Einzelbesinnung auf einem Blatt folgende Fragen:

Mein Name: . . . .
Meine Hobbies: . . . .
1. So sehe ich mich selbst:
   a) Nenne 2 negative, störende Eigenschaften, die Du Deiner Ansicht nach hast.

      . . . .
   b) Nenne 3 positive, günstige Eigenschaften von Dir.

      . . . .
2. So sehen mich vermutlich die anderen:

a) Nenne 2 negative Eigenschaften, die Deinen Mitschülern vermutlich manchmal auffallen.

. . . .

b) Nenne 3 positive Eigenschaften, die die anderen wahrscheinlich an Dir schätzen.

. . . .

Phase II: Durch Fremdeinschätzung zur Selbsteinschätzung
Der Leiter sammelt die Blätter ein und bespricht mit dem Plenum eines nach dem andern. Dies soll bei aller Ernsthaftigkeit in einer gelockerten und wohlwollenden Atmosphäre geschehen. Er kann darauf hinweisen, daß man den andern nicht abstempeln oder fertigmachen darf, sondern ihm ehrlich und fair sagen soll, wie er manchmal auf uns wirkt. Damit drücken wir Erwartungen aus, die der andere auf ihre Berechtigung prüfen kann, die ihm also zur Selbstbestimmung helfen sollen. Übrigens wird der Lehrer/Leiter wie jeder andere in diese Übung einbezogen.
Bei jedem Blatt kann er zuerst die den Mitschülern zugeschriebenen Einschätzungen („So sehen mich vermutlich die anderen“) vorlesen und raten lassen, um wen es sich handelt. Dann äußern die Teilnehmer, ob sie diese Vermutungen bestätigen, modifizieren oder ergänzen möchten. Inzwischen hat der Teilnehmer, der besprochen wird, sein Blatt wieder vor sich und kann sich stichwortartig die Bemerkungen der anderen notieren. Am Ende kann er sich mit der oben vorgeschlagenen Formulierung (Nr. 34) bedanken. Die Bemerkungen der anderen vergleicht er still für sich mit seiner Selbstcharakterisierung („So sehe ich mich selbst“). Letztere wird nicht vorgelesen. Diese Phase II kann sich über mehrere Stunden erstrecken.

Phase III: Blick in die Zukunft
Nun könnte jeder in stiller Einzelbesinnung auf einer Liste (Vorlagen zum Auswählen siehe Nr. 38) ankreuzen und ergänzen, welche Eigenschaften er in nächster Zeit vor allem bei sich entwickeln will. Nach einer kurzen Entspannungsübung stellen sich die Teilnehmer vor (mit geschlossenen Augen), sie lebten mit dieser positiven Eigenschaft. Dann kann jeder – für sich, ohne Vorlesen – ein Gebet formulieren, in dem sein Vorsatz ausgesprochen wird. (Möglichst ein Gebet zu Jesus. Wer das nicht will, entwirft einen Tagebucheintrag.) Abschließend könnte man noch über „Leseimpulse“ (Nr. 82) nachden-

ken und sprechen, die Anregungen zur Arbeit an sich selbst und zu einer Zukunftsperspektive enthalten.

Unregelmäßige Konjugation **34 b**

Ziel: Die Neigung bewußt machen, andere mit einem strengeren Maßstab als sich selbst zu messen (nach K. Krupar).

Wenn wir uns selbst beurteilen, sehen wir uns gewöhnlich positiver und unkritischer, als wenn wir mit einem Partner sprechen oder uns über eine dritte, abwesende Person unterhalten. Dieser Neigung folgen wir auch dann, wenn sich ich, du und er/sie genau gleich verhalten. Unser Gespräch ist dann nach dem Muster einer unregelmäßigen Konjugation wie dieser gewoben: „Ich bin standhaft – du bist eigensinnig – er ist dickköpfig“ (B. Russel). Die Neigung kann durch folgende Übung bewußt gemacht und auf ihre Folgen für die Kommunikation befragt werden.

Alle Teilnehmer erhalten die untenstehende Liste von Ich-Aussagen. In Vierergruppen suchen sie nach dem genannten Beispiel die Du- und Er-/Sie-Aussagen und notieren sich die treffendste Formulierung. Dafür haben sie 15 Minuten Zeit. Dann überlegen sie weitere 10 Minuten lang, bei welchen Gelegenheiten sie am häufigsten diese Gewohnheit praktizieren und welches bei jedem das am meisten benutzte „unregelmäßige Verb“ ist.

Im Plenum werden zuerst die Konjugationen der einzelnen Gruppen vorgelesen. Dann kann man ihre Überlegungen berichten lassen und durch die Fragen weiterführen: Warum, aus welchen Motiven reden wir oft so? Welche Folgen hat diese Gewohnheit für das Zusammenleben? Warum wendet sich Jesus gegen diese Neigung („Splitter und Balken“ Mt 7,1–5)? Welche Folgerungen ergeben sich aus dieser Einsicht für unsere Praxis?

Ich-Aussagen zum Konjugieren:

1. Ich bin genau. Du . . . . Er/Sie . . . .
2. Ich tanze nicht sehr gut. Du . . . . Er/Sie . . . .
3. Ich bin optimistisch.
4. Normalerweise schließe ich mich der Meinung der Gruppe an.
5. Ich achte auf gute Kleidung.
6. Gelegentlich verliere ich meine Selbstbeherrschung.
7. Ich überdenke die Auffassungen meiner Eltern mit Respekt.
8. Ich habe klare Grundsätze.
9. Ich verteidige meine Rechte.

10. Gelegentlich kaufe ich mir eine Schallplatte.
11. Ich habe etwas mehr als mein Idealgewicht.
12. Ich mache nicht viele Worte.
13. Ich gehe regelmäßig zur Kirche.
14. Ich interessiere mich für die Schule (Weiterbildung).
15. Ich bin flexibel.
16. Nette Mädchen/Jungen sehe ich gern.
17. Ich habe schon einige Fältchen im Gesicht.
18. Ich trinke gern ein Gläschen Wein.
19. Gutes Essen schätze ich.
20. Ich schiebe manche Entscheidung auf.

35 Gute Wünsche: Kofferpacken

Ziel: In konstruktiver Form Feedback geben; erwünschte Eigenschaften von Gruppenmitgliedern verstärken.
Diese Übung ist nur bei Teilnehmern sinnvoll, die sich bereits etwas kennen. Wir stellen uns vor, der eine oder andere aus der Klasse/Gruppe müsse zu einer langen Reise aufbrechen und die Gruppe könne ihm zu diesem Zweck gute Wünsche in den Koffer einpacken und mitgeben, beispielsweise: „Einige Freunde", „Ausdauer bei der Überwindung seiner Schüchternheit", „Treue zu seiner offenen Art" usw. Wer sich zu dieser Feedback- und Verstärkungsübung meldet, wartet vor der Tür, bis die Gruppe das, was sie an guten Wünschen einpacken möchte, gesammelt und an die Wandzeitung geschrieben hat. Dann wird er in den Raum geholt und liest die Wünsche. Auch der Lehrer/Leiter sollte sich einen Koffer packen lassen. Eine spielerische Form: Während einer draußen wartet, besprechen die anderen, wem sie einen Koffer packen wollen. Wenn der Wartende wieder hereingekommen ist, fragt er sie der Reihe nach: „Was packst du ihm/ihr in den Koffer?" und versucht, möglichst bald zu erraten, welches Gruppenmitglied gemeint ist. Auch wenn er den Namen erraten hat, wird die Wunsch-Runde zu Ende geführt. Dann meldet sich ein anderer zum Warten und Raten, bis alle an der Reihe waren.

Variante:
Die Teilnehmer bilden Kleingruppen. Jede dieser Gruppen stellt für jedes Mitglied einer anderen Gruppe Wünsche zusammen und schreibt sie mit Filzschreiber schön auf ein Blatt, das der Betreffende mit nach Hause nehmen kann.

Variante:
Beim Abschluß eines Schülerseminars oder Einkehrtages mit dem Schwerpunkt Soziales Lernen erhält jeder Teilnehmer einen Papierbogen in der Länge seiner oberen Körperhälfte. Jeder legt sich auf seinen Bogen und läßt sich vom Nachbarn die Umrisse von Kopf, Hals und Oberkörper zeichnen. Er vervollständigt das Bild, indem er Augen, Nase, Bluse oder Jackett andeutet und schreibt auf die linke Brustseite seinen Namen. Nun kann jeder bei jedem auf der freien rechten Brusthälfte einen *Wunsch für die Zukunft* (nur positive Äußerungen!) eintragen. Die beschriebenen Papierbogen können in den Schlußgottesdienst einbezogen und als Andenken mit nach Hause genommen werden (nach einer Idee von Hermann Kügler, Berlin).

Wertschätzung – positive Verstärkung **36**

Ziel: Bereitschaft zur Mitteilung von Wertschätzung (positivem Feedback) entwickeln und positiv empfundene Eigenschaften verstärken (nach Jutta Malcher und Encountertradition).
Diese Übung setzt voraus, daß sich die Beteiligten einigermaßen kennen, auch wenn sich dieses Kennen auf wenige gemeinsame Tätigkeiten und Begegnungen beschränkt.
Die Teilnehmer bilden Vierergruppen. Jede Gruppe hat in ihrer Mitte auf dem Tisch oder Boden einen Papierbogen liegen, in dessen Zentrum der Satz steht: „Was ich an mir positiv finde." Die weiteren Schritte geschehen unter Schweigen. Jeder schreibt nach der nötigen Bedenkzeit auf den Bogen seinen Namen und darunter einige Eigenschaften, die er an sich selbst positiv findet.
Wenn alle mit dieser Aufgabe fertig sind, dreht man den Papierbogen so weiter, daß jeder Teilnehmer lesen kann, was sein Nachbar über sich geschrieben hat. Diese Angaben soll er nun entsprechend seinen eigenen Eindrücken unterstreichen und durch eigene positive Äußerungen ergänzen. Dann wird der Bogen nochmals weitergedreht und so fort, bis jeder jede Selbstcharakterisierung ergänzt hat. Am Ende betrachtet jeder, was die anderen an seiner Selbstcharakterisierung unterstrichen und ergänzt haben.

Schriftliche Varianten:
Anstatt zu viert an einem gemeinsamen Papierbogen zu arbeiten, kann jeder Teilnehmer ein eigenes DIN-A4-Blatt nehmen, darauf seinen Namen und einige gute Eigenschaften eintragen und es dann zur Ergänzung weiterreichen.

Aus farbigem Papier oder Karton schneidet man Formen aus, die Blütenblättern (oder Herzen) gleichen und zu einer *Blume* zusammengesetzt werden können. Jeder Teilnehmer erhält eine Form und schreibt seinen Namen darauf. Dann schreibt man in Vierer- oder Fünfergruppen (mit oder ohne Selbstcharakterisierung) Wertschätzungsäußerungen darauf, setzt die Formen an der Wand zu einer Blume zusammen oder nimmt sie mit nach Hause.
Will man die Übung im Plenum machen – beispielsweise bei einem Gottesdienst oder einer Gruppenfeier mit 10 oder 15 Teilnehmern –, so kann man für jeden aus farbigem Papier oder Karton eine Kreisscheibe von etwa 15 cm Durchmesser schneiden und seinen Namen in die Mitte schreiben. Die Teilnehmer schreiben einander in Dreier- oder Vierergruppen auf die Scheiben, was sie in letzter Zeit aneinander gut fanden. (Nur Wertschätzung gegenüber dem anderen, keine Selbstcharakterisierung.) Dann klebt man die vollgeschriebenen Scheiben in Form einer umgekehrten Pyramide auf einen Papierbogen, zeichnet einen Rebzweig mit Blättern dazu, so daß eine (schematisierte) *Traube* entsteht, die man an der Wand festmachen kann.
In der gleichen Absicht (Wertschätzung ohne Selbstcharakterisierung in einer Gruppe von etwa 15 Personen) kann man jedem Teilnehmer ein *Telegrammformular* kopieren. Unter dem Kopf „Deutsche Bundespost Telegramm“ steht: „Name des Empfängers“ und darunter der Textanfang: „Zum heutigen Tag (Schulabschluß, Gruppenfest o. ä.) möchte ich Dir mitteilen, daß mir das Zusammensein mit Dir in unserer Gruppe (manchmal) Freude macht. Besonders . . .“ Die folgenden drei Zeilen sind frei. Am unteren Ende des Blattes steht: „Absender.“ – (a) Die Formulare werden verteilt, und jeder trägt als „Empfänger“ seinen Namen ein. (b) Dann sammelt man die Blätter ein und bietet sie verdeckt (wie beim „Schwarzen Peter“) zum Ziehen an. (c) Jeder füllt das Telegramm, das er gezogen hat, für den entsprechenden „Empfänger“ aus, unterschreibt es („Absender“) und schmückt seine Ränder mit Ornamenten aus. (d) Die Telegramme werden den Empfängern gegeben, die nun reihum äußern können, was sie daran besonders freut.

Eine mündliche Variante:
Die Teilnehmer setzen sich in Gruppen von 10–14 möglichst eng beieinander im Kreis auf den Fußboden. Ein Teilnehmer setzt sich in die Mitte, ohne zu reden und etwas zu erwidern. Derjenige, der im Kreis links von ihm seinen Platz hat, beginnt nun und sagt dem

Teilnehmer in der Mitte ein oder zwei Dinge, die er an ihm schätzt. Diese Äußerungen sollen keine leeren Nettigkeiten sein – denn selbst an einem Feind kann man ein oder zwei positive Eigenschaften entdecken. „Mir gefällt an dir, daß ...“ Hat der erste Teilnehmer ausgeredet, so nickt er seinem linken Nachbarn zu, damit der ebenfalls ein oder zwei positive Beobachtungen äußere. Wenn sich alle im Kreis geäußert haben, kehrt der Teilnehmer in der Mitte an seinen Platz zurück und sein linker Nachbar geht ins Zentrum – bis jeder an der Reihe war.

Auswertung:
Im folgenden Gespräch kann man – möglichst ohne die gemachten Erfahrungen zu zerreden – über folgendes sprechen:
- Wie hat diese Erfahrung von Wertschätzung auf mich gewirkt?
- Wie unterscheidet sich diese (ohne Zweifel systematische bis künstliche) Übung von unseren gewöhnlichen Feedback-Äußerungen im Alltag? Übersehen wir dort nicht viel Positives, das wir durch die Übung entdecken konnten? Gelingt es uns, negative Beanstandungen als Versuch, das vorhandene Positive beim anderen zu entfalten, zu verstehen und zu formulieren?
- Was hat diese Übung hinsichtlich der Frage gezeigt, ob wir die einzelnen gut oder nur ungenügend kennen?

Diese Übung kann auf intensive Weise das Gefühl der Wertschätzung durch andere vermitteln und das Selbstwertgefühl und damit auch die Bereitschaft, die eigenen Schwächen zuzugeben, verstärken[11]. Indirekt regt sie auch jeden Teilnehmer an, zu fragen, was an ihm weniger positiv ist. Man könnte im Anschluß an diese Übung auch eine persönliche Bestandsaufnahme (nach Nr. 38) vorschlagen.

Zur religiösen Vertiefung:
Man könnte von der Frage ausgehen: Wie kann ich die guten Anlagen bei mir (und bei anderen) deutlicher sehen, das heißt nicht nur auf meine Schwächen starren, sondern meine starken Seiten ausbauen? Kann ich dem Schöpfer danken, daß ich bin? Kann ich so auch bereit werden, die Talente, die er mir gegeben hat, zu entfalten

[11] „Besonders geeignet ist die Wertschätzung für Gruppen mit Feindseligkeitsritualen, in denen durch (oberflächliche) Aggressivität verdeckt wird, daß die Teilnehmer mehr Nähe und Wärme brauchen, für ‚männliche‘ Gruppen, in denen ein ausgesprochen harter und rustikaler Kommunikationsstil herrscht, weil die Entwicklung weicherer Ausdrucksmöglichkeiten noch nicht gelernt wurde (besonders wichtig z. B. für Schulklassen)“ (K. W. Vopel 1974, Heft 2, 40).

(Mt 25,14–30) und aus Jesu Kraft zu „wachsen und Frucht zu bringen“ (Joh 15,1–8)?
Ein anderer Ausgangspunkt: die Anerkennung durch Menschen, die wir schätzen, hilft uns, an unseren Wert zu glauben. Wenn nun aber andere uns ablehnen – vielleicht sehr zu Unrecht? Oder wenn wir in einer Phase der Niedergeschlagenheit oder Enttäuschung uns selbst ablehnen, klein machen, kleinmütig werden? Haben wir dann keinen Wert mehr?
Für den christlichen Glauben haben wir in den Augen des Maßgeblichsten, Gott, immer einen unverlierbaren Wert: Denn Gott erschafft uns ständig und sagt damit ja zu uns. Und nach und mit Jesus dürfen wir ihn „Vater“ nennen. Er hat uns „so sehr geliebt, daß er seinen einzigen Sohn hingab (Joh 3,16), so daß uns „nichts mehr trennen kann von der Liebe Gottes“ (Röm 8,38f.). Oder wie J. H. Newman einmal gesagt hat: „Mein Gott, ich glaube, daß du mich mehr liebst als ich mich selbst.“

37 „Sucht Bekanntschaft“

Ziel: Unser Bild von den anderen in seiner (Un-)Schärfe und Lückenhaftigkeit erkennen.
Diese Übung eignet sich nur für Gruppen, deren Mitglieder sich kennen. Das Plenum teilt sich in Kleingruppen von 6–10 Personen auf. Aus einem Los-Topf zieht jeder das Namenskärtchen eines anderen Gruppenmitglieds. Auf diesem Kärtchen versucht er nun eine Bekanntschaftsanzeige (Heiratsannonce) zu formulieren, die das betreffende Gruppenmitglied möglichst treffend charakterisiert. Die Anzeigen werden eingesammelt, gemischt und nacheinander besprochen:

- Man liest zuerst die Anzeige ohne den Namen; die Gruppe muß raten, auf wen sie passen könnte.
- Dann sagt der Gesprächsleiter, für wen die Anzeige verfaßt wurde (nicht von wem); und die Gruppe und der betroffene „Inserent“ sollen sagen, ob die wesentlichen Eigenschaften (Vorzüge – Grenzen) erfaßt wurden, was übersehen wurde und was verzerrt erscheint.

Diese Übung darf auf keinen Fall zu einer Abstempelung der Teilnehmer führen. Im Gespräch sollte also vor allem herausgearbeitet werden, wo die Gruppenmitglieder bei einem Einzelnen *wichtige Eigenschaften und Tätigkeiten, die über seine Rolle in der Klasse/*

Gruppe hinausgehen, viel zu wenig kennen, wie sie also in ihrer gegenseitigen Wahrnehmung auf bestimmte Rollen und Klischeevorstellungen festgelegt sind. Dann kann man sich fragen, wie man einander besser kennenlernen kann.

Antworten vergleichen **37a**

Ziel: Motiviert werden, einander besser kennenzulernen.
Die Teilnehmer bilden Paare, wobei sich möglichst jene zusammentun sollten, die sich noch wenig kennen. (Man könnte darum zuerst die „Pausensituation“ darstellen, das heißt sich in den Gruppierungen aufstellen, in denen man gewöhnlich in den Unterrichtspausen oder vor Beginn des Gruppentreffens zusammensteht. Zur folgenden Übung soll jeder einen Mitspieler aus einer anderen Untergruppe wählen.)
Nun stellt jeder seinem Partner schriftlich zwei oder drei Fragen und notiert dahinter die Antworten, die er seiner Ansicht nach geben wird. (Die Antworten werden auf die rechte Blatthälfte geschrieben und durch Umfalten verdeckt.) Es sollten Fragen sein, durch die man den anderen persönlicher kennenlernt, ohne jedoch indiskret zu werden. Dann tauschen die Partner ihre Blätter aus. Jeder schreibt seine Antworten zu den Fragen auf die nach oben schauende Seite. Schließlich faltet jeder sein Blatt auf und vergleicht seine Antworten mit den vom anderen vermuteten. In einem kurzen Gespräch können die Partner überlegen, ob sich die vermuteten Antworten von der tatsächlichen stark oder nur wenig unterscheiden, worauf sie ihre Vermutungen stützen und welche Seiten sie am anderen zu wenig kennen. – Je nach Zeit und Interesse kann die Übung mit anderen Partnern wiederholt werden. Die Übung wird mit unterschiedlicher Intensität durchgeführt, hat sich aber bei Schulklassen und Jugendgruppen als sehr hilfreich erwiesen.

Ein Poster für dich **37b**

Ziel: Sein Bild von den anderen bewußt machen und einander besser kennenlernen.
Die Teilnehmer bilden Paare und wählen aus einer Reihe von verschiedenartigen Fotos eines aus, das ihrer Meinung nach etwas über eine Eigenschaft des Partners sagt. Über einen Zug an ihm, der einem

gelegentlich schon einmal aufgefallen ist oder den man bei ihm vermutet.
Dann teilt jeder seinem Partner mit, welches Bild er für ihn ausgesucht hat, auf welche Eigenschaft es anspielt und bei welchen Gelegenheiten er diese meinte beobachtet zu haben. Der Partner erklärt, ob er damit einverstanden ist und wie er sein Verhalten und Auftreten sieht. Gegebenenfalls wiederholt man die Übung mit einem neuen Partner.

38 Selbsteinschätzung durch Fremdeinschätzung

Ziel: Zu einer Selbsteinschätzung kommen, die eine realistische Vorsatzbildung für die zukünftige Selbststeuerung ermöglicht.
Diese Übung kann den Anstoß von „Sucht Bekanntschaft" (Nr. 37) oder von Feedback-Übungen (Nr. 34–36) fortsetzen. Sie kann auch durch die Arbeit mit Testfragen (nach Nr. 70) ersetzt werden.
Man gibt den Teilnehmern die nebenstehende Liste von charakterlichen Eigenschaften und Fähigkeiten. Aufgabe: 1. Kreuze zuerst durch ein doppeltes Kreuz # die Eigenschaften und den Ausprägungsgrad an, die deiner Ansicht nach ein Mensch haben, um die er sich bemühen sollte. (Es genügt auch, nur etwa die Hälfte der unten aufgeführten Eigenschaften vorzulegen). 2. Bezeichne dann mit einem einfachen Kreuz, welche Eigenschaften du deiner Meinung nach wirklich hast (und in welchem Ausprägungsgrad). 3. Besprich mit einem selbstgewählten Partner (bei gutem Gruppenklima ist das auch in Dreier- und Vierergruppen möglich), was er dazu meint. (Jeder Gesprächspartner kann zuerst die Liste ausfüllen, wie sie für den anderen gilt, dann wie sie für ihn selbst gilt. Dann werden die Einschätzungen ausgetauscht und verglichen.) Fragen für die persönliche Überlegung: Ergeben sich aus dieser Übung Anhaltspunkte für die Arbeit an mir selbst? Schwerpunkte für die Zukunft?
Diese persönliche Überlegung kann gegebenenfalls durch folgende Imaginationsübung angeregt werden. Die Teilnehmer schließen die Augen, entspannen sich und konzentrieren sich auf ihr körperliches Empfinden . . . Jeder überlegt sich ein oder zwei Eigenschaftswörter, die wichtige Züge seiner Persönlichkeit beschreiben. Er stellt sich einige Zeit plastisch vor, wie er als der Mensch, der er sein möchte, aussieht und handelt . . . Nun denkt sich jeder das Gegenteil von den gewählten Charakterisierungen . . . Jeder stellt sich vor, er werde zu einer Person mit diesen gegenteiligen Eigenschaften. Wie sieht sie

Eigenschaften, Fähigkeiten	Ausprägungsgrad				
	sehr hoch	hoch	mittel	gering	sehr gering
Interesse an anderen					
Kontaktbereitschaft					
Kameradschaftlichkeit					
Feinfühligkeit					
Zuhörfähigkeit					
Ausgeglichenheit					
Eigenes Urteil					
Eigensinn					
Tiefe der Gefühle					
Willensstärke					
Ängstlichkeit					
Praktisches Geschick					
Planvolles Handeln					
Ausdauer					
Wißbegierde, Interesse					
Initiative					
Selbstvertrauen					
Gründlichkeit					
Geistige Beweglichkeit					
Selbstkritik					
Belastbarkeit					
Selbstbeherrschung					

In die letzte, freie Zeile kann man eine eigene Formulierung eintragen.

aus? Wie handelt sie? Wie fühle ich mich dabei? Dann wird jeder wieder er selbst und vergleicht, wie er die beiden Rollen erlebt hat. Dieses Experiment (nach J. O. Stevens 1975, 158) kann die emotionale Einstellung zum Selbstkonzept echter bewußt machen und damit die Überlegungen zur Vorsatzbildung vorbereiten.
In manchen Gruppen/Klassen kann man in diesem Zusammenhang

auch dazu anregen, nach den Methoden der verhaltenstherapeutischen Selbstkontrolle problematisches Verhalten bei sich zu untersuchen und ein Selbstveränderungsprojekt zu erarbeiten, wo mit Hilfe von Verstärkungen schädliches Verhalten (etwa zuviel Rauchen, Arbeitsscheu) abgebaut und wertvolles Verhalten gefördert wird (siehe D. Watson/R. Tharp 1975).
Die *religiöse Vertiefung* kann inhaltlich und methodisch verschiedene Wege gehen. Man kann beispielsweise in Paar- oder Gruppenarbeit aus der vorgelegten Liste eine Eigenschaft aussuchen und überlegen lassen, wo sich die Bibel dazu äußert (nicht nur in Einzelaussagen, sondern auch in Gleichnissen und beispielhaften Gestalten) oder wie sie allgemein in der Sicht von Ethik und Glaube zu werten ist. – Oder: Man fragt in Form einer Schlußbetrachtung oder Textauslegung, inwiefern manche in der Liste genannten Eigenschaften „Früchte des Geistes" sind oder was das Gleichnis von den Talenten für die Entwicklung bestimmter, modern psychologisch beschriebener Fähigkeiten bedeutet. – Man kann auch biblische Leseimpulse (Nr. 82) vorlegen und überlegen lassen, wo die Teilnehmer einen Bezug zu einer der genannten Eigenschaften sehen. (Beispielsweise Jesu „Sorgt euch nicht ..." Mt 6,25 als eine besondere Form von „Selbstvertrauen", oder sein Gebot der Brüderlichkeit als eine Art von „Interesse an anderen".)

38a Variante:

In der gleichen Absicht und ebenfalls für eine Partner- oder Kleingruppenarbeit könnte man die folgende Testaufgabe stellen. (Bei Partnerarbeit überreicht man jedem Teilnehmer zwei Abzüge, wo aus der untenstehenden Liste etwa 15 Gegensatzpaare zusammengestellt sind.)
Aufgabe: Jeder füllt zwei Einschätzungsbogen aus: 1. wie er sich selbst, 2. wie er seinen Partner einschätzt. Ein Kreuz auf der Mittellinie bedeutet dabei „weder – noch", während ein Kreuz ganz links oder ganz rechts „stark ausgeprägt" bedeutet. (Mögliche weitere Aufgabe: Bezeichne dann durch Einrahmung und durch die Ziffern + 1 und + 2 bzw. –1 und –2 die zwei größten Stärken und die zwei größten Schwächen, die Du – bzw. Dein Partner – Deiner Ansicht nach hast.)

	stark ausgeprägt	weder noch	stark ausgeprägt	
vorsichtig				unvorsichtig
aufmerksam				zerstreut
freundlich				unfreundlich
humorvoll				humorlos
geduldig				ungeduldig
überlegt				unüberlegt
aktiv				passiv (verträumt)
zielbewußt				ablenkbar (weich, ziellos)
gewissenhaft				gleichgültig
maßvoll				verwöhnt
zuverlässig				unzuverlässig
rücksichtsvoll				rücksichtslos
hilfsbereit				egoistisch
vertrauensvoll				mißtrauisch
fleißig				bequem
mutig				ängstlich (feige)
bescheiden				anmaßend
kritisch				naiv
kontaktfreudig				eingekapselt
feinfühlig				gefühllos
gelassen				leicht gekränkt
gleichmäßig				launisch
belehrbar				eigensinnig
selbständig				von anderen abhängig
partnerschaftlich				herrschsüchtig
vielseitig interessiert				einseitig interessiert

Dann soll das für den Partner bestimmte Blatt diesem gegeben werden. Nun kann jeder seine Selbsteinschätzung mit der Art, wie ihn der Partner einschätzt, vergleichen und mit ihm darüber sprechen.
Zur Vertiefung: Die Gruppe/Klasse stimmt darüber ab, welches ihrer Ansicht nach die drei wichtigsten Eigenschaften in der Liste sind. Dann kann man im Plenum oder in Kleingruppen überlegen, ob zu diesen drei wichtigsten Eigenschaften im Neuen Testament etwas

gesagt wird bzw. welchen Rang sie in der Sicht der Ethik und des Glaubens haben. – Andere Möglichkeiten religiöser Vertiefung siehe oben Nr. 38 und Nr. 38d.

38b Variante oder Ergänzung mit sozialer Thematik:

Eine der vorgeschlagenen Übungen zur Selbsteinschätzung könnte durch die folgende Reflexion (nach Helga Elstner, Kath. Landjugendbewegung Bayern) ergänzt oder auch ersetzt werden. – Jeder Gruppenteilnehmer schreibt auf ein Blatt seine Gaben und Fähigkeiten. Dann setzen sie sich in Vierergruppen zusammen und überlegen: Wie könnten die genannten Gaben und Fähigkeiten für die Gruppe oder für andere Gemeinschaftsaufgaben eingesetzt werden? Ferner: Welches sind die Gefahren, die jede starke Seite haben kann? Jede Kleingruppe notiert nach dem folgenden Grundschema ihre Ergebnisse:

Gaben/Fähigkeiten	Einsatzmöglichkeiten für die Gruppe u. a.	Gefahren, auf die zu achten ist
Ich kann gut reden	Ich kann die Gruppe nach außen vertreten	Ich kann andere dadurch hindern, zu Wort zu kommen
Ich kann organisieren	....	....
Ich habe Zeit	....	....
....	....	....

Bei einer religiösen Vertiefung (Gespräch oder Gottesdienst) kann gefragt werden, welche Bedeutung der christliche Glaube der Entfaltung und dem sozialen Einsatz unserer Fähigkeiten beimißt. Die Antwort kann aus dem Gleichnis von den Talenten Mt 25,14–30 entwickelt werden, oder aus dem bekannten Gebet „Herr mache mich zu einem Werkzeug deines Friedens . . .“ oder dem Text „Christus hat keine Hände – nur unsere Hände, keine Füße – nur unsere Füße.“

38c Variante: Sein Sozialverhalten charakterisieren

Die Teilnehmer bilden Dreiergruppen. Jeder überlegt zwei Eigenschaften, die sein Verhalten anderen gegenüber charakterisieren: 1. eine „gute“ Eigenschaft, 2. eine eher „schlechte“, problematische. Nach der nötigen Besinnungszeit schreibt jeder das Ergebnis seiner Überlegung auf ein Blatt. Dann wird jede Niederschrift auf folgende Weise besprochen. Während der Urheber der Niederschrift schweigend zuhört, tauschen die beiden anderen ihre Meinung über die genannten Eigenschaften aus. Dabei erwägen sie vor allem, wie sich die erwähnten Verhaltensweisen auf die anderen auswirken und in welchem Maß sie zutreffen. Ob beispielsweise die Äußerung „Ich bin aggressiv" ein Verhalten beschreibt, das nur als störend oder auch als belebend empfunden wird, oder ob sie das „Zuhörenkönnen" eines Teilnehmers als Interesse oder auch als Passivität, Bequemlichkeit oder Schüchternheit sehen (nach Heinz Lillig, Trier).

Variante: Erwartungen an mich **38d**

Jeder Teilnehmer überlegt, von welchen Erwartungen er in seinem Verhalten und in seiner Selbsteinschätzung stark bestimmt wird: Erwartungen von seiten der Mutter, des Vaters, eines Lehrers, eines Vorgesetzten, eines Freundes usw. Erwartungen, die er – mehr oder weniger – bejaht oder ablehnt.

Dann spielt man (wenn das Plenum dafür zu groß ist, in Gruppen, die nacheinander auftreten oder auch unter sich spielen) das Rollenspiel „Partygespräch über mich". Jeder spielt eine Person, die immer wieder Erwartungen an ihn richtet. Er versucht darzustellen, wie diese Person (z. B. Vater oder Mutter) bei einer Party über ihn spricht: was sie von ihm erwartet, erhofft, befürchtet, wie sie ihn beurteilt. Dabei imitiert er deren typische Redewendung und Körperhaltung.

Nach dieser (meistens heiteren) Bewußtmachung von Erwartungsdruck kann man kurz über die verschiedenen Erwartungen sprechen, die im Spiel geäußert werden. Dann kann jeder überlegen, welche Erwartungen er richtig findet und welche er ablehnt. Darüber sprechen die Teilnehmer in Dreiergruppen.

Eine Schlußbetrachtung im Plenum kann die religiöse Vertiefung von Nr. 38 aufnehmen. – Sie könnte auch von einer Gewichtungsaufgabe (siehe Nr. 68c) zur Frage „Was gehört zur Selbstverwirklichung?" oder „Was gehört zu einem Christen?" ausgehen.

Eine andere Möglichkeit: man fragt, wie wir mit den Erwartungen und Wertvorstellungen einzelner Personen, Gruppen und Zeitströmungen („Ein anständiger Junge . . .", „Ein moderner Mensch . . .") umgehen sollen. Einerseits brauchen wir diese Anerkennung und Erwartung; sie bewahren uns vor Starrsinn, Selbstzufriedenheit und Vereinsamung. Andererseits können wir dadurch völlig abhängig werden und unsere Eigenständigkeit verlieren. Hilfreich und notwen-

dig zur Entwicklung einer eigenen Linie ist die Möglichkeit, unter verschiedenen Bezugspersonen und -gruppen wählen zu können ... Es stellt sich aber immer auch die Frage: Gibt es eine letzte Instanz, von der her ich mich und die gewählten Bezugspersonen gültig beurteilen kann? Gibt es eine letzte Quelle von Anerkennung und Erwartung, die mich weder abhängig macht noch isoliert, die mich nicht von außen einengt, sondern von innen zu mir spricht, als das Beste in mir selbst, mich zum Richtigen befreit und mir notfalls auch gegen die Irrungen meiner Umgebung recht gibt? Eine Wirklichkeit, die mich inspiriert und autonom macht und mit der übereinzustimmen Übereinstimmung mit mir selbst bedeutet? Kann es ein Weg zur Selbstfindung und zur Meditation werden, immer wieder den zu suchen, „der ins Verborgene sieht und dir vergilt" (Mt 6,4)?
Weitere Anregungen zu mehr themabezogenen Selbstwahrnehmungsübungen siehe Nr. 70.

39–40 Schieben

Ziel: Die Problematik der Fremdheit, Rivalität und Durchsetzung bewußt machen.
Je 2 Teilnehmer stellen sich einander gegenüber, legen ihre Hände mit den Handflächen gegeneinander und verhaken dabei die Finger. Auf Verabredung versuchen sie, einander von der Stelle zu schieben. (Hände nicht über die Achselhöhe heben, da sonst der Größere im Vorteil ist.) Sie können den Kampf abbrechen, wenn sie ihn für entschieden halten.
– Nach Partnerwahl dasselbe, mehrmals.
Auswertungsgespräch: 1. mit dem zuletzt gewählten Partner, 2. im Plenum:
– Wie habt ihr die Übung empfunden? Was war daran angenehm, was unangenehm?
– Wie fühlt man sich, wenn man kämpft (Rivalität, Drang nach Überlegenheit, Angst vor Minderwertigkeit, Wille zum Sichdurchsetzen, Spaß am Kontakt und am Spiel)? Wenn man siegt? Wenn man aufgibt? Spielen diese Gefühle auch in unserem sonstigen Zusammenleben eine Rolle?
– Welche zwei, drei „Regeln für fairen Wettbewerb" könnten wir formulieren?

Exkurs: Bewußtmachung – wozu?

Das Schieben gehört ohne Zweifel zu den Kampfspielen (wie Fingerhakeln, den auf den Ellenbogen aufgestellten Unterarm eines Partners auf den Tisch niederdrücken, auf einem Bein hüpfend mit den vorn verschränkten Armen den Gegner aus dem Gleichgewicht bringen, Raufen), die außer Rivalitätsgefühlen auch *Aggressionen bewußt machen und abreagieren lassen* (vgl. W. C. Schutz 1973, 129–142). In einzelnen Experimenten wurde auch versucht, durch entsprechende Spiele außer Aggressivität auch das Streben nach Besitz, Macht und Erotik bewußt zu machen und darüber zu reflektieren (bei 4–12jährigen z. B. G. Wollschläger 1972). Was ist von solcher Bewußtmachung und Sensibilisierung zu halten?
In diesem Methoden-Buch wird sowohl das Abreagieren von offen spürbaren (d. h. wirklich vorhandenen) Spannungen und Aggressionen empfohlen (Nr. 1–5) als auch betont, es müsse – beispielsweise im Rollenspiel oder durch Fingerfarbenmalen – ein kathartisches Lernen ermöglicht werden, ein Lernen also, wo dissoziale Triebregungen nicht einfach überdeckt und verdrängt, sondern bewußt gemacht, ausgesprochen mit dem sozialen Empfinden des einzelnen konfrontiert werden. Hingegen scheint es ein fragwürdiges Ziel zu sein, über das „Schieben“ und ähnliche Übungen hinaus gezielt Triebregungen bewußtzumachen. Aus folgenden Gründen.

1. So würde bei vielen Jugendlichen an Triebkonflikten mehr bewußt gemacht, als vorhanden ist (Anheizung statt Bewußtmachung). Wenn man nämlich das Katharsiskonzept bestimmter Einzel- und Gruppenpsychotherapien auf die Normalpädagogik überträgt, hat das zur Folge, daß die stark Belasteten die Ausgeglichenen anstecken; die Dynamik einer kathartischen Übung ist ja auf Abreagieren und nicht auf einen Ausgleich durch Ausgeglichenere eingestellt. Bei Aggressionsspielen sagen einem auch erwachsene Teilnehmer hinterher nicht selten, sie hätten gar keine Aggressionen abzureagieren gehabt, sondern hätten sie sich durch die allgemeine Spielatmosphäre nur eingebildet. Gerade bei den Berichten von G. Wollschläger (1972) muß man den Eindruck haben, daß die Thematik des Spiels, die Erwartungshaltung des Leiters und die Dynamik der problembeladeneren Schüler die anderen Teilnehmer stark mitreißt. Gezielte Anreize zum Abreagieren (z. B. Boxen, Werfen, Schmieren im Therapieraum) sind zuerst einmal Hilfen für belastete einzelne; sie können

nur bedingt auf eine gemischte Gruppe von unbelasteten und belasteten Personen übertragen werden.
2. Wenn man schon auf forcierte, d. h. verstärkende Weise dissoziale Regungen bewußt macht, müßte man gleichzeitig Lernsituationen anbieten, in denen auch soziale Werteinstellungen (Hochachtung, Einfühlung, Hilfsbereitschaft, Gerechtigkeit) und Verhaltensweisen angefordert und verstärkt werden (Lernen durch Tun, siehe Nr. 87), sodaß die bewußt gewordenen Triebregungen in eine höhere Motivation integriert werden können. Im allgemeinen begnügen sich die genannten Übungen aber mit einer Reflexion, von der alle Ich-Stärkung erhofft wird. Darum sind die herkömmlichen Aggressionsspiele auch innerhalb der Gruppenpsychotherapie in ihrem Wert umstritten.

41 „Belagerte Stadt"

Ziel: Die Neigung bewußt machen, eigene Schuld auf andere, zumal auf den schwächsten in der Gruppe abzuwälzen.
Die kleine mittelalterliche Stadt Trotzburg ist von den Hochbergern belagert. Sie beschuldigen die Trotzburger, einen Kaufmann umgebracht zu haben, und fordern innerhalb einer Stunde die Auslieferung der Schuldigen.
Die Teilnehmer spielen nun die Beratung der 5 Bürger, die alle in die Sache verwickelt sind und entscheiden müssen, wer als Hauptschuldiger ausgeliefert wird. In den Vorlagen für die Spieler (nach H. Frör 1982) ist die Situation so konstruiert, daß zwar alle ihre Mitschuld eingestehen müssen, die Hauptschuld aber praktisch immer auf *einen* abwälzen. Die Beobachter können also diesen Sündenbockmechanismus im Spiel lebendig erfahren (und im Lichte der Bibel dazu Stellung nehmen).

42 Leserbriefbeurteilung

Ziel: Zeigen, wie wir uns in unserem Urteil vom Ansehen (Status und Autorität) einzelner Personengruppen bestimmen lassen.
Die Teilnehmer bilden 4 Kleingruppen. Der Leiter legt ihnen je einen Leserbrief zu einem aktuellen Thema vor und gibt ihnen den Auftrag, ihn kurz zu beurteilen. Zu Beginn weiß nur der Leiter, daß es sich um denselben Text handelt. Auf den einzelnen Briefen ist hingegen der Absender so angegeben, daß der Brief für die Gruppe 1 von einer Hausfrau, für die Gruppe 2 von einem Professor, für die Gruppe 3

von einem Lehrling und für die Gruppe 4 von einem Jungsozialisten (Jungdemokraten, Junge-Union-Mitglied oder Pfarrer) stammt. Man könnte auch als Absender einen Lehrling, einen Gymnasiasten und eine Realschülerin o. ä. angeben (frei nach H. Frör 1982).
Im Plenumsgespräch zeigt sich meistens, daß die Beurteilungen (zum Vergleich an der Wandzeitung in Stichworten festhalten) sehr verschieden ausfallen. Nun kann man nach den Ursachen für diese Abweichungen fragen und feststellen, wie sehr wir in unseren Beurteilungen vom Prestige, vom Status und der Autorität, die eine Person oder Gruppe im allgemeinen Bewußtsein besitzen, bestimmt werden. Wie sieht – soweit wir das objektiv an uns erkennen können – unsere Autoritätenhierarchie aus (z. B. 1. Naturwissenschaftler, 2. . . .)? Wie wirkt sie sich in unserer Meinungsbildung aus?

Konfliktlösung, Durchsetzungsvermögen und Gerechtigkeit – Gruppenzentriertes Rollenspiel 43

Ziel: Durchsetzungsvermögen ohne Aggressivität in Konfliktsituationen.
Man läßt die Teilnehmer in Kleingruppen oder nach der Methode *66 Konfliktsituationen* sammeln, die in ihrem eigenen Zusammenwirken immer wieder entstehen: Ungerechtigkeit bei der Verteilung von Arbeiten für die Gemeinschaft, Rücksichtslosigkeit (Zuspätkommen, Stören, ständiges Anbetteln), Streit um Ferienpläne, ungerechte oder unhöfliche Behandlung durch einen Lehrer usw.
Dann wählt jede Kleingruppe eine Konfliktsituation und bereitet dazu ein *Rollenspiel* vor (gegebenenfalls in 2 Untergruppen, die jeweils die Taktik und die Kernsätze einer Partei erarbeiten und ihren Spieler damit ausrüsten), das nachher im Plenum gespielt und besprochen wird. In dem Rollenspiel soll der Konflikt so gelöst werden, daß die protestierende Partei ihre Rechte ohne Aggressivität, aber auch ohne weichliche Nachgiebigkeit durchsetzt (die Gegenpartei muß also auch entsprechend hart spielen).
Weniger formell und vorbereitet verläuft das gruppenzentrierte Rollenspiel, das mitten in der gewohnten Zusammenarbeit einen gerade aufgebrochenen Konflikt aufgreift und von den darin Verwickelten spielen läßt, um – im Spiel selbst oder im folgenden Gespräch – eine Lösung zu suchen. (Zur Bedeutung des Rollenspiels in diesen und ähnlichen Zusammenhängen siehe Nr. 76).

5. *Gemeinsame Beobachtung des Unterrichts- und Gesprächsverlaufs (Aktionskontrolle)*

Die folgenden Anregungen suchen – wie bereits das gruppenzentrierte Rollenspiel (Nr. 43) – Interaktionen zu reflektieren, die nicht in einer Laboratoriums- oder Spielsituation, sondern in der täglichen Zusammenarbeit und in themenbezogenen Gesprächen zu beobachten sind. Die Klasse/Gruppe und der Lehrer/Leiter können dadurch lernen, den normalen Unterrichts- und Gesprächsverlauf zuerst einmal objektiver wahrzunehmen und unter bestimmten Gesichtspunkten, für die die Übungen des vorangegangenen Abschnitts sensibilisieren wollten, zu betrachten – mit dem Ziel einer Verhaltensänderung. Unter diese Gesichtspunkte wurden hier auch einige Fragen zur Unterrichtsgestaltung aufgenommen, die nur mittelbar die Verbesserung der Interaktion betreffen.

44 Gesprächsbeobachtung und -kritik durch die Lerngruppe

Ältere Schüler sind durchaus fähig, mit Hilfe eines Fragerasters, den man für sie vervielfältigt, aus ihrer Erinnerung über den Gesprächsverlauf zu reflektieren und durch gemeinsame Selbstkritik, in die alle, auch der Lehrer/Gruppenleiter, einbezogen werden, zu lernen. Ein solcher Frageraster kann freilich nicht die differenzierten Beobachtungsschemata übernehmen, die die Gruppenpsychologie – manchmal mehr als Instrument der Forschung als der praktischen Sensibilisierung – entwickelt hat. Die wichtigsten Gesichtspunkte und Fragen, auf die man sich in einer Klasse/Gruppe konzentrieren sollte, sind wohl die folgenden:

- Konnten die Gesprächsteilnehmer einander gut sehen? Konnte man, wenn nötig, auf eine Tafel oder Wandzeitung schreiben? (Gab es von den Raumverhältnissen her andere Störungen des Gesprächs?)
- War das Thema klar? War die Ausgangsfrage richtig gestellt?
- Gingen die Teilnehmer aufeinander ein oder redeten sie aneinander vorbei, monologisierten sie (siehe auch die Übung Kontrollierter Dialog Nr. 22)?
- Haben einzelne, hat z. B. der Lehrer/Gesprächsleiter zuviel geredet?
- Konnte jeder, wenn er etwas sagen wollte, zu Wort kommen? Wurden einzelne Teilnehmer unterdrückt? (Wurden ihre Beiträge nicht genügend berücksichtigt?) Wurden die zurückhaltenden

Gesprächsteilnehmer zur aktiven Teilnahme ermuntert? (Siehe auch Nr. 48c „War das Rundgespräch ein Rundgespräch?").

- Kam es zu unsachlichen und verletzenden Äußerungen?
- Wurde jemand unterbrochen oder lächerlich gemacht?
- Wurden störende Privatgespräche gehalten?
- Wurde für gute Stimmung und Auflockerung gesorgt? Wie?
- Wurden Abschweifungen vom Thema rechtzeitig verhindert?
- Hat der Gesprächsleiter durch knappe Zusammenfassungen den Stand des Gesprächs geklärt und die noch zu behandelnden Punkte herausgestellt?
- Wurden die unterschiedlichen Meinungen offen und klar ausgesprochen und einander gegenübergestellt?
- War am Ende das Ergebnis klar: die Erfahrungen, Fragen, Hypothesen, Meinungen?

Damit der gemeinsame Rückblick nicht nur auf die Erinnerung angewiesen ist, kann man auch *vor* einem Rundgespräch oder einer Diskussion zwei Schüler bitten, nach den oben genannten Gesichtspunkten den Verlauf zu beobachten und ihre Feststellungen zu notieren (dem einen teilt man die mehr gesprächsorganisatorischen, dem anderen die mehr sozialemotionalen Fragen zu). – Zwei Beobachter können auch in der in Nr. 48c vorgeschlagenen Weise auf einem großen Papierbogen ein Gesprächssoziogramm zeichnen, das dann ausgewertet wird.

In Jugend- und Erwachsenengruppen hat es sich auch bewährt, von Zeit zu Zeit in *Form eines Schreibgesprächs* (Nr. 18) oder mit Hilfe einer vorausgehenden Einzelbesinnung (Nr. 17a) Rückblick zu halten. Die beiden Leitfragen lauten: 1. Was war in der bisherigen Zusammenarbeit unserer Gruppe positiv? 2. Was sollten wir besser machen?

Unterrichts- oder Gruppenkritik im fruchtbaren Augenblick – Regeln bilden 45

Wenn eine Klasse oder Gruppe blockiert ist, wenn ernsthafte Störungen auftreten, kann das ein fruchtbarer Augenblick für eine Unterrichts- oder Gruppenkritik sein (wie ja eine Aktionskontrolle und ein Feedback um so wirksamer sind, je unmittelbarer sie dem Geschehen, auf das sie sich beziehen, folgen). Der Lehrer/Leiter sollte in einer solchen Situation die Jugendlichen nicht in ihrer diffusen Unzufrie-

denheit sieden lassen, sondern sie zu einer Reflexion führen, durch die deutlich wird, wo die Gründe für das Unbehagen liegen.
Es hat sich bewährt, in einer solchen Situation die Jugendlichen aufzufordern, *anonym auf einem Blatt ihre Kritik am Unterricht oder Gruppengeschehen sowie ihre Verbesserungsvorschläge* zu notieren. Es werden also zwei Fragen gestellt: 1. Was ging in letzter Zeit gut, was hat dir gefallen? 2. Was sollten wir anders machen? Die Niederschriften werden dann gesammelt, besprochen und für die weitere Zusammenarbeit ausgewertet, beispielsweise indem man Regeln aufstellt. Diese Regeln gelten dann als Gruppennorm – und nicht nur als Gebot oder Verbot des Lehrers/Leiters. So entstehen Gruppennormen wie: Einander ausreden lassen, niemanden lächerlich machen, erst nach Rücksprache mit den anderen Freunde in die Gruppe einladen, pünktlich zusammenkommen usw.[12]. (In einer Hauptschulklasse schrieb man diese Regeln auf einen Papierbogen an der Wand, so daß man immer, wenn es angebracht war, rasch und diskret an die entsprechende Regel erinnern konnte.)
Die Furcht mancher Lehrer/Gruppenleiter, sie könnten mit dieser Aufforderung zur Kritik ein Scherbengericht über sich heraufbeschwören, ist gewöhnlich unbegründet. Denn meistens betrifft die geäußerte Kritik nicht nur sie, sondern auch die Jugendlichen selbst. Auch sollte der Lehrer/Gruppenleiter bei einem solchen Entstörungsgespräch seine eigene Kritik an den Schülern oder Gruppenmitgliedern offen äußern; hier kann sie in einem konstruktiven Zusammenhang und im fruchtbaren Augenblick vorgebracht werden.

46–47 Gemeinsame Reflexion: Wie treffen wir unsere Entscheidungen?

In Gruppen oder Klassen mit älteren Jugendlichen empfiehlt es sich – besonders wenn einzelne zu dominieren versuchen, aber auch um allgemein die Mitverantwortung aller bewußt zu machen –, einmal *beispielhaft auf eine oder zwei Entscheidungen zurückzublicken:* auf den Plan zu einer Ferienfahrt, zu einer Aktion usw. Die Hauptfrage lautet: Wie wurde diese Entscheidung getroffen? *Im einzelnen kann* man folgende Alternativen bedenken (und als Papier vorlegen; hier frei nach K. Antons 1976):

[12] Bei Landschulaufenthalten und Einkehrtagen hat es sich meistens bewährt, die Jugendlichen in dem Sinne Regeln bilden zu lassen, daß man ihnen gleich zu Beginn die Aufgabe stellt, selbst ihre Hausordnung zu bestimmen (wann zu Bett gehen, wo rauchen usw.).

- Durch angemaßtes Recht eines Einzelnen?
  Einer macht einen Vorschlag in einer Weise, daß die anderen praktisch vor vollendete Tatsachen gestellt werden oder vom Gebrauch ihres Mitspracherechts abgeschreckt werden.
- Durch einen Zweierzusammenschluß?
  Durch einen Zweierzusammenschluß werden die anderen so sehr überrascht, daß sie dieser Übermacht nachgeben und zustimmen.
- Durch Cliquenbildung?
  Mehrere Mitglieder treffen im voraus eine bindende Absprache, so daß keine echte Erwägung anderer Lösungen mehr möglich ist und das gegenseitige Vertrauen gemindert wird.
- Durch Mehrheitsbeschluß?
  Die demokratische Abstimmung kann, wenn der Versuch, zu einer Übereinstimmung zu kommen (siehe unten), nicht mehr weiterführt, der einzig mögliche Weg sein. Kommt es aber zu früh zu einer „Kampfabstimmung", so bleibt die unterlegene Minderheit gegen die Entscheidung eingenommen.
- Durch Druck auf Widerstrebende?
  „Ist jemand dagegen?" „Wir stimmen doch zu!?" – so daß es schwerfällt, eine gegenteilige Meinung zu äußern.
- Durch scheinbare Übereinstimmung?
  Der Druck mitzumachen kann so stark und die Möglichkeit zu freier Erwägung so gering sein, daß scheinbar alle übereinstimmen, die Mehrheit aber innerlich mit der Entscheidung nicht zufrieden ist.
- Durch Übereinstimmung?
  Eine Entscheidung wird erst getroffen, nachdem alle die verschiedenen Seiten des Problems ausgiebig erörtern konnten, bis zum Schluß alle darin übereinstimmen, daß die vorgeschlagene Entscheidung die bestmögliche ist. Auch jene, die mit dieser Entscheidung nicht voll übereinstimmen, unterstützen sie – wenigstens vorläufig – trotzdem, weil sie ihre Meinung voll zur Geltung bringen und die Gegengründe hören konnten.
  Die grundlegenden Schritte zu einer Entscheidung durch Übereinstimmung:

1. Das Problem genau bestimmen (Rückfragen ermöglichen).
2. Verschiedene Lösungen vorschlagen (Nicht nur Vorschlag und Gegenvorschlag. Zeit zum Nachdenken. Brainstorming).
3. Die vorgeschlagenen Lösungen sichten und prüfen (Vorschläge prüfen. Keine voreilige Abstimmung).

4. Sich auf eine Lösung festlegen (Diskussion zusammenfassen. Übereinstimmung testen. Das Vorgehen bei der Ausführung genau festlegen).
5. Planen und Verantwortung für die Ausführung übertragen.

48 Interaktionsanalysen wichtiger Unterrichts- und Gesprächsphasen – Anregungen für eine kollegiale Praxisberatung

Während die bisher in diesem Abschnitt vorgeschlagenen Verfahren (Nr. 44–47) der gemeinsamen Reflexion mit der Klasse/Gruppe dienten, sollen im folgenden Analysen angeregt werden, die in erster Linie im Kreis von Kollegen (Arbeitskreis, Freundeskreis) oder notfalls auch allein durchzuführen sind. Warum und wozu?
Wenn der „normale" Lehrer/Gruppenleiter in seiner Arbeit mit Jugendlichen erfolgreich ist, verdankt er das nicht nur seiner Grund- und Fortbildung oder einem angeborenen Naturtalent, sondern großenteils auch einer *ständigen Selbstbeobachtung,* die vielleicht sehr unsystematisch und wenig bewußt ist, ihn aber doch dazu befähigt, aus den erfahrenen Schwierigkeiten und Erfolgen zu lernen. Im folgenden sollen einige Analysen vorgeschlagen werden, die zwar eine technischere und ausdrücklichere Beobachtung des Unterrichts- und Gruppengeschehens anzielen und zum Teil von der wissenschaftlichen Unterrichtsforschung angeregt sind, die aber im Grunde nur die normale und notwendige Beobachtung des eigenen und des Gruppenverhaltens objektiver und ergiebiger gestalten wollen.
Sie setzen eigentlich nur die Bereitschaft voraus, sich mit dem eigenen Tun offen auseinanderzusetzen, *wichtige Phasen des Unterrichts- oder Gruppengesprächs auf Tonband aufzunehmen* [13] und sie unter bestimmten Gesichtspunkten zu reflektieren. Das kann im Kreis einiger

[13] Daneben gibt es auch die in der Jugend- und Sozialarbeit bewährte Methode, nach jeder Veranstaltung aus dem Gedächtnis einen kurzen *Stundenbericht* zu schreiben: Man notiert sich nach den wichtigsten gruppenpsychologischen Gesichtspunkten die wichtigsten Tatsachen und Ereignisse (was unternommen und besprochen wurde, wer die entscheidenden Initiativen ergriffen hat, wer sich nicht beteiligte, Schwierigkeiten hatte, opponierte usw.). Bei einer Zusammenschau solcher Berichte über mehrere Wochen wird man oft auf Probleme, Chancen und Aufgaben aufmerksam, die sich erst durch die ständige Wiederholung oder durch eine Entwicklungslinie offenbaren: Wer fühlt sich nicht wohl in der Gruppe? Wer hat mit mir als Lehrer/Leiter oder mit einem anderen emotionale Schwierigkeiten, die einmal bereinigt werden müßten? Mit welchen Talenten kann man rechnen? Wächst der Zusammenhalt, das Vertrauen? Haben sich Mißverständnisse angesammelt oder Unbehagen gestaut? Sind die Interessen zu einseitig, Programmlücken offensichtlich? – So wird eine Diagnose möglich, die Hinweise für die weitere Programmgestaltung geben kann.

Kollegen geschehen, mit denen ein nicht-zensierendes, konstruktives Gespräch möglich ist, oder auch allein. Gemeinsame Reflexionen gedeihen naturgemäß dort am besten, wo sie auf Gegenseitigkeit beruhen, d. h. wenn sich jeder von allen beraten lassen will, wenn eine Art *kollegiale Praxisberatung* (Supervision) versucht wird.

Gesichtspunkt: Motivierende Anfangssituation **48 a**

Es gibt zwar kein für jeden Stoff verbindliches Ablaufschema von Unterrichtsstunden und einzelnen Phasen darin. Trotzdem lehrt die Erfahrung, daß Lern- und Arbeitsvorgänge dann gut in Gang kommen, wenn in den ersten 1–5 Minuten die Voraussetzungen geschaffen werden (oder wenigstens überwiegen), die im folgenden ganz vom Standpunkt des Lernenden aus erfragt werden sollen[14]:

- Konnte durch eine anregende Anfangssituation (Kontrast von Texten, Dias, Fotos, durch eine Schallplatte, Film, Einzelfall, eine provozierende Tatsache, anregende Fragestellung – siehe auch Nr. 68) ein Kontakt mit dem Gegenstand und unwillkürliche Aufmerksamkeit entstehen?
- War die Anfangssituation künstlich (z. B. weil man deutlich merkte, daß der Lehrer seine Fragen nur zum Schein stellte), oder konnte die Thematik als natürliches Problem und echte Aufgabe empfunden werden?
- Zwangen die Fragen des Lehrers nur dazu, seine Gedanken zum Thema zu erraten, oder weckten sie Interesse an einer eigenständigen Erforschung des Gegenstandes?
- In welchem Maße und welchen Formen äußerten die Schüler Interesse, Spannung, Freude?
- Inwiefern brachten sie eigene Erfahrungen mit dem Gegenstand ein? Wurden solche Äußerungen durch sprachliche Zurückhaltung und mitdenkende Fragen des Lehrers ermutigt oder durch allzu straffe Lenkung behindert?
- Konnten die Schüler eigene Vorschläge (Hypothesen usw.) zur Beantwortung von Fragen oder zur weiteren Behandlung des Themas äußern?
- Welche der in den folgenden Kapiteln dieses Buches vorgeschlagenen Verfahren zur Motivierung und Aktivierung hätten sich gerade

[14] Siehe R. Tausch/A.-M. Tausch 1979, und K. A. Geißler 1983. Ähnliche Gesichtspunkte und Fragen in betont verhaltenspsychologischer Sicht finden sich bei R. F. Mager (1972, 104–115).

für dieses Thema und Lernziel, und zwar in der Anfangsphase geeignet?

48 b Gesichtspunkt: Lehrerverhalten und Schülerbeteiligung im Unterrichtsgespräch

Eine Phase, in der überwiegend fragend-entwickelnd gearbeitet wird, könnte man in Anlehnung an ein vereinfachtes Analyseschema des Microteaching untersuchen[15]. Am linken Rand eines „Notenblattes" schreibt man die 11 unten angeführten Kategorien untereinander. In die Linien, die von ihnen nach rechts gezogen werden, trägt man *jede Aussageeinheit* (Maximum: 1 Satz, Minimum: 1 Wort, z. B. „Nein" oder „Richtig"), die die Tonbandaufnahme wiedergibt, in die entsprechende Kategorie ein. Die so entstehende „Unterrichtspartitur" zeigt verhältnismäßig rasch, ob die Schüler *zu genügend aktiven, spontanen Beiträgen angeregt wurden oder ob sie nur auf eng und unecht gestellte Fragen antworten und Anweisungen ausführen konnten,* ob die Lehrerinformation das ganze „Unterrichtsgespräch" beherrscht hat und ob die partnerbezogenen Äußerungen des Lehrers die Schüler eher *ermutigt oder entmutigt haben.* (Ein Vergleich mit der Partitur einer anderen Stunde desselben Lehrers oder mit dem Unterricht eines anderen Lehrers kann aufschlußreich sein.)

Als Beispiel sei hier ein Protokoll von einer Unterrichtsphase angeführt, wo der Lehrer (L) zunächst informiert (4 Sätze), dann eine offene Frage stellt, die durch einen aktiven Schülerbeitrag (S) von 2 Sätzen beantwortet wird. Der Lehrer geht mit einer Aussage auf diesen Beitrag ein, worauf wieder 2 Schülerbeiträge folgen, die der Lehrer bestätigt: ein äußerst günstiges Bild, da Einträge in der Blatthälfte unterhalb der „informiert"-Linie fehlen.

Es gibt zwar keine „idealen" oder normativen Verhältniszahlen, an denen man seine Partitur messen könnte. Doch genügt meistens schon eine objektive Konfrontation mit dem eigenen Unterrichtsverhalten zu einer Überprüfung.

[15] Im *Microteaching* üben Lehramtskandidaten nicht mehr ganze Stunden vor ganzen Klassen, sondern gestalten mit kleinen Schülergruppen einzelne Unterrichtsphasen. Diese Unterrichtsversuche werden später anhand der Video-Aufzeichnung gemeinsam in der Studentengruppe nach bestimmten Gesichtspunkten analysiert. – Der folgende Vorschlag folgt einem Schema, das von W. Zifreund (1973) für das Microteaching zusammengestellt wurde. Es ist eine praktikable Vereinfachung der von Ned A. Flanders (1970) entwickelten und mehr auf Unterrichtsforschung als auf Selbstbeobachtung angelegten „Interaktionsanalyse". Es könnte auch mit den mehr gruppenpädagogischen Kategorien von A. C. Wagners (1976) Mikroanalyse angereichert werden.

	1	2	3	4	5	6	7	8	9	10	11 ...
L ermutigt											
L bestätigt Richtigkeit											●
L geht auf S-Beiträge ein								●			
S gibt attraktiven, spontanen Beitrag						●	●		●	●	
L stellt offene Fragen					●						
L informiert	●	●	●	●							
L stellt enge Fragen											
S antwortet reaktiv (festgelegt)											
L weist an, befiehlt											
L kritisiert											
L entmutigt											

Es scheint, daß das Ausmaß des Redens bzw. des Fragens beim einzelnen Lehrer gewöhnlich wenig von der einzelnen Unterrichtssituation abhängt. Es ist vielmehr ziemlich konstant und wohl eine Folge persönlicher Einstellungen, zumal der Angst vor Disziplinlosigkeit (vgl. R. Tausch/A.-M. Tausch 1979). – „Hinsichtlich der in Unterrichtsstunden stattfindenden Sprachkommunikation ergaben Untersuchungen in Schulklassen, daß Lehrer das Ausmaß ihres Redens, ferner die Anzahl ihrer unterrichtlichen Fragen an Schüler, jeweils sehr erheblich unterschätzten und der Meinung waren, daß sie ihren Schülern häufiges Sprechen ermöglichten“ (R. Tausch). – G. Leroy (1970, 55) untersuchte 2181 Lehrerfragen aus 79 Unterrichtsstunden. Etwa 80% waren als enge, nur 15% als offene und 5% als stimulierende Fragen zu werten.

Gesichtspunkt: War das Rundgespräch ein Rundgespräch? 48c

Aus der eben vorgeschlagenen, vereinfachten Interaktionsanalyse geht nicht hervor, welche Schüler sich durch Beiträge am Unterrichtsgespräch beteiligt haben. Gerade das ist aber wichtig für jene Phasen des Unterrichts oder Gruppentreffens, die ausdrücklich als *Rundgespräch* konzipiert sind. Hier sollte jeder, der etwas zu sagen hat, sich zu Wort melden können und der Lehrer/Gruppenleiter genauso wie jeder andere Teilnehmer nach der Liste der Wortmeldungen berücksichtigt werden. Ob ein Rundgespräch gelungen bzw. warum es mißlungen ist – dieses Problem könnte man in zwei Schritten erhellen:

1. Durch die Frage nach dem Gesprächsverlauf und der Beteiligung am Gespräch, d. h. durch Erstellen eines Gesprächssoziogramms.
2. Durch die Frage nach verpaßten Gelegenheiten und Blockierungen.

1. Gesprächssoziogramm

Man ordnet je nach der Zahl der Gesprächsteilnehmer Ringe in Form eines großen Kreises. Zweckmäßigerweise teilt man den obersten Ring dem Gesprächsleiter zu und trägt den Buchstaben L (Leiter/Lehrer) ein; die anderen Ringe kennzeichnet man durch die Anfangsbuchstaben der Vornamen der übrigen Teilnehmer. Nun zeichnet man nach dem Tonbandprotokoll oder direkter Beobachtung drei Formen von Interaktionen ein:

- Äußerungen, die sich an die ganze Gruppe richten: durch einen Pfeil in die Mitte.
- Äußerungen, die sich an einen einzelnen Teilnehmer richten: durch einen Pfeil vom Sender zum Empfänger.
- Privatunterhaltungen zwischen zwei Teilnehmern: durch eine gestrichelte Linie.

Das folgende Beispiel stellt ein Gespräch mit wenigen Teilnehmern und verhältnismäßig vielen Privatunterhaltungen dar.

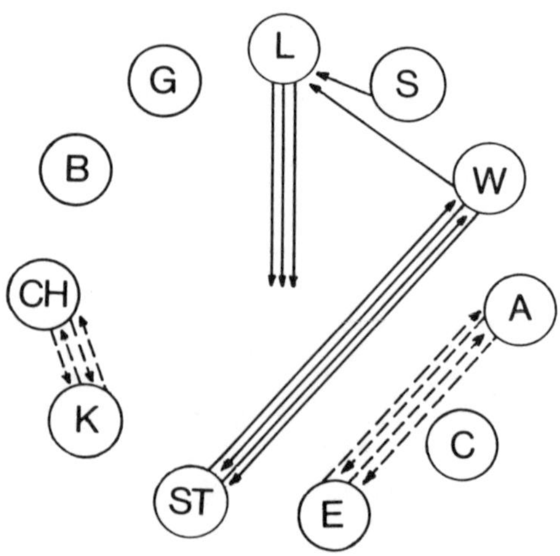

Aus einer solchen Darstellung läßt sich rasch ersehen, ob die Gesprächsanstöße des Leiters eine große Zahl oder nur vereinzelte

Personen anregen konnten, ob der weitere Austausch viele einbezog oder auf einige wenige beschränkt blieb, ob sich die Beiträge einseitig an den Leiter oder an einen anderen Teilnehmer wandten, ob sich lange Rededuelle zwischen zwei Teilnehmern entwickelten und ob – aus diesem oder einem anderen Grund – andere Teilnehmer Privatunterhaltungen eröffneten (das kann freilich auch aus erregter Teilnahme geschehen). – Dieser erste Teil der Analyse läßt sich auch mit der Klasse/Gruppe besprechen.

2. Verpaßte Gelegenheiten und Blockierungen?

In einem zweiten Arbeitsgang könnte man ähnlich wie in Nr. 44 den Gesprächsverlauf unter gesprächstechnischen, inhaltlichen und emotionalen Gesichtspunkten untersuchen:

- An welchen Stellen (und aus welchen Gründen) wurde ein Impuls, der vom Inhalt her zu einem fruchtbaren Austausch hätte führen können, nicht wirksam? (Sei es, daß er von den anderen nicht oder nur kurz und oberflächlich aufgegriffen wurde, sei es, daß sie nur mit dem Leiter sprachen und untereinander keine Erfahrungen und Meinungen austauschten.)
- Ging aus der Formulierung der Startfragen zuwenig deutlich hervor, daß grundsätzlich jeder Teilnehmer etwas dazu zu sagen hat? (Siehe auch Nr. 68.)
- Waren sie zu direkt, so daß sich die anderen zu einem persönlichen Bekenntnis gedrängt fühlen mußten?
- Waren die Startfragen zu eng formuliert, so daß sie keine eigenen Fragestellungen anregten, sondern als Abfrageversuch wirkten?
- Hat der Leiter in einem so dominierenden, autoritären Ton gefragt, daß die Teilnehmer die Aufforderung heraushören mußten, nur mit ihm ins Gespräch einzutreten?
- Hat der Leiter oder ein anderer Teilnehmer mehrmals so stark seine eigene Ansicht zum Thema geäußert, daß sich die Runde zu intensiv mit ihm auseinandersetzen mußte und zuwenig auf die Beiträge anderer eingehen konnte?
- Hat der Leiter durch verfrühtes Abbrechen von fruchtbaren Denkpausen (= aktives, suchendes, nicht gelangweiltes Schweigen) mögliche Beiträge verhindert?
- Hat der Leiter, wo sinnvoll, die anderen Gesprächsteilnehmer, zumal die schüchternen, zu Meinungsäußerungen eingeladen und ermutigt?
- Hat er Abschweifungen vom Thema, unergiebige Spezialfragen und Randprobleme, Begriffsklauberei statt Begriffsklärung,

Flucht in allgemeines Theoretisieren rechtzeitig als Gefahr erkannt und bewußt gemacht?

Zurückhaltende Jugendliche können auch dadurch zur Teilnahme am Gespräch aktiviert werden, daß man von Zeit zu Zeit alle Teilnehmer einlädt, *reihum zu einer* (dafür geeigneten) *Frage Stellung zu nehmen.* – In manchen Gruppen hat es sich auch bewährt, einmal bei einem Rundgespräch jeden, der das Wort ergreift, den Faden eines von Redner zu Redner weitergegebenen Wollknäuels festhalten zu lassen. So zeigt sich, wer noch nie bzw. wer schon (zu) oft gesprochen hat.

48 d Gesichtspunkt: Sozialemotionales Klima – Erzieherverhalten

Die beiden wichtigsten Gesichtspunkte bei der Beobachtung des Verhaltens von Lehrern/Gruppenleitern sind nach R. und A.-M. Tausch die *emotionale Dimension* (Wertschätzung oder Geringschätzung, menschliche Wärme und Zuneigung oder Kälte und Ablehnung?) und die *Lenkungs-Dimension* (maximal starke dirigierende Aktivität durch Befehle und Kontrollen oder minimale Lenkung, Autonomie-Gewähren)[16].

Den ersten Gesichtspunkt kann man auch vereinfachend „Betriebsklima“ nennen (insofern es durch die Äußerungen des Lehrers/Leiters beeinflußt wird). In dieses Betriebsklima kann man dadurch einen besseren Einblick bekommen, daß man alle *partnerbezogenen* (d. h. nicht sacherklärenden) *Äußerungen,* mit denen man sich während einer Stunde an seine Schüler/Gruppenmitglieder wendet, auf dem Tonbandprotokoll durchgeht und einschätzt. Man sieht dann – quantitativ – bald, ob die emotional positiven oder die negativen Äußerungen das Klima bestimmen, ob in der Tabelle das obere oder das untere Feld dominiert. Freilich ist hier auch – qualitativ – auf die Art bzw. Unart der häufigsten Äußerungen, des Stils, zu achten. Man sollte darum die betreffenden Äußerungen durch ein Stichwort, nicht nur durch ein Kreuz in die Tabelle eintragen. So zeigen sich Unarten, die man sich angewöhnt hat, am anschaulichsten.

Meine partnerbezogenen Äußerungen in dieser Stunde sind einzustufen als

[16] Siehe R. und A.-M. Tausch (1979). Diesem Werk sind auch die folgenden Fragestellungen und Beispiele entnommen, da sie gerade im Hinblick auf die Selbstbeobachtung praktikabel und fruchtbar erscheinen.

Wertschätzung/ Bekräftigung durch Anerkennung						
Sozial reversible Erzieheräußerungen						
Geringschätzung						
Sozial irreversible Erzieheräußerungen						

Charakterisierung durch Beispiele:
Wertschätzung/Bekräftigung durch Anerkennung: „Es hat mir Freude gemacht, mit euch zu arbeiten.“ „Ich bin froh, daß ihr es ohne Streit regeln konntet.“ „Das hilft uns jetzt weiter aus der Sackgasse.“ „Kannst du das noch ein wenig näher erklären, bitte?“
Sozial reversible (umkehrbare) *Erzieheräußerungen* sind Äußerungen, die Jugendliche ihrerseits auch gegenüber dem erziehenden Erwachsenen oder anderen Personen verwenden können, ohne gegen Höflichkeit, Takt und Achtung zu verstoßen: „Könnt ihr dazu etwas aussagen?“ „Ja, was meint ihr wohl dazu?“ „Kannst du es mal anzeichnen, wie du es meinst?“ „Bitte nicht durcheinander sprechen.“
Geringschätzung: „Das kann auch nur von dir kommen, Mensch!“ „Ein dusseliges Volk seid ihr.“ „Ja, ja, das wissen wir ja nun schon, Hans.“ „Ja, bitte begründe das auch mal!“
Sozial irreversible Erzieheräußerungen: „Karl, ich hoffe, daß du heute auch noch mal was von dir gibst!“ „Macht mal Vorschläge!“ „Redet nicht so leise!“

Gesichtspunkt: Führungsstil (besonders in Konfliktsituationen) 48e

Der zweite bei R. und A.-M. Tausch genannte Hauptgesichtspunkt, die Lenkungs-Dimension, wäre an verschiedenen Punkten des Lehrerverhaltens zu beobachten: ob er offene oder enge Fragen stellt, befiehlt oder anregt, stimulierende Anfangssituationen schafft oder nur doziert. Diese Gesichtspunkte wurden zum Teil schon in den oben vorgeschlagenen Interaktionsanalysen berücksichtigt. Die Dimension maximale-minimale Lenkung beobachtet man bei der Selbstanalyse wohl am besten im Zusammenhang mit der Frage: *Welcher Führungsstil, d. h. welche Verhaltensformen überwiegen, wenn ich Konfliktsituationen zu bewältigen habe?*

Wie sind nach dem unten angegebenen Schema die Äußerungen, mit denen ich schwierige Situationen zu meistern suche, einzuschätzen? Sind sie in der Mehrzahl einem autokratischen, einem sozialintegrativen oder einem laissez-faire-Stil zuzuordnen? Zu welchen Verhaltensformen neige ich – wenigstens in Konfliktphasen? (Es wäre ja falsch zu meinen, ein Lehrer/Gruppenleiter lenke in allen Phasen nach dem gleichen Stil, sei einfach ein autokratischer oder sozialintegrativer Typ.) Auch hier sollte man die betreffenden Äußerungen durch das entscheidende Stichwort in der Tabelle festhalten.

autokratisch										
sozialintegrativ										
laissez-faire										

Charakterisierung durch Beispiele:
Autokratische Verhaltensformen: Scharfe Zurechtweisung, Drohung wie „Fritz, du fliegst gleich raus dahinten." „Du sollst mal sehen, was gleich passiert." Vorwurf oder Beschimpfung: „Red nicht so dummes Zeug, ohne zu überlegen!" „Dussel!" Äußerung von Geringschätzung, Demütigung: „Jeder blamiert sich, so gut er kann!" Forderung augenblicklichen Gehorsams: „Mund zu!" „Wenn ich Schule halte, wird nicht mehr gepackt!"
Sozialintegrative Verhaltensformen: Nur seltene Äußerung von Überlegenheit und Macht. Notwendige Führung in einer Art, die die Gleichwertigkeit und Würde des Partners achtet (viele reversible Äußerungen). Mahnungen mit Appell an den Kooperationswillen. Rücksicht auf das Denken und Fühlen der anderen: „Der Bruno wollte eben etwas sagen, aber man konnte ihn gar nicht verstehen." „. . . einer nach dem andern" (wenn durcheinander gesprochen wird). „Es ist schwer, wenn Pause gewesen ist, gleich umzuschalten. Aber es ist nötig, einen kleinen Augenblick ganz stillzuhalten."
Laissez-faire-Verhalten: Versteht sich von selbst.
Eine andere Art, aus Konfliktsituationen zu lernen (ohne Tonbandprotokoll, nur mit Hilfe von Notizen aus dem Gedächtnis): Man bespricht in der Art von Fallstudien mit einem Kollegen *Störungssituationen und Problemschüler,* die einem zu schaffen machen, und überlegt gemeinsam Lösungsvorschläge.

III.

Bedeutsame Themen finden – Lernziele differenzieren und für die gemeinsame Arbeit wählen – Erwartungen klären

Die Grundfrage: Wie kann eine Lerngruppe eine emotional bedeutsame Beziehung zu „sachlichen" Themen entwickeln?

Im vorausgegangenen Kapitel ging es um die Förderung der *Beziehungen zu den anderen Mitgliedern der Lerngruppe* (Lehrer/Leiter eingeschlossen); die Beziehungen der Lerngruppe zu einem Thema (Inhalt) und Lernziel wurden jedoch nur berücksichtigt, wenn dieses Thema und Lernziel unmittelbar oder mittelbar die zwischenmenschlichen Beziehungen in der Gruppe selbst beinhaltete – wenn es ein gruppenzentriertes Thema oder Ziel wie Zusammenarbeit, Konfliktlösung, Entscheidungen, Angst – Vertrauen, Durchsetzungsvermögen war (Themen, die natürlich auch eine ethisch-religiöse Reflexion erfordern können). In diesem und dem folgenden Kapitel soll nun auch gefragt werden, wie eine Lerngruppe eine emotional und existentiell bedeutsame Beziehung[17] zu Themen und Zielen entwickeln kann, die insofern sachbezogen sind, als sie sich *nicht unmittelbar aus Erfahrungen und Problemen der Beziehungen in der Gruppe ergeben.*

Eine erste Voraussetzung: Den Teilnehmern Gelegenheit geben, die eigenen Lernbedürfnisse einzubringen und das Arbeitsprogramm frei zu bestimmen

Gerade bei älteren Schülern und Erwachsenen muß die Beschäftigung mit einem Thema von Fall zu Fall motiviert werden – auch wenn die Teilnehmer eines Seminars aus (einem zunächst sehr allgemeinen) Interesse am Thema und mit positiven Erwartungen gegenüber der Leitung gekommen sind, oder auch, wenn die Schüler eine allgemeine Lernwilligkeit mitbringen. Diese Motivierung für das einzelne

[17] Anders ausgedrückt: eine möglichst innere (intrinsische) Motivation. Siehe oben Anm. 5.

Thema und Lernziel kann und soll nicht allein durch den Hinweis auf einen allgemein gültigen Bildungskanon („Das muß ein Christ wissen“) oder auf die Zeugnisnoten und deren Versetzungsrelevanz versucht werden.

Um ein bedeutsames Lernen anzuregen, muß ein Thema und Lernziel *als Bestandteil der mehr oder weniger latenten Fragen und Interessen der Lerngruppe bewußt gemacht werden.*

Es muß also eine Fragehaltung und Bereitschaft für neue Einsichten, Erfahrungen, Kenntnisse, Deutungen und Verhaltensweisen geweckt und auf ein erreichbares Ziel konzentriert werden. Dieser Aufgabe dienen mehr oder weniger alle in den folgenden Kapiteln aufgeführten Verfahren (sowie verbale Hinweise auf die Bedeutung des Themas für das Selbstverständnis und die praktische Orientierung des Menschen). Aber diese motivierenden Verfahren – etwa die Einführung eines Themas durch einen Kurzfilm, durch Dias oder Texte – werden zu Instrumenten der Gängelung oder zu technischen Spielereien, wenn die Lernenden in der Anfangsphase keine *Gelegenheit haben, vorhandene eigene Lernbedürfnisse und Interessen,* so unklar und verschieden sie zunächst noch sein mögen, einzubringen[18]. Denn was nützt es, wenn beispielsweise mit raffinierten Mitteln das Thema Eschatologie eingeführt wird, wo aufgrund des augenblicklichen Deutsch- oder Geschichtsunterrichts die Gottesfrage für die Schüler viel vordringlicher wäre? Darum sollen *Lernbedürfnisse, Interessen und Erwartungen, soweit sie vorhanden sind, artikuliert und als gemeinsam zu erarbeitendes Lernziel akzeptiert werden.* Sonst bemüht sich der Lehrer/Leiter u. U. an den vorhandenen Bedürfnissen und Ansätzen vorbei um Antworten, die gar nicht gefragt sind. Oder er bringt zwar ein interessierendes Thema ein, hat aber keine Anhaltspunkte, um es auf die Bedürfnisse der Zielgruppe hin zu differenzieren und einzugrenzen. Außerdem spüren Schüler/Gruppenmitglieder, die nie nach ihren Interessen gefragt werden, nicht, daß auch sie dafür verantwortlich sind, daß es nicht langweilig wird bzw. daß es sich lohnt, mitzudenken.

Vorhandene Lernbedürfnisse, Interessen und Erwartungen einbrin-

[18] Sollen die Schüler/Gruppenmitglieder möglichst aktiv am Lernprozeß beteiligt werden, so muß man ihnen auch in den weiteren Phasen (der Erarbeitung, Anwendung, Gestaltung) Gelegenheit geben, die Ziele, Methoden und Medien der einzelnen Lernschritte mitzubestimmen und mitzugestalten. Selbst wenn bei einem Schülerseminar o. ä. vieles festgelegt sein muß, sollte der Leiter der Lerngruppe trotzdem Gelegenheit geben, seine Vorschläge nach ihren augenblicklichen Interessen zu modifizieren.

gen – diese Aufgabe verlangt *im Hinblick auf die innere Beteiligung der Teilnehmer* (ab 14/15 Jahren),

- daß sie Gelegenheit haben und ermuntert werden, *von sich aus Themen,* Lernziele, für die sie sich interessieren (auch Methoden und Medien), vorzuschlagen und sich auf eine gemeinsame Arbeitsaufgabe zu einigen;
- daß sie aus den Vorschlägen, die der Lehrer/Leiter von sich aus oder aufgrund des Lehrplans oder Jahresprogramms macht, mehrheitlich *auswählen* können;
- daß sie offen und global formulierte Themen und Lernziele *differenzieren und eingrenzen*[19] und methodische Pläne des Lehrers/Leiters modifizieren können.

Eine zweite Voraussetzung: Impulse des Lehrers/Leiters als freies Angebot

Bezüglich der Funktion des Lehrers/Leiters ist folgendes zu bedenken. Die Mitglieder einer Lerngruppe können ohne den Erfahrungs- und Informationsvorsprung eines Fachkundigen – sei er ein gewöhnliches Mitglied, ein Lehrer/Leiter oder der Kreis, der einen Lehrplan, ein Programm oder eine Arbeitshilfe verfaßt hat – nur einen geringen Teil ihrer wirklichen bzw. möglichen Lernbedürfnisse und Interessen artikulieren. Denn auch Lernbedürfnisse können und müssen geweckt werden.

Wenn man ausschließlich nach Themen unterrichten will, die die Schüler selbst wünschen, so muß man erfahrungsgemäß mit mehreren Nachteilen und Gefahren rechnen[20]. Diese Gefahren zeigen sich auch dann, wenn man Schüler aus einer Liste von Themenvorschlägen eine Auswahl treffen läßt[21]. Es besteht die Gefahr,

- daß die Themen *zu global* formuliert werden (z. B. „Glaubensfragen von Jugendlichen“), so daß ohne Nachhilfe durch einen „Di-

[19] Genaugenommen ist das, was in den Lehrplänen als „Lernziel“ angeführt wird, unterrichtspsychologisch keineswegs das Lernziel der Lerngruppe, sondern zunächst nur die Lehrintention des Plans (und des Lehrers, sofern er sich mit ihm identifiziert). Zum Lernziel im vollen Sinn muß eine solche Intention erst noch werden. Das aber kann gerade bei älteren Schülern nur in den seltensten Fällen einfach durch die Anordnung des Plans oder des Lehrers geschehen.

[20] Siehe dazu auch die Erfahrungsberichte von D. Hameline/M.-J. Dardelin (1967), R. Barbin (1966), M. Kinet (1970, alle referiert bei B. Grom 1972, 38–45) und G. Martin (1972, 41–45).

[21] Wenigstens wenn diese Themenvorschläge zu akademisch und zuwenig schülerbezogen und aktuell formuliert werden. Siehe darum auch Nr. 54.

daktiker“ der Stoff nicht eingegrenzt und in erreichbare Lernziele und -schritte gegliedert würde;

- daß echte Probleme so *oberflächlich und vordergründig* eingebracht werden, daß keine ergiebige Behandlung angeregt wird (z. B. „Was sagt die Kirche zum vorehelichen Geschlechtsverkehr?“);
- daß *unechte Probleme* vorgetragen werden, Fragen, die keiner wirklichen Betroffenheit entspringen, sondern nur ein von den Massenmedien gerade hochgespieltes, aktuell scheinendes Problem aufgreifen (z. B. Herztransplantation, Marsmenschen u. ä.);
- daß sich Interesse und Problembewußtsein auf Themen *einengen,* die längst Bekanntes beinhalten, eine Befriedigung aggressiver Bedürfnisse versprechen (z. B. Kritik kirchlicher Institutionen und Amtsträger) und zuwenig nach geschichtlichen (auch theologie- und offenbarungsgeschichtlichen) Zusammenhängen fragen.

Solange also der Lehrer/Leiter einen Vorsprung an Erfahrung, Wissen und Problembewußtsein hat, der für eine Lerngruppe bedeutsam sein kann, hieße es, ihr wertvolle Impulse und Alternativen für eine Entscheidung vorenthalten, würde er sich darauf beschränken, nur spontane Themenwünsche zu sammeln und Lernmaterialien anzubieten. Diese Tatsache kann eigentlich nur bestreiten, wer einer Spontaneitäts- und Emanzipationsideologie anhängt, die der praktischen Erfahrung nicht entspricht (siehe auch Exkurs zu Nr. 13).

So sehr der Lehrer/Leiter seine Anregungen als freies Angebot, über das die Lerngruppe ohne Druck entscheidet, einbringen muß, so wichtig ist, daß er eine *aktive Rolle* übernimmt,

- um die Schüler/Teilnehmer anzuregen, ihre *eigenen, echten Fragestellungen und Interessen zu artikulieren* (durch Brainstorming, Fotowahl usw.). Wenn eine Klasse oder Gruppe in einem intensiven Brainstorming o. ä. aus einer gewissen Sammlung heraus Themen für die kommenden Wochen sammelt, werden meistens echtere Fragestellungen formuliert, als wenn man nur eine kurze Anfrage an sie richtet oder im Schnellverfahren über zwei Themenvorschläge entscheiden läßt.
- um *vordergründig und oberflächlich formulierte Fragen der Lerngruppe zu vertiefen* und von den humanwissenschaftlichen und theologischen Grundlagen her zu beantworten. Bei der Frage „Was sagt die Kirche zum vorehelichen Geschlechtsverkehr?“ würde beispielsweise eine direkte Antwort jedes selbständige Nachdenken, jede Wertreflexion verhindern und wohl niemand wirklich befriedigen. Hier muß der Lehrer/Leiter den Jugendlichen

klarmachen, daß sie eine so wichtige Frage nur beantworten (und auch die Antwort der Kirche beurteilen) können, wenn sie weiter ausholen und über den Sinn von Geschlechtlichkeit und Liebe überhaupt nachdenken. Ähnlich verlangt die Frage, ob Eltern oder Kirche Jugendliche zum Sonntagsgottesdienst verpflichten können, ein Nachdenken über Sinn und Verpflichtung einer religiösen Gemeinschaft und ihrer Liturgie.

Es ist eine der wichtigsten Aufgaben des Religionslehrers und Gruppenleiters, in solchen vordergründigen Themen die tieferen Fragen und Zusammenhänge aufzudecken und die Beteiligten für eine sachgemäße Information und Reflexion zu interessieren. Bevor man sich beklagt, daß durch die freie Themenwahl ein theologischer Tiefgang mehr und mehr in Frage gestellt und nur noch Lebensfragen eingebracht werden, sollte man auch prüfen, ob man versucht hat, diese Lebensfragen bis zu einer theologisch fundierten Antwort weiterzudenken. Durch dieses Weiterdenken könnten die meisten theologischen Zusammenhänge, für die Jugendliche überhaupt einen emotional bedeutsamen Zugang finden können, behandelt werden – auch bibeltheologische Themen[22].

- um global formulierte Themenvorschläge und Lernziele der Schüler/Teilnehmer aufgrund seiner didaktischen Erfahrung zu *differenzieren, einzugrenzen und in realisierbare Lernschritte gliedern zu können.*
- um *durch eigene Themenvorschläge* (die auch die Inhalte und Ziele des Lehrplans oder eines Bildungsprogramms in aktueller, teilnehmerbezogener Formulierung aufgreifen können) *latente Lernbedürfnisse anzusprechen und den Frage-, Erfahrungs- und Wissenshorizont der Lerngruppe zu erweitern.*

[22] Natürlich hängen diese Möglichkeiten einer Vertiefung auch vom allgemeinen Lernklima und Anspruchsniveau einer Klasse ab. Wenn man Themen aktuell und schülergerecht formuliert und anregende Lehrverfahren einsetzt, kann man viele Inhalte und Lernziele, die zunächst fernliegen, annehmbar und interessant machen. Und insofern können auch Lehrpläne, soweit sie elastisch, alternativ und jugendnah formuliert sind, zu ihrem Recht kommen. Probleme entstehen also eher dann, wenn eine Frage, die anfangs Interesse fand, fachgerecht, d. h. mit dem nötigen Aufwand an Arbeit, gelöst werden soll. Hier wird zunächst der Hinweis nötig sein, daß ein bestimmter Stoff zu studieren ist, wenn man zu einer Frage fundiert Stellung nehmen will. Die Schüler müssen hier – aber eben erst hier – erfahren, daß RU und überhaupt ethisch-religiöse Reflexion auch denkerische Bemühung verlangt. Der Druck der versetzungsrelevanten Note wird ebenfalls zur Schaffung des nötigen Anspruchsniveaus beitragen müssen, sollte aber die ultima ratio (bzw. „motivatio“) sein.

Es sollte sich also bezüglich der Themenwahl ein System mit folgenden regelnden Faktoren herausbilden: 1. Jeder Schüler/Teilnehmer, aber auch der Lehrer/Leiter kann Vorschläge machen. 2. Jeder Vorschlag soll kurz begründet und erläutert werden, damit Rückfragen und Erwartungen geklärt werden können, damit durch das Engagement einzelner Interesse geweckt werden kann und damit eine Wahl in Kenntnis der Alternativen möglich ist. 3. Ob ein Thema übernommen und wie es erarbeitet wird, entscheidet die Mehrheit, sofern der Lehrplan nicht eindeutige Pflichtvorgaben formuliert. So könnte ein Regelkreis entstehen, in dem sich Lernbedürfnisse der Schüler/Teilnehmer einerseits und die Fach- und Sachansprüche andererseits (über die Lehrerimpulse) gegenseitig kontrollieren.
Die folgenden Verfahren wollen das Einspielen eines solchen Regelkreises und schülerzentrierten RU (bzw. einer teilnehmerzentrierten Bildungsarbeit) unterstützen. Dabei geht es um viel mehr als um das Recht auf Mitbestimmung: Die Schüler/Gruppenmitglieder sollen angeregt werden, *eine beteiligtere, emotional und existentiell bedeutsame Beziehung zu ethisch-religiösen Themen und Lernzielen zu entwickeln* – im einzelnen wie im allgemeinen. Sie müssen begründeterweise das Gefühl bekommen, daß ihre Fragen und Interessen ernst genommen werden, daß es sich lohnt, sie in der Lerngruppe gemeinsam zu bearbeiten und daß sie diesen Lernprozeß mitgestalten können, ja daß sie dafür mitverantwortlich sind. Themen finden heißt nicht einfach abstimmen, sondern persönliche Anliegen und Probleme einbringen, sie einem Kreis anvertrauen, sich nicht nur füttern lassen, sondern aktiv beteiligen. Eine solche Aktivierung erreicht man – vor allem wenn sie von anderen oder früheren Lehrern mit autoritärem Führungsstil verhindert wird oder wurde – nicht automatisch durch die Einführung freier Themenwahl oder bestimmter Methoden, sondern nur durch das ständige Hinhören und Ernstnehmen. Die hier vorgeschlagenen Verfahren sollen dieses Hinhören und Ernstnehmen ausdrücken und wirksam werden lassen. Oft zeigt sich der Erfolg und Sinn dieser Methoden erst nach Wochen und Monaten: wenn ernsthafte, echte Fragen gestellt werden, wie es früher selten geschah, und wenn die Bereitschaft zur Mitarbeit wächst.

49 Malen zu Musik

Bevor man nach einem der unten vorgeschlagenen Verfahren (Nr. 52–54) Themen suchen läßt, kann man *ohne vorgegebene The-*

matik dazu anregen, einzeln, zu zweit oder zu dritt *mit Fingerfarben*[23] zu malen, was jedem einfällt. Das kann schweigend oder mit Musik (klassische oder moderne meditative) geschehen. Gemalt wird auf Karton oder weißes Packpapier (große Flächen, nicht unter 80 × 65 cm). Die anfängliche Angst mancher Teilnehmer („Ich kann nicht malen“) sollte man mit dem Hinweis überwinden helfen, daß es hier nicht um ausstellungsreife Kunstwerke geht, sondern daß alle auf ihre Weise und einfach aus Freude am Ausdruck malen sollen. Nach einigem Zögern machen auch jene, die es nicht gewohnt sind, gerne einmal einen Versuch und bekommen dann mehr und mehr Spaß daran.

Nach dem Malen hängt man die Bilder an den Wänden auf und läßt die Einzelmaler oder Kleingruppen kurz erläutern, wie sie zu ihren Bildschöpfungen kamen und welche Eindrücke sie beim Malen hatten. Die anderen können sagen, wie die Bilder auf sie wirken und welche Ideen ihnen dabei einfallen. Der Leiter sollte darauf sehen, daß hier nur geäußert wird, was beim Malen erlebt wurde und daß man nicht in einer amateurpsychologischen Maltestmentalität ausdeutet, was hinter einem Bild alles verborgen sein könnte.

Diese völlig freie, athematische Ausdrucksgestaltung (zur thematischen, gesprächsvorbereitenden oder weiterführenden Ausdrucksgestaltung durch Malen siehe Nr. 57, 88) kann u. U. zu einer intensiven Bewußtwerdung der eigenen Situation mit dem beherrschenden Lebensgefühl, seinen Ängsten, Wünschen und Freuden führen, auch wenn vieles nur im Einzelgespräch mit dem Leiter oder bei der folgenden Themensuche ausgesprochen wird. Gerade wenn das folgende Seminar (Einkehrtag, Rüstzeit) gezielt zur Selbstfindung und Neuorientierung beitragen will, ist es günstig, wenn die Themensammlung (und auch die Gespräche in Kleingruppen oder mit dem Leiter) auf solcher Selbsterfahrung aufbauen kann.

Zu einem Flötenkonzert malten einmal zwei 16jährige Mädchen in die obere Hälfte des Papierbogens helle, beschwingte Formen. Ein drittes Mädchen protestierte: so heil sei die Welt nicht, und malte in

[23] Man kann auch Wachsfarben oder verschiedene Filzschreiber verwenden. Doch ermöglichen Fingerfarben den unmittelbarsten, gefühlsstärksten Ausdruck. (Zur billigen eigenen Herstellung von Fingerfarben aus Kleister und Mischfarben siehe Anm. 59). Wenn eine Gruppe gewohnt ist, mit Plaka-, Vollton- oder Dispersionsfarben zu arbeiten, kann man ihr Gelegenheit dazu geben. Diese Farben sind leuchtkräftiger als Fingerfarben, erzielen also Ergebnisse, die man stolzer nach Hause tragen kann. Aber sie verlangen auch die Arbeit mit dem Pinsel und hemmen dadurch bei vielen den unmittelbaren Ausdruck.

die untere Hälfte in Schwarz drei Totenköpfe. Im folgenden Gespräch erklärte sie, warum sie die Welt und das Leben so finster sieht: sie habe bedrückende Schwierigkeiten mit den Eltern.

50 Fotowahl (thematisch offen: von einem visuellen Anstoß zum Thema)[24]

a) Bei der Ankündigung des Verfahrens bittet man auch um die Einhaltung der Spielregel, daß während des ersten Teils Stillschweigen gehalten wird, damit jeder unbeeinflußt von den anderen die Fotos betrachten kann.
b) Die Gruppe/Klasse sitzt im Kreis. Die Fotos werden so an einer Wand oder Tafel angeordnet, daß alle sie leicht sehen können. Es sollten nicht mehr als insgesamt 10 Aufnahmen gezeigt werden, damit die Aufmerksamkeit nicht zersplittert und das Betrachten nicht oberflächlich und gehetzt wird. Jeder soll die Bilder, eines nach dem andern, in Ruhe betrachten (und sich u. U. auf ein Blatt notieren, welche Einfälle, Erinnerungen, Fragen oder Gedanken ihm dabei kommen). Er soll sich vor allem überlegen, *welche Aufnahme ihn am meisten zum Nachdenken anregt* (und es deshalb wert wäre, als Poster ins Zimmer gehängt zu werden).
In kleineren Gruppen können die Fotos von Teilnehmer zu Teilnehmer weitergereicht werden, so daß sich jeder auf das Bild, das er in der Hand hält, konzentrieren kann. – Alternative: Man legt etwa 30 Fotos auf Tisch oder Boden und läßt jeden Teilnehmer eines aussuchen, das ein Thema ausdrückt, das ihn beschäftigt.
Welche Inhalte sollen die Fotos darstellen?
Sie sollten als dokumentarische (Menschen in einer bestimmten Situation) oder als symbolische Fotos (Landschaften, Bäume, Wolken, Lichtspiele) die Betrachter mit grundlegenden Lebenssituationen, Stimmungen und Einstellungen konfrontieren und solche Erfahrungen in ihnen bewußt machen: Freude – Trauer, Mut – Verzweiflung, Gelöstheit (Zufriedenheit) – Verkrampfung (Haß, Fanatismus, Hysterie), Hell – Dunkel, der Mensch – fragend, forschend, leidend, produzierend, konsumierend, kämpfend, isoliert, in Verbindung mit anderen, in der Spannung Mann – Frau, Arbeit – Freizeit, Kampf – Idylle, Autorität – Freiheit, Institution (auch Kirche) – Einzelner, Jugend – Alter, Masse – Gemeinschaft, Samm-

[24] Weiterentwickelt nach Anregungen von P. Babin u. a., Photolangage, Lyon o. J. Siehe auch G. Jost, Zum Umgang mit Fotos, Gelnhausen 1977.

lung – Außenorientierung, Leben – Tod (Krankheit, Leid), Krieg – Frieden.

c) Wenn jeder die Fotos in Ruhe auf sich hat wirken lassen, kann man ein *Gespräch* beginnen, bei dem zuerst *reihum jeder seine Wahl* (des anregendsten Bildes, Posters) *mitteilt und begründet.* Der Gesprächsleiter notiert die Äußerungen stichwortartig auf einer Wandzeitung. Es hat sich bewährt, dieses ganze Gespräch in zwei Schritten zu führen, nämlich indem man *vom Stichwort zur Frage* geht.

In einer ersten Runde fragt man einen nach dem anderen, *welches Foto er am anregendsten fand* und ob er den *Eindruck,* den ihm das Bild macht, *in einem Stichwort* ausdrücken könne (der Leiter notiert es auf der Wandzeitung). Diese Fragestellung kommt der Schwierigkeit entgegen, die zunächst vorwiegend emotionale, assoziative Reaktion, die Bilder auslösen, in Worte zu fassen, zu verbalisieren. Der Gesprächsleiter darf nicht unruhig werden, wenn ein Teilnehmer lange nach Worten sucht, zuerst nur Gesten macht (manchmal sind es Ansätze zu Pantomimen) und am Ende nur einen Ausruf oder einen vieldeutigen Begriff nennt. Gerade diese Sprachlosigkeit oder Vorsprachlichkeit kann Zeichen einer echten Betroffenheit sein. Sie ist immer dort vorhanden, wo die Fotos zu einer meditativen Sammlung geführt haben und wo auch später immer wieder in einem der Bilder d. h. in Verbindung mit dem Symbolbewußtsein weitergedacht und gesprochen wird. Gerade Teilnehmer, denen der sprachliche Ausdruck schwerfällt und die darum auch zuwenig in ein Gespräch einbringen können, sind für solche bildhaften Anregungen dankbar.

d) *In einer zweiten Runde* kann der Leiter zu folgendem Versuch auffordern: Überlegt einmal, *ob die geäußerten Stichworte eine für uns heute wichtige Grundfrage oder Erfahrung enthalten* – eine Grundfrage oder Erfahrung, die auch außerhalb des Bildes in unserem Leben eine Rolle spielt. Wie könnte man demnach *aus dem Stichwort eine Frage oder ein Thema formulieren* – eine Frage oder ein Thema, die ein Anliegen ausdrücken, dem wir weiter nachgehen könnten?

Einige Beispiele (hier von jungen Erwachsenen), die den Weg vom visuellen Anstoß über ein Stichwort zum Thema zeigen:

Foto	Stichwort	Frage/Thema
Arbeiter, rauchend und mit zufriedenem Lächeln, Typ „Lebenskünstler“	Er kann trotz allem lachen	Wie kommt man zur Freude?
dasselbe	frei	Was macht frei, was unfrei?
Hochhausfassade und unten eine kleine Heiligenstatue	Kälte, Anonymität, Heiliger	Was nützt es dem Menschen, wenn er immer höher baut, aber dabei Schaden leidet an seiner Individualität?
dasselbe	erdrückend	Wächst die moderne Welt der Kirche davon?
Ernstes Mädchengesicht	Ruhe, traurig	Leben – wozu?

e) Der Lehrer/Leiter notiert die Fragen bzw. Themen unter oder neben den Stichworten. Dann kann man die Vorschläge gewichten lassen (siehe Nr. 54) und sich darauf einigen, welches Thema zuerst behandelt werden soll. (Die anderen Themen können außerhalb der gemeinsamen Arbeit in Einzelgesprächen o. ä. weiterverfolgt werden.) Das kann auf verschiedene Weisen geschehen: durch ein Rundgespräch zum Thema, durch eine Metapherübung, durch Dias, ein Rollenspiel, einen Fragebogen, einen Bibel- oder Profantext (siehe Kapitel IV und V).
Die Arbeit mit Fotos ist meistens so ergebnisreich, daß es sich für den einzelnen Lehrer/Gruppenleiter lohnt, selbst zwei oder mehr Reihen von Fotos zusammenzustellen, die bei den Altersgruppen und den Kreisen, mit denen er arbeitet, anregend wirken.

51 Collagen (thematisch offen)

1. Thematisch völlig offen:
Es handelt sich hier nicht um Collagen mit dem Ziel einer Bestandsaufnahme mitgebrachter Erfahrungen (Nr. 59) oder einer das Gespräch weiterführender Ausdrucksgestaltung (Nr. 88), sondern um ein Mittel zur Bewußtmachung aller möglichen bedeutsamen The-

men. Sollen Collagen in dieser Absicht gemacht werden, so stellt man den Teilnehmern die Aufgabe, aus bereitgestellten Zeitschriften und Illustrierten zuerst alles auszuschneiden, was ihnen beachtenswert und beziehungsreich erscheint: Fotos, Zeichnungen, Schlagzeilen, die zu denken geben. (Die ganze Arbeit kann einzeln, in Paaren, in Dreier- oder größeren Gruppen durchgeführt werden. Auch als Hausarbeit.) Dann sollen sie aus dem gesammelten Material das *auswählen, was ein wichtiges Thema,* über das man auch einmal gemeinsam sprechen sollte, *andeutet*. Die Bildteile sollen auf weißem Packpapier so angeordnet und festgeklebt werden, daß der Zusammenhang, die Frage, das Thema möglichst eindringlich sichtbar wird: etwa durch eine Komposition mit Zentralbild, eine Reihe (Sequenz), einen Kreis, Kontrast von oben und unten, links und rechts.
Dann *erläutern die Hersteller ihre Collagen im Plenum;* der Leiter notiert, möglichst für alle sichtbar auf Wandzeitung oder Tafel, stichwortartig die angesprochenen Themen. Für diese Phase muß man genügend Zeit ansetzen, damit die Collagen und die Erläuterungen, die dazu gegeben werden, auch emotional auf die Teilnehmer wirken können. Gerade sprachlich gehemmte Schüler brauchen Zeit für ihre „Kunstpausen" beim Erläutern; drängt man sie zur Eile, dann können sie ihr Anliegen nur bruchstückhaft mitteilen, und man riskiert, daß emotional weniger bedeutsame, leichter formulierbare Äußerungen (zumal von sprachlich gewandteren Teilnehmern), die weitgehend Angelesenes, Angelerntes und Klischeehaftes wiedergeben, das Gespräch beherrschen. Für die Collage und ihre Auswertung sollten bei einer Gruppe von etwa 10 Personen insgesamt 2 Stunden zur Verfügung stehen.

2. Mit einem offen formulierten Rahmenthema:
Oft ist es eine große und im entsprechenden Zusammenhang auch berechtigte Hilfe, wenn man den Teilnehmern ein Rahmenthema vorgibt, das so offen formuliert ist, daß sie immer noch ganz verschiedene, persönlich als bedeutsam empfundene Probleme und Erfahrungen einbringen können. Beispielsweise:

Darüber sollte man mehr nachdenken
Probleme unserer Welt
(Mein) Leben
Jugendliche und ... (die Collage führt dann jeweils einen Aspekt, der interessiert, aus: ... und Beruf, Schule, Familie, Sex, Freizeit, Kirche, Politik usw.)

Frau und . . .
Konflikte
Dinge, die unser Leben bestimmen
Religion – Kirche

Die bisher erwähnten visuellen Anstöße: Malen zu Musik (Nr. 49), Fotowahl (Nr. 50) und Collage (Nr. 51) wurden deshalb verhältnismäßig ausführlich dargestellt, weil sie oft das einzige Mittel sind, um eine Gruppe gleich von Anfang an dazu zu bewegen, von echten Erlebnissen, Erfahrungen und bedeutsamen Fragen, nicht von bloßen Begriffen und angelesenen Diskussionsthemen auszugehen.

52 Brainstorming

Das Brainstorming (Nr. 16) eignet sich auch zum gemeinsamen Suchen von interessierenden Fragen. Gerade am Beginn eines Trimesters in der Schule oder eines Seminars, wo mehrere Interessentengruppen gebildet werden können, hat sich dieses Sammeln bewährt. Die Schüler/Teilnehmer sollen in einer ersten Phase möglichst spontan Themenwünsche äußern.

– Man läßt *Kleingruppen* bilden mit der Aufgabe, auf einem großen Bogen Papier spontan geäußerte Wünsche und Vorschläge zu notieren und in einem zweiten Arbeitsgang auch zu gewichten. Dann berichten die Sprecher der Kleingruppen im *Plenum* über die wichtigsten Vorschläge. Diese werden notiert und nach Punkten gewichtet.

53 Zu einem Stichwort Einfälle sammeln – sich auf ein Thema einigen

Dieses Verfahren (nach H. Janssen 1973) verlegt das Brainstorming in eine Phase der Einzelarbeit und setzt das Gruppen- und Plenumgespräch zu einer Gewichtung und Entscheidung ein. Zuerst erhält jeder Schüler/Teilnehmer ein DIN A 4 großes Blatt (Querformat), auf dem wie die Zahlen auf einem Zifferblatt folgende Stichworte (mit genügend Abstand zum Schreiben) verteilt sind:

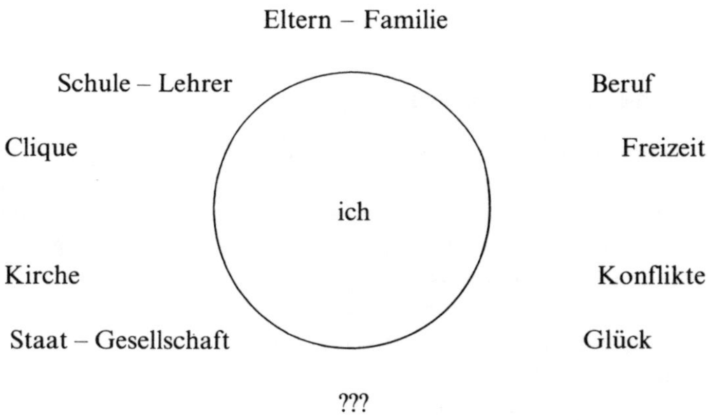

Speziell für den RU kann man auch Stichworte einsetzen, die sich enger an die Themen des Lehrplans anlehnen.

Jeder hat Gelegenheit, zunächst *allein* folgende Aufgaben zu lösen (die man am linken Rand des Blattes angeben kann):

1. Unterstreiche die Stichworte, die Dir im Augenblick wichtig erscheinen!
2. Schreibe zu diesen Begriffen, was Dir dazu gerade einfällt. Du kannst auch unabhängig von den angeführten Stichworten Fragen formulieren (wenn nötig die Rückseite beschreiben).
3. Bilde aus den angeführten Stichworten eine Liste, in der sie in der Reihenfolge ihrer Wichtigkeit geordnet sind (1. 2. 3. . . .).

Dann wird *in Kleingruppen* und in einem genau begrenzten Zeitraum darüber gesprochen und entschieden, welche 3 Stichworte als die wichtigsten Themen gelten sollen. Dieses Gespräch soll in der Art des NASA-Spiels (Nr. 20) geführt werden. Aufgabe der Gruppe ist es, die 3 wichtigsten Stichworte oder Themen herauszufinden. Die Themen müssen einstimmig und der Reihe nach bestimmt werden. Erst wenn einstimmig ausgemacht wurde, welches Stichwort an die erste Stelle treten soll, darf das zweite gesucht werden usw.

Im *Plenum* werden die Ergebnisse der einzelnen Gruppen notiert (auf Wandzeitung oder Tafel) und miteinander verglichen. Die einzelnen Gruppen können zur Erläuterung auch die Erwartungen und Stimmungen berichten, die in ihrem Gespräch mit den Stichworten verbunden waren. Im Anschluß daran kann man dann besprechen, welche Themen während des Seminars, Einkehrtags oder Trimesters behandelt werden können.

54 Themenliste zur Auswahl und Ergänzung

Der Lehrer/Gruppenleiter schlägt auf einem hektographierten Blatt mehrere Themen vor, die er aufgrund seines Einblicks in die Interessenlage der Schüler und Gruppenmitglieder, in die Anforderungen des Fachs und in die Motive des Lehrplans (oder Jahresprogramms) für wichtig und sinnvoll hält.
Diese Themen sollten so formuliert sein, daß sie Neugier wecken und den Bezug zum Leben und Denken der Teilnehmer erkennen lassen. Also nicht einfach „Gebet" oder „Das Christentum und die Weltreligionen", sondern eher: „Beten – welchen Sinn hat das?" oder „Sind alle Religionen gleich?" Bei älteren Schülern und Erwachsenen können die Themen auch in Form von Zitaten mit Untertiteln formuliert werden: „Wenn die Menschen den Krieg nicht vernichten, wird der Krieg die Menschen vernichten" (J. F. Kennedy). Die Ursachen des Kriegs und die Aufgaben des Friedens in der Sicht der Friedensforschung und der christlichen Ethik (als Untertitel).
Die vorgeschlagenen Themen sollten auf dem gleichen Blatt schriftlich oder aber mündlich wenigstens so ausführlich erläutert werden, daß die Beteiligten nicht nur auf die Begriffe der Themenformulierung angewiesen sind, sondern auch erfahren, welcher Stoffbereich, welche Lernziele und – in großen Linien – welche Art der Behandlung dem Lehrer/Gruppenleiter vorschweben. Etwa:

> Hat das Leben einen Sinn?
> Was macht uns glücklich, was unglücklich? Wozu leben wir? – Solche Fragen bedrängen viele junge und ältere Menschen. Nicht wenige fliehen vor diesen Problemen in den Drogenrausch, in den Alkohol, in die Betriebsamkeit.
> Mögliches Vorgehen: Im Anschluß an den Kurzfilm „Leben in einer Schachtel" Kleingruppen über die Frage, wo wir Zwänge und Verengungen erfahren, die den Sinn unseres Lebens in Frage stellen. Hinzunahme von Texten, die an unsere Industriekultur ähnliche Fragen stellen usw.

Die Schüler/Gruppenmitglieder besprechen die Themenliste *in Vierergruppen* etwa 20–30 Minuten lang. Dabei sollen sie nicht einfach abstimmen, sondern in der Art des NASA-Spiels (Nr. 20) erörtern, welche Bedeutung die vorgeschlagenen Themen für sie

haben, und möglichst einstimmig feststellen, welches das wichtigste bzw. das zuerst zu behandelnde Thema sein soll. Sie können die Themenliste auch ergänzen oder modifizieren, ein bestimmtes Vorgehen vorschlagen und im Plenum dafür werben.
Dann berichten die Sprecher der Vierergruppen *im Plenum.* Ihre Ergebnisse werden stichwortartig notiert. Es sind auch Rückfragen möglich. Nun kann noch eine kurze Aussprache über das Für und Wider der einzelnen Themen stattfinden. Danach wird *abgestimmt:* Entweder so, daß jeder nur eine Stimme hat und daß man bei jedem notierten Thema fragt, wer es zuerst behandelt haben möchte. Oder so, daß jeder zwei oder drei Stimmen hat, die er auch kumulieren kann (siehe G. Martin 1972, 35). Das Thema mit der höchsten Stimmenzahl ist als erstes zu behandeln. Haben sich die Schüler auch mit anderen Themen stark identifiziert, so kann man auch noch, wenn das Thema Nr. 1 erarbeitet ist, mit einem lebhaften Interesse für das auf Platz 2 oder 3 verwiesene Thema rechnen.

Graffiti: Erwartungen und Befürchtungen ausdrücken 55

Diese Übung führt zwar nicht zu einer programmreifen Formulierung von bestimmten Themenwünschen, kann aber zu Beginn eines Seminars oder eines längeren Projekts die momentan vorhandenen, u. U. sehr globalen Erwartungen und Befürchtungen bewußt machen und so die Anfangsstimmung klären helfen. Sie läßt sich leicht an ein anderes Verfahren zur Themenfindung anschließen oder einem solchen Verfahren voranstellen oder auch ganz zu Beginn, wo man noch wartet, bis alle zusammenkommen, einsetzen. Sie macht gewöhnlich auch viel Spaß.
Man schreibt auf einen Papierbogen, den man an die Wand hängt oder in die Mitte auf den Boden (oder Tisch) legt, einen Satzanfang, den die Teilnehmer mit den bereitliegenden Filzschreibern vollenden können. Beispielsweise:

Dies wird ein erfolgreiches Seminar (Projekt, RU), wenn . . .
Dies wird ein mieses Seminar (Projekt, RU), wenn . . .
Ich hoffe, wir werden hier . . .
Ich hoffe, wir werden hier nicht . . .

IV.

Die mitgebrachten Einstellungen und Erfahrungen zu einer Thematik bewußt machen und die Lernenden zu neuer Erforschung und Bewertung motivieren

Hat eine Lerngruppe ein für die Mehrheit bedeutsames sachbezogenes Thema und Lernziel gefunden (siehe Kapitel III), so empfiehlt sich in vielen Fällen als erster Schritt nicht die eigentliche Information oder Reflexion, sondern die Bewußtmachung der mitgebrachten Einstellungen und Erfahrungen. Warum und in welchen Fällen?

Lernen heißt auch: Einstellungen korrigieren und weiterbilden

Wer in einer Klasse oder Gruppe auf Themen wie „Gott", „Jesus Christus", „Gebet", „Kirche" oder auf einen biblischen Text eingehen will, merkt bald, daß die Jugendlichen schon früh mehr oder weniger *feste Einstellungen* dazu haben: bestimmte Vorstellungen und Meinungen (als kognitive Komponente der Einstellungen), Gefühle und Wertungen (affektiv) und Verhaltensweisen (verhaltensmäßig). Gerade bei den grundlegenden Themen ethisch-religiöser Selbst- und Weltdeutung bildet der Mensch unter dem Einfluß eigenen Fragens, der Erziehung, der Unterweisung und des Milieus schon im Kindesalter Einstellungen, die er zu jedem später versuchten Lernprozeß und zu jeder selbst unternommenen Deutung neuer Erfahrungen mitbringt. In keinem Unterrichtsfach spielt diese Vorprägung durch die bisherige Lerngeschichte der Schüler eine so bedeutende Rolle wie im RU.

Diese Vorprägung bildet dort, wo die religiöse Erziehung und Unterweisung positiv verlief, eine günstige Voraussetzung für weitere ethisch-religiöse Lernprozesse. Doch selbst in diesen Glücksfällen – ganz zu schweigen von den vielen negativen Vorprägungen – muß jeder weiterführende Lernprozeß gegen die „Bevorzugung des Erstgelernten" und seine Beschränktheit angehen und die Neigung durchbrechen, neue Informationen und Erfahrungen von alten

Einstellungen und Deuteschemata her zu verstehen. Das Beharren auf einfachen und früh erworbenen Einstellungen und Deutungen kann die Entwicklung für lange Jahre blockieren: „Im Vorgang der Integration scheint es eine Trägheit zu geben; wenige konventionelle Gewohnheiten, einige Fossilien von angestammten politisch-ökonomischen Glaubenssätzen, eine Handvoll Aberglauben, ein Wortschatz von Klischees, *eine einfache Weltanschauung* – das reicht für die meisten Menschen aus"[25]. „Vermutlich finden wir in keinem Bereich der Persönlichkeit so viele Kindheitsreste wie bei den religiösen Einstellungen Erwachsener"[26].

Im religiösen Bereich bringen also Jugendliche und Erwachsene zu einem großen Teil der Themen so fest und eng vorgeprägte Einstellungen mit, daß man eine *Aufnahme neuer Informationen und eine Bildung neuer Wertungen und Verhaltensweisen nur erwarten kann, wenn zuvor die mitgebrachten Einstellungen bewußt gemacht und die Bereitschaft zu ihrer Überprüfung und Weiterentwicklung geweckt wird.* Durch diesen Lernschritt kann wieder eine Fragehaltung (Neugierverhalten im Gegensatz zur „Längst-Bekannt"-Reaktion, intrinsische Motivation) entstehen. Die Teilnehmer können – je nach dem angestrebten Lernziel – motiviert und angeregt werden

- zur Einsicht in die bisher erworbenen und sie bestimmenden Einstellungen und Denkschemata (mit ihren Motiven: Ängsten, Wünschen, Idealen),
- zur Korrektur der vorhandenen Einstellungen und zur Erweiterung ihres Frage- und Erfahrungshorizonts durch die Konfrontation mit Problemen, Erfahrungen und Deutungen der anderen Teilnehmer, philosophisch-theologischer Denker und vor allem Jesu und der Urgemeinde,
- zur Aufnahme neuer theologischer, sozialethischer und religionswissenschaftlicher Informationen,
- zur Erarbeitung von situationsgerechteren und differenzierteren Deutungen und Bewertungen gegenwärtiger Erfahrungen,
- zur Überprüfung der eigenen Verhaltensweisen.

Die initiierende Aufgabe der folgenden Verfahren

Zu diesen Aufgaben können die in diesem Kapitel beschriebenen Verfahren beitragen. Zuerst werden hier jene Methoden angeführt,

[25] G. W. Allport, Persönlichkeit, Meisenheim 1959, 145.
[26] G. W. Allport, The Individual and his Religion, New York 1967, 59.

die mehr vom Symbolbewußtsein (besonders vom Bildbewußtsein) her die vorhandenen Einstellungen bewußt machen. Dann folgen die mehr verbalen und teilweise assoziativen Verfahren.
Nach allem bisher Gesagten bilden diese Methoden wesentlich die Voraussetzungen für die Erarbeitungs- und Lösungsphase eines Lernprozesses, kommen also nur durch diese Phase zum Ziel. Nun bewirken die in diesem Kapitel angeführten Verfahren und Medien bei den Teilnehmern oft eine so unmittelbare und starke Anteilnahme, daß viele Religionslehrer und Gruppenleiter meinen, damit sei das Ziel des Lernprozesses erreicht. Sie machen Probleme und Erfahrungen bewußt, ohne sie zu verarbeiten und zu Ende zu reflektieren. Bald wird dann beispielsweise aus einer so ergiebigen Methode wie der Metapherübung eine Masche, die mangels Vertiefung immer weniger befriedigt. Darum sei hier schon allgemein darauf hingewiesen, daß diese Verfahren nur eine initiierende (oftmals zwar sehr tiefgehende, bis unmittelbar an die eigentliche Klärung heranführende) Funktion haben. Sie sollen – wie die gruppenpädagogischen Verfahren in Kapitel II – ein mehrdimensionales, ganzheitliches Lernen in Gang bringen, wo der Bewußtmachung organisch die Reflexion und Information folgt und wo Reflexion und Information durch die Bewußtmachung der affektiven Einstellungen vorbereitet werden.
Diese Verfahren sollen also innerhalb einer umfassenden Unterrichtseinheit die motivierende Anfangsphase bilden, die organisch in die Erarbeitungs- und Lösungsphase übergeht – nach folgendem Grundmuster:
(1) *Bewußtmachung* von mitgebrachten Einstellungen und Erfahrungen zum Thema mit Hilfe von Verfahren dieses Kapitels (= Anfangsphase).
(2) *Formulierung von Fragen,* die sich aus dieser Bewußtmachung ergeben (= Übergang zum nächsten Schritt und zur nächsten Phase).
(3) *Bearbeitung dieser Fragen* durch Reflexion und Information und mit Hilfe von Lehrer- und Schülerreferat, Unterrichtsgespräch, Textarbeit (in Paararbeit, Kleingruppen, Plenum) sowie Verfahren, die in Kapitel V angeführt werden. Dabei kann der Lehrer/Leiter – wenn die von den Teilnehmern artikulierten Fragen behandelt sind – auch weitere Probleme einbringen, das heißt aufgrund seines Fachwissens ihr Problembewußtsein erweitern (= Erarbeitungs- und Lösungsphase).

(4) *Zusammenfassung, Wiederholung* (= Ertragssicherung), *Anwendung* und gegebenenfalls *meditative Vertiefung* (= Schlußphase).
Bei vielen dieser Verfahren ist die oben Nr. 17a beschriebene „Einzelbesinnung zur Vorbereitung eines Gesprächs im Plenum oder in Kleingruppen" ein unentbehrlicher Bestandteil.

56 Lebensgeschichtliche Reflexion über ein Thema

In Klassen/Gruppen, die auch zu einem persönlichen Erfahrungsaustausch bereit sind, kann man durch folgende Vergegenwärtigung Vorstellungen und Einstellungen bewußt machen, die durch die frühere Erziehung und Unterweisung vorgeprägt wurden und jetzt u. U. noch sehr stark nachwirken und ein sachgerechtes Verstehen religiöser Aussagen oder Verhaltensweisen verhindern. Diese lebensgeschichtliche (lerngeschichtliche) Reflexion kann vor allem bei jenen Themen angezeigt sein, bei denen Einflüsse, die man schon in der Kindheit empfangen hat, eine große Bedeutung haben: unser Verständnis von Gottesdienst, Gebet, Schuld, Gott, Jesus Christus, Bibel, Himmel-Hölle u. a. Wenn man die nötige Atmosphäre schaffen kann, kann man das zu behandelnde Thema auf folgende Weise angehen.
Der Lehrer/Leiter regt an, daß sich jeder mit einem Blatt und einem Filzschreiber an einen Platz setzt, wo er sich wohlfühlt und von den anderen nicht gestört wird. Schließen wir die Augen und konzentrieren wir uns auf unseren Körper ... und auf unsere gegenwärtigen Empfindungen ...
Versuchen wir nun einmal zurückzudenken an unsere *Kindheit.* Lassen wir in Ruhe Bilder an uns vorüberziehen, die uns (allgemein) an unsere Eltern, Geschwister, Lehrer oder Geistliche von damals erinnern ... Und nun auch *verschiedene religiöse Kindheitserinnerungen* (Gebet, Kirchgang, Worte, die uns beeindruckt haben, Vorstellungen, die wir selbst entwickelt haben) – vielleicht zeigt sich dabei auch eine *Erinnerung, die mit unserem Thema* ... zu tun hat ...
Öffnen wir jetzt die Augen wieder. Nehmen wir uns 10 Minuten Zeit, um still für uns *ein Bild zu malen,* das entweder die auf das Thema bezogene Kindheitserinnerung oder allgemeiner eine wichtige Szene unserer religiösen Erziehung darstellt – ohne künstlerischen Ehrgeiz, nur skizzenhaft.
Setzen wir uns nun wieder im Kreis herum (bei großen Gruppen in Untergruppen). Könnte jetzt jeder sein Bild so halten, daß es alle

sehen, und es den anderen kurz erläutern, möglichst „gegenwärtig" („Ich stehe gerade vor der Krippe. Meine Mutter . . ."). Nun kommentiert jeder sein Bild. Dann kann man darüber sprechen,

- wo einem bei der Schilderung eines Teilnehmers ähnliche (oder auch entgegengesetzte) Erlebnisse einfielen;
- wie verschieden die religiösen Einflüsse in unserer Kindheit waren und wie verschieden sie uns vorgeprägt haben (hier wird es oft wichtig sein, angesichts der zahlreichen negativen Erfahrungen auch an die positiven Erlebnisse zu erinnern), so daß unser Vorverständnis von biblischen Aussagen und unsere emotionalen Einstellungen zu ihnen immer noch davon bestimmt sind (auch die Möglichkeiten, andere im religiösen Gespräch zu verstehen);
- wie wir verzerrende Vorstellungen und negative Voreingenommenheit überwinden und positive Erfahrungen und Fähigkeiten weiterentwickeln müssen.

Diese Reflexion kann auch in einer allgemeinen persönlichkeitspsychologischen Sicht zum Thema „Wie hat mich meine Familie geprägt?" durchgeführt werden. Dafür ist sie ursprünglich auch entwickelt worden (siehe K. W. Vopel 1974, Heft 1, 11–14).

Variante zum Thema „Gebet":
(a) Sich entspannen und sammeln und ganz frei einige Erinnerungen aus seiner Kindheit kommen lassen. Dann: sich an ein Gebet erinnern, das man – frei formuliert oder nach einem gelernten Text – als Kind gebetet hat.
(b) Das Gebet auf ein Blatt schreiben.
(c) Es überdenken und durchstreichen, was man heute nicht mehr so sagen könnte.
(d) Das Gebet so formulieren, wie ich es aus meiner heutigen Sicht in der gleichen Lage sprechen würde oder wie ich es einem Kind raten würde.
(e) Allein oder auch mit Gesprächspartnern überlegen, wie sich die neue Fassung des Gebets von der kindlichen unterscheidet, was man neu und anders sieht und welche Fragen in bezug auf „Gebet" zu bedenken wären.
(f) Diese Fragen im Plenum sammeln und in verschiedenen Formen behandeln (Referat, Textarbeit, Leseimpulse, Argumente pro und contra, Unterrichtsgespräch).

56a Imaginationsübungen zu einzelnen Themen

Während die lebensgeschichtliche Reflexion (Nr. 56) erziehungsbedingte Vorprägungen vergegenwärtigt, zielen andere Imaginationsübungen (Phantasieexperimente) darauf ab, gegenwarts- und zukunftsbezogene Einstellungen bewußt zu machen.

In einem ersten Schritt sucht man die Schüler/Teilnehmer zu einer meditativen Haltung zu führen: Wir nehmen eine entspannte Körperhaltung ein ... schließen die Augen, nehmen Fühlung mit unserem Körper auf ... achten auf seine Empfindungen ... überlassen uns dem Atem und lassen die ersten spontanen Vorstellungen kommen. Dann versetzt sich jeder in die anregende, offene Situation, die der Lehrer/Leiter nennt und überläßt sich der Vorstellung, die als Antwort und Weiterarbeit in ihm aufsteigt. In einem zweiten Schritt sucht man die erfahrenen Stimmungen, Wünsche und Ängste zu verbalisieren. In einem dritten Schritt wird diese Reflexion weitergeführt, indem man eine Stellungnahme und Verarbeitung versucht: Ist meine Angst oder meine Erwartung, mein Widerwille oder meine Freude angemessen oder unbegründet? Welche Antriebe sollte ich weniger beachten, welche verstärken? Welche Verhaltensweisen, Ziele und Werte verdienen mehr Beachtung?

Es ist nicht immer möglich, diesen dritten Schritt unmittelbar aus den Äußerungen der Lerngruppe zu entwickeln. Aber auch wenn diese dritte Phase durch eine allgemeinere Schlußbetrachtung versucht werden muß, können darin doch die wachgewordenen Fragen eine Lösung finden, sei es, daß der Lehrer/Leiter sie aufgreift, sei es, daß die Teilnehmer sie einbringen.

Imaginationsübungen wurden hauptsächlich unter dem Einfluß der Gestalttherapie in die Schul- und Gruppenpädagogik eingeführt (z. B. durch die Bewegung der Confluent Education). Für die Initiierung eines mehrdimensionalen Lernens im normalpädagogischen Bereich sind die Übungen gewiß nicht so ertragreich wie für die Therapie, und darum sollte man sie nicht überbewerten. Trotzdem lohnt es sich zu überlegen, ob in einer Lerngruppe Themen wie die folgenden günstigerweise durch eine Imaginationsübung angegangen werden können.

– *Wessen Zustimmung suche ich am meisten?* Jeder stelle sich vor, wie er einen großen Geburtstag, z. B. den fünfzigsten, feiert. Seit Wochen bereiten Verwandte, Freunde und Bekannte das Fest vor. Sie haben dafür einen großen Saal gemietet. Die Feier beginnt. Der

Saal ist voll ... Ein Schulfreund empfängt dich als Conférencier und geleitet dich durch die Menge nach vorn ... Ein Musikerkreis von Bekannten spielt ein Stück. Genieße diese Musik ... Der Conférencier sagt in einer Ansprache, was die Beteiligten bewogen hat, dich heute zu feiern. Was sagt er? Wo klatschen die Anwesenden? Nun sprichst du zu ihnen. Du erzählst ihnen ein Erlebnis, das einige von ihnen miterlebt haben ... Dann wirst du eingeladen, ihnen deine Spezialität vorzuführen ... Was tun? Ein Lied singen, einen Vortrag halten, musizieren, einen Witz erzählen, eine sportliche Leistung vorführen, deine Lieblingsbeschäftigung vorspielen? Wähle selbst und tu es ... Zurufe, Beifall. Schließlich beginnt die Gratulationscour. Einzelne Personen und kleine Gruppen kommen nach vorn und gratulieren dir, indem sie ein anerkennendes Wort sagen und ein Geschenk überreichen. Laß sie langsam auf dich zukommen. Wer kommt? Was sagen sie? – Im Auswertungsgespräch kann man die Phantasien schildern lassen, von denen die Teilnehmer am stärksten angesprochen wurden. Dann soll sich jeder fragen, an wessen Zustimmung und Beifall ihm am meisten liegt und in welchem Maß ihn diese Abhängigkeit anregt bzw. unselbständig macht (siehe auch Nr. 38d).

- *Mein Verhältnis zu den Eltern,* zu Vertretern des Staates, der Kirche, zum Angebot Gottesdienst, zu Randgruppen, zum möglichen Ehepartner: Hier ist ähnlich wie beim eben angeführten Beispiel eine Situation vorzustellen, wo die betreffenden Personen einem etwas sagen oder übergeben, das für die Erwartungen oder Ängste des einzelnen bezeichnend ist.
- *Assoziationen und Vorverständnis zu Grundbegriffen:* Bevor über eine biblische oder theologische Aussage reflektiert wird, läßt man jeden ein tragendes Wort dieser Aussage auswählen, damit er sich in einem Gedankenexperiment damit identifiziere. Etwa: ich bin das „Reich Gottes" (oder das „Licht in der Finsternis", die „Gerechtigkeit" u. a.). – Dann sprechen die Teilnehmer darüber, was sie bei dieser Übung empfanden und welches Assoziationsfeld und spontanes Vorverständnis sie mit den einzelnen Grundbegriffen verbinden. (Siehe Nr. 64.)

„Ein Tag der erfüllten Wünsche":
(a) In entspannter Haltung und mit geschlossenen Augen stellen wir uns vor, was wir täten, wenn wir einen Tag lang bewirken könnten, was wir wollen. Wir können unsere Umgebung, unsere Mitmenschen

und uns selbst verändern, wie wir es wünschen. Lassen wir zuerst verschiedene Vorstellungen kommen und dann aus diesem „Film" jene Stellen nochmals ablaufen oder sich dramatischer wiederholen, an denen wir am meisten Freude haben.
(b) Wir kehren wieder in die Wirklichkeit zurück und notieren ohne Namen auf einem Blatt die Wunschvorstellung, die im Vordergrund stand. Die Notizen werden eingesammelt und ohne Aussprache vorgelesen.
(c) Schlußbetrachtung des Lehrers/Leiters: Hier stehen sehr verschiedene Regungen nebeneinander. Es gibt beispielsweise selbstbezogene Wünsche nach eigenem Wohlbehagen wie (er wiederholt eine entsprechende Äußerung). „Ich möchte jetzt am liebsten in Thailand in einem Teehaus sitzen und träumen." Oder auch Regungen, deren Herkunft verständlich ist, deren Ausführung aber fragwürdig wäre wie der Rachewunsch: „Mit einigen Lehrern die Rolle tauschen, um sie dann genau so gemein behandeln zu können, wie sie es oft mit uns Schülern machen." Aber auch idealistische wie: „Alle Behinderten und Kranken heilen." Wir können uns bei den verschiedenen Wünschen leicht denken, aus welchen Situationen sie hervorgegangen sind ... Solche Wunschvorstellungen sollten wir uns in einer *möglichst täglichen oder wenigstens wöchentlichen Bestandsaufnahme* zuerst vergegenwärtigen: Was bewegt mich, was möchte ich? Dann können wir in einem zweiten Schritt dazu Stellung nehmen und fragen: Welche Bedeutung soll ich einem Wunsch nach Wohlbehagen und Vergnügen, einem Rachewunsch oder dem Willen, anderen zu helfen, beimessen? Oft werden wir da auch auf die Frage stoßen: Was ist unbedingt, unabhängig vom Beifall meiner Umgebung, wert- und sinnvoll? Vor meinem Gewissen und vor Gott? Was würde bei Jesus an erster Stelle stehen? So können wir uns fragen, ob wir einen Wunsch verwirklichen oder ablehnen oder verändern wollen. Wir können auch überlegen, wie wir einem unserer Ideale näherkommen können und nicht nur folgenlos davon träumen und reden.
In dieser offenen Form kann man diese einfache und beliebte Übung zu folgenden Themen einsetzen: *Gebet* als Meditation meines Alltags und als Selbstgespräch, das zum Gespräch mit Gott/Jesus wird; *Selbstfindung; Gewissen;* Orientierung an Jesus; Glaube und Alltag; Wunschregungen verarbeiten, nicht verdrängen; welche Pläne sind bloß Träume, welche Ideale (Realutopien)?
Die Übung kann aber auch gezielter zu Themen wie diesen durchgeführt werden: Meine Erwartungen in bezug auf gelungene *Ferien,*

Ehe, Beruf (ein Arbeitstag), *Familie, Eltern, Schule, kirchliche Gemeinde.* Nach der Übung kann man sich in Vierergruppen fragen, (a) wo man bisher ein Stück von seinen Wunschvorstellungen erfahren hat (und dies u. U. mehr anerkennen sollte) und (b) was daran wirklich erstrebenswert ist, was man also zu dessen Verwirklichung tun könnte.

Malen und Pantomimen suchen – thema- und problembezogen, gesprächsvorbereitend 57

Malen 57a

Anders als beim Malen ohne vorgegebene Thematik (Nr. 49) wird hier zuerst ein Problem oder Thema eingeführt und kurz besprochen. Dann lädt man die Schüler/Teilnehmer ein, ihre Erfahrungen und Vorstellungen zu der in Frage stehenden Thematik in Farbe darzustellen (zur Durchführung siehe Nr. 49). Dann erläutert jeder sein Bild, ohne daß zunächst diskutiert wird – eine Art Brainstorming mit Bildern.

Dann kann man die verschiedenen Erfahrungen und Vorstellungen, die zum Ausdruck kamen, herausstellen und die Fragen formulieren, die damit aufgeworfen sind und die im weiteren Verlauf durch Rundgespräch, Arbeit an Texten, Referate u. a. geklärt werden sollen. Oft ist hier auch die Frage zu stellen (z. B. bei Themen wie Kirche und Gebet), was in den Darstellungen fehlt und warum bestimmte Motive nicht vorkommen.

Eine solche visuelle Bestandsaufnahme setzt ein gewisses Vertrauen unter den Teilnehmern voraus. Ist dieses gegeben, so kann es – nach den üblichen Anfangshemmungen – bei Jugendlichen wie auch Erwachsenen zu sehr lebendigen Darstellungen und Mitteilungen kommen, was zu einer weiteren Klärung motiviert. Durch den Zwang zum bildhaften Ausdruck wird oft eine Sammlung erreicht, die dem gewöhnlichen Gespräch fehlt. Diese Arbeitsweise hat sich bewährt für Themen wie:

- „Was hat uns der RU in den letzten Jahren gegeben?“ Kleingruppen einer 10. Realschulklasse malten z. B. als Ausdruck einer positiven Erfahrung eine Gesprächsrunde um einen Tisch, dazu das Stichwort „Kommunikation“. Als Bild eines indoktrinierenden Unterrichts: eine Hand, die durch ein Spritzrohr einem im Kinderwagen liegenden Säugling Wasser einzuspritzen sucht.
- „Ein Gottesbild – mein Gottesbild?“ Ebenfalls in einer 10. Klasse

malten die Schülerinnen dazu einerseits Vorstellungen, mit denen sie nicht mehr einverstanden sein können (bewachendes Auge u. ä.), andererseits aber auch Symbole positiver Erfahrungen (helle Weite hinter einem dunklen Rahmen usw.).

- „Freiheit – Befreiung." Als Vorbereitung eines Gesprächs von 18- bis 24jährigen über den Zentralbegriff von Gal 5,1–12 (siehe G. Hegele 1973, 154).
- „Begegnung." Nachdem die Schülerinnen bei Musik dazu gezeichnet oder gemalt hatten, sprach man zuerst über die Einfälle, Erinnerungen und Gefühle, die ihnen dabei kamen, und dann über die Frage, wo wir die verschiedenen Arten von Begegnungen machen können und welches die wertvollsten sind. (Bericht von Sigrid Hahn, Schlehdorf.)

Ähnliche Themen: Entscheidung, Herrschaft – Partnerschaft – Solidarität, Isolation – Kommunikation, Wo können wir Brücken bauen?, „Ihr seid das Licht der Welt", Salz der Erde sein, Leben heißt Werden (Wandlungen), Kampf und Kontemplation (Taizé), Verzweiflung – Hoffnung, Auferstehung, „Wenn ich einmal erwachsen bin . . .".

57b Pantomimen suchen

In der gleichen Absicht kann man den Schülern/Teilnehmern die Aufgabe stellen, in Kleingruppen eine *Pantomime* zu suchen, die eine wichtige Seite an dem Gegenstand, über den gesprochen werden soll, ausdrückt: ihre Ängste, ihren Abscheu, oder ihre Erwartungen und Ideale. (Zur Vorbereitung einer Klasse/Gruppe auf die Arbeit mit Pantomimen siehe Nr. 90). Diese Arbeitsform zielt darauf ab, nach einer (a) kurzen Einführung und Besprechung des Themas, (b) die Sache, um die es geht, in stilisierter und symbolischer Form zu erleben, um (c) von da aus ähnliche eigene Erfahrungen bewußtzumachen und in einer abschließenden Beurteilung zu fragen: Wo gibt es dieses Ideal oder Anti-Ideal in unserem Leben? Ist es ein erstrebenswertes Ziel bzw. eine gefährliche Verirrung? Was können wir tun?
Man kann beispielsweise:

- Direkte Fragen *symbolisch* beantworten lassen: Wie würdet ihr das Verhältnis zwischen Eltern und Kindern darstellen – 1. wie es oft ist (bzw. wie es nicht sein sollte)? 2. wie es sein sollte? Ähnlich: Was baut Gemeinschaft auf – was verhindert oder zerstört sie? (Die eine

Untergruppe erarbeitet den positiven, die andere den negativen Teil der Frage. Dann stellen sie voreinander im Plenum ihre Pantomimen dar.) Wovor habe ich beim Eintritt ins Berufsleben Angst – worauf freue ich mich? Bereitschaft zum „Aufbruch“, wie Abraham sie hatte (Gen 12) – was könnte das bei uns sein?

„Was ist ‚Erlösung‘?“ Dazu nennen Schüler Erfahrungen wie: Etwas Bedrückendes vergessen können, nicht unter Leistungsdruck stehen, nichts Böses mehr tun können, aus dem Gefängnis entlassen werden oder dort wenigstens Besuch empfangen. Dazu wird eine anregende Situation stilisiert dargestellt. Dann werden von da aus ähnliche Erfahrungen besprochen und genauer geklärt, was – auch im Sinne der Bibel – „Erlösung“ ist.

Ähnliche Themen: Menschen in Not – wo können wir helfen? (körperliche Not – seelische Not). Wo können wir zueinander Brücken bauen? Licht der Welt sein. Wo haben Menschen ein „Kreuz“ zu tragen? Hoffnung. Tod.

– Zu anregenden, beispielhaften *Szenen, die berichtet werden* (vorstrukturiert sind), *eine stilisierte Darstellung erarbeiten* und dann über die aufgeworfene Thematik sprechen. Beispielsweise: Ein Jugendlicher erzählt, wie er monatelang in einem völlig ungebundenen Leben alles mögliche ausprobiert hat, bis er jetzt ein Ziel für sein Leben gefunden hat. Oder: Franziskus und der Aussätzige. Der barmherzige Samariter.

Beispielsweise haben Schüler einer 10. Klasse während eines Seminars das Gespräch über soziale Beziehungen durch Pantomimen vorbereitet. Zwei Gruppen spielten nach kurzer Vorbesprechung vor dem Plenum „Was eine Gemeinschaft zerstört“ (z. B. wie bei einem Ausflug jeder auf seiner Lieblingsidee beharrt, so daß sich alle zerstreiten, anstatt einen tragbaren Kompromiß zu suchen) und zwei weitere Gruppen „Wie Gemeinschaft entstehen kann“ (z. B. aus einem beziehungslosen Nebeneinander von einer Dreierclique, einer Zweiergruppe und einem einsam Dasitzenden wird eine Bekanntschaft und schließlich ein Kreis, wo alle etwas gemeinsam tun). Danach haben die Schüler in einem Schreibgespräch (Nr. 18) die Frage behandelt: „Was stört unter uns – was verbindet?“ Diese alltagsbezogene Untersuchung wurde durch die vorausgegangenen Pantomimen offensichtlich stark angeregt.

Symbolische Ausdrucksgestaltungen können im folgenden Gespräch einen *Transfer* eigener Art anregen: vom symbolisierten Ideal zur alltäglichen Wirklichkeit, von einem Grundwert zu Einzelsituatio-

nen, in denen dieser Wert erfahren und verwirklicht werden kann bzw. in denen sein Gegenteil erfahren wird.
Wurde ein biblisches Thema wie „Aufbruch“ (Abraham) oder „Erlösung“ dargestellt, so kann man es danach durch eine Textauslegung, durch Leseimpulse (Nr. 82) oder andere Schritte weiterführen.

58 Fotowahl – thema- und problembezogen, gesprächsvorbereitend

Methodisch verläuft dieses Arbeiten mit Fotos ähnlich wie die Fotowahl zum Auffinden bedeutsamer Themen (Nr. 50). Man verwendet dazu auch die gleiche Art und Anzahl von Aufnahmen. Nur besteht hier die Aufgabe darin, *zu einem bereits festgelegten und eingeführten Thema* (oder biblischen Text) *das Foto zu suchen, das nach Meinung des Betrachters den deutlichsten Bezug zum Thema hat.* (Hilfsvorstellung: Wenn Ihr als Redakteur einer Zeitschrift zu einem Artikel über ... ein Bild suchen müßtet.) Diese Aufgabe regt die Schüler/Teilnehmer an, zu überlegen, in welchen Situationen, Haltungen und Stimmungen (Gesichtsausdruck!) Themen bzw. Erfahrungen wie diese anschaulich, konkret und aktuell werden.

Gerechtigkeit
Brüderlichkeit
Glück
Seligpreisungen
10 Gebote

Nachfolge Christi
Auferstehungswirklichkeit
Erlösung
Kirche

Unterdrücken – Ausnützen – Bedrohen – Partner sein – Bemuttern – Helfen – Krieg – Friede

Dadurch daß ein Thema vorgegeben ist, können nun zu denselben Fotos ganz andere Einfälle kommen. Man vergleiche beispielsweise, wie die beiden ersten der folgenden Aufnahmen, die mit den beiden ersten bei Nr. 50 genannten Bildern identisch sind, in einem Gesprächskreis auf das Thema „Auferstehung – eine Wirklichkeit für uns heute?“ bezogen wurden und welche Aussagen damit verbunden wurden:

Foto	Stichwort, Aussage/Deutung	Fragen zur Reflexion
Arbeiter, rauchend und mit zufriedenem Lächeln, Typ „Lebenskünstler“	Freude trotz Härte und Armut – Was kann solche Gelöstheit, die uns selten gelingt, bewirken? Der Glaube an die Auferstehung?	Wie unterscheidet sich Vergnügtheit (= Freude I) von einer Zuversicht (= Freude II), die trotz Leid und Tod froh ist, weil sie im Auferstehungsglauben wurzelt?
Hochhausfassade und unten eine kleine Heiligenstatue	Die Auferstehungsbotschaft müßte auch den Menschen im Hochhaus eine eigene Freude verkünden. In der Auferstehungswirklichkeit leben heißt über sich hinauswachsen wie dieses Hochhaus.	Ähnlich wie oben
Studenten, die vor einer Demonstration gespannt nach vorn blicken	Kampf für die Zukunft. Erwartung der Zukunft.	Ist Auferstehung die Hoffnung im Kampf für eine gerechte Gesellschaft?

Die thema- und problembezogene Fotowahl kann also sowohl zu einer *Veranschaulichung* (Bezug zum Bildbewußtsein und Erleben) als auch zu einer *Konkretisierung und Aktualisierung* von anthropologischen und theologischen Begriffen und Aussagen führen. Die Stichworte und Aussagen, die beim ersten Reihum-Gespräch geäußert werden, enthalten *erste Deutungen*[27] (von Auferstehung u. ä.) *und Fragen*[28]. Allerdings besteht die Gefahr, daß die Teilnehmer in einem

[27] Insofern gehören sie zu jenem „Stadium intuitiver Problemlösungen“, das als Vorstufe eine fachgerechte Erarbeitungs- und Lösungsphase einleiten kann (R. Tausch/A.-M. Tausch 1979).

[28] Gerade auch die Probleme jener Schüler/Teilnehmer, die z. B. zu einem Thema wie „Auferstehung“ nur Fragen und Zweifel anzumelden haben, müssen bei der Arbeit mit Fotos ernst genommen werden. Das beginnt damit, daß man in die Auswahl von Fotos auch Bilder von Notsituationen und unglücklichen Gesichtern aufnimmt.

spielerischen Assoziieren und Illustrieren[29] befangen bleiben. Darum sollten sie immer auch erläutern, *warum* sie eine abgebildete Situation oder Gestalt in einer Beziehung zum Thema sehen, und der Gesprächsleiter muß dann mit ihnen herausarbeiten (die Aussagen werden stichwortartig an Wandzeitung oder Tafel notiert), welche Auffassungen und Deutungen in den einzelnen Erläuterungen zur Bildwahl ausgesprochen wurden. Diese mit Formulierungsschwierigkeiten und Hemmungen belastete Gesprächsphase verlangt Ruhe und Ermutigung und sollte nicht abgekürzt werden, ermöglicht sie doch den Übergang von einer nichtbegrifflichen zu einer begrifflichen Auseinandersetzung mit einem Thema (vom Bildbewußtsein zum Denkbewußtsein) und damit ein Gespräch, das nicht nur mit Worten jongliert, sondern persönliches Erleben und Deuten klärt.
Werden beispielsweise Fotos zum Thema „Auferstehung" gewählt, so zeigt sich in den Erläuterungen u. U. ein recht unterschiedliches Vorverständnis oder auch die eine oder andere kurzschlüssige oder wenigstens vieldeutige Aktualisierung: Auferstehung (und Erlösung) als Fasziniertsein von der Vitalität der Natur oder der Jugend, als bloßes Entspanntsein oder gute Laune, als revolutionärer Elan, als Sinngewißheit trotz Leid und Tod. Diese verschiedenen Tendenzen sind herauszuarbeiten. Dann stellen sich wie von selbst Fragen, die durch Referate, Textinterpretationen, Definitionen u. ä. geklärt werden müssen: sind die geäußerten Aussagen durch Tatsachen zu belegen? Kann man Aktualisierungen von biblischen Begriffen bibeltheologisch rechtfertigen usw.? Am besten sammelt man also auch hier wie in Nr. 50 zuerst *Stichworte* und läßt dann in einer zweiten Runde *Fragen,* die sich daraus ergeben, formulieren. Diese Fragen werden als Programmpunkte für die weitere Arbeit auf einem Papierbogen notiert, gebündelt und nacheinander behandelt.

59 Collagen – thema- und problembezogen, gesprächsvorbereitend

Während die eben besprochene Fotowahl (Nr. 58) vor allem zur Konkretisierung und Aktualisierung grundlegender Begriffe (Erlösung, Auferstehung) angezeigt ist, eignet sich die themabezogene und gesprächsvorbereitende Collage besonders für Themen, bei denen

[29] Besonders dann, wenn ein Thema bildhaft formuliert ist (Unterwegssein, Licht der Welt, Nachfolge u. ä.), darf man keine Fotos anbieten, die zur bloßen Illustration der Wortmetapher verleiten (etwa: Menschen, die gehen, für „Unterwegssein" oder Lichtreklame für „Licht der Welt"). Die Fotos sollten vielmehr Situationen und Personen zeigen, in denen die im Thema angedeuteten Erfahrungen real sein können.

zuerst *Erwartungen und Befürchtungen* bewußtzumachen und zu hinterfragen sind.

Lohnende Aufgaben für Collagen sind also Themen wie

Was *erwarte* ich von meinem Beruf? (von einer Freundschaft, von der Ehe, von einer Gruppe, von der Kirche, vom RU, von einer politischen Partei, von meinem Leben?)

Ziele von Menschen heute

Glücksvorstellungen unserer Zeit

Ein Christ – was ist das?

Welcher Zukunft gehen wir entgegen?

Für diese Arbeitsform empfehlen sich folgende Schritte:

(a) Nachdem das Thema eingeführt wurde, erstellen die Schüler allein oder in Zweier- oder Dreiergruppen Collagen. Sollen sie im schulischen RU ausgewertet werden, so geschieht diese erste Phase in Hausarbeit, da eine Schulstunde selten dafür ausreicht.

(b) Jeder bzw. jede Kleingruppe zeigt dem Plenum (im Unterricht) seine/ihre Collage und erläutert das Anliegen, das ihr zugrunde liegt. Der Lehrer/Leiter notiert diese Beiträge stichwortartig auf einem Papierbogen oder an der Tafel.

(c) Nun geht man die Beiträge nochmals durch und versucht, 2–3 Fragen zu formulieren, die sich aus ihnen ergeben und die im weiteren Verlauf der Unterrichtseinheit geklärt werden sollten.

(d) Diese Fragen werden behandelt – durch ein freies Unterrichtsgespräch, das jeden Punkt bespricht, solange Interesse vorhanden ist, oder durch Referat, Textarbeit, Argumente pro und contra (Nr. 79), Leseimpulse (Nr. 82), Gewichtungsaufgabe (Nr. 68c) o. a.

Zwischenbemerkung:

Für die themabezogene Collage, Fotowahl und Malarbeit gilt jeweils: je weniger ein Thema problemgeladen ist bzw. je weiter die vorausgehende Klärung vorangeschritten war, desto eher nähern sich diese visuellen Verfahren den Ausdrucksgestaltungen, wie sie in Kapitel VI beschrieben werden.

Die beiden folgenden Anregungen, Kunstdias und Anspieler-Kurzfilm, haben mit den in Nr. 56–59 angeführten Arbeitsformen zwar gemein, daß sie ebenfalls vom Bilderleben und Symbolbewußtsein ausgehen. Doch konfrontieren sie dabei stärker mit bereits gestalteten Aussagen zu einem Thema, d. h. mit dem Problembewußtsein eines Künstlers. Diese Konfrontation kann grundsätzlich zu einer Horizonterweiterung, aber auch zu einer Überfremdung der Schüler/

Teilnehmer durch allzu fernliegende Probleme und Sehweisen führen. Diese Gefahren sind zu sehen, damit die Chancen genutzt werden können.

60 Kunstdias zu einem bestimmten Thema

Dias von Kunstwerken werden oft nur gezeigt, um – meditativ und sozusagen als Antwort – die Aussage eines Künstlers auf sich wirken zu lassen: Graphiken oder Gemälde zur Bibel, religiös deutbare Symbole u. ä. Nun kann man durch Kunstdias aber auch auf intensive Weise eine *Fragehaltung wecken und zur Erforschung und Reflexion einer Thematik motivieren.*

Man kann zu einem bestimmten Thema 1–2 *engagierte und u. U. sehr unterschiedlich akzentuierte Bildaussagen nebeneinanderstellen,* d. h. die Betrachter so mit Erfahrungen und Sehweisen anderer (eben der Künstler) konfrontieren, daß sie deren Problembewußtsein oder Wertung intuitiv kennenlernen und angeregt werden, ihre eigenen Reaktionen zu äußern und eine eigene Stellungnahme zu erarbeiten. Gerade das Zeigen von Kontrast-Bildern zum gleichen Thema – etwa die fast mythische Verherrlichung der kollektiven Arbeit durch F. Léger („Die Bauleute") einerseits und die apokalyptische Darstellung der technischen Produktionsmaschinerie durch A. Auffinger („Der Orpheus der Technologie") andererseits – stellt die Betrachter ganz natürlich vor die Aufgabe, zwischen gegensätzlichen Sehweisen und Wertungen ihre eigene Sicht bewußtzumachen und zu reflektieren. Die gleiche Fragehaltung kann freilich auch durch ein *Einzelbild* geweckt werden, das intuitiv spüren läßt, wie sich ein Künstler mit einer Grunderfahrung und Frage, die alle angeht, auseinandergesetzt hat (etwa F. Goya, Die Alten oder E. Barlach, Der Mann im Stock), sodaß sich der Betrachter leicht mit seiner Klage, Warnung, Frage oder Verherrlichung identifizieren kann. Als Kontrast- wie auch als Einzelimpulse haben sich beispielsweise folgende Darstellungen bewährt:

Zum Problemkreis	Bild/Plastik
1. Wo sind wir unfrei – was macht uns frei? (Zwänge-Befreiung-Erlösung)	E. Barlach, Der Mann im Stock (1918), Singender Mann (1928)
2. Beruf und Arbeit – Ort der Entfremdung oder der Selbstverwirklichung?	F. Léger, Die Bauleute (1950) A. Auffinger, Der Orpheus der Technologie (1970)[30]
3. Tod – Sterben – Vergänglichkeit	L. Corinth, Selbstbildnis mit Skelett (1896)[31]

Zur Methodik dieser gesprächsvorbereitenden Bildbetrachtung:
In einem ersten Schritt (a) führt man das Thema kurz ein und zeigt das Dia als „Werk, in dem sich der Künstler vermutlich mit einer ähnlichen Frage beschäftigt hat.“ Die Teilnehmer betrachten das Bild zuerst still für sich. (b) Dann äußern sie ihre spontanen Eindrücke: Wie es insgesamt auf sie wirkt und welche Einzelheiten ihnen auffallen. Allmählich schlagen sie auch regelrechte Gesamtdeutungen vor. Erst jetzt sollte auch der Leiter seine kunsthistorisch begründete Interpretation vortragen, die in den meisten Fällen das zuvor Gesagte abrunden wird. (c) Nun faßt er die Aussage des Bildes als *Frage an unsere Erfahrung* zusammen. Die Klasse/Gruppe bearbeitet sie in geeigneter Form – in einer Einzelbesinnung, einem Schreibgespräch oder einem Rundgespräch und vertieft diese Phase u. U. durch ein Referat, eine Textarbeit, Leseimpulse o. ä.
Erfahrungsgemäß kann die Arbeit mit Dias sehr fruchtbar sein. Sie stellt ganz natürlich die Frage: Wie ist dieses Kunstwerk zu verstehen?, weckt also spontane Neugier. Außerdem fordern Bilder, wie sie oben genannt wurden, zur eigenen Stellungnahme auf, ohne einen

[30] Man kann diese Thematik z. B. dadurch weiterführen, daß man anonym auf Zetteln die Sätze vollenden läßt: 1. Beruf und Arbeit empfinde ich als Gefahr für den Menschen, wenn . . . 2. Beruf und Arbeit sind für mich dann sinnvoll, wenn . . . 3. Ein Christ müßte eigentlich in der Arbeit . . . Die Antworten werden auf die beherrschenden Grundvorstellungen zurückgeführt. Dann kann man ethische und theologische Kriterien für den Sinn und die Sinnlosigkeit der Arbeit suchen. – Statt dieser Einzelbesinnung mit Hilfe angefangener Sätze kann man sich auch in einem Schreibgespräch (Nr. 18) oder nach der Methode 365 (Nr. 18 a) zu der Frage austauschen: „Was macht meine Arbeit sinnlos – was macht sie wertvoll?“ und danach einen biblischen oder theologischen Text dazu vorlegen, eine Bildbetrachtung anbieten oder ein Referat halten.

[31] Diese Beispiele sind entnommen aus: B. Grom/H. W. Schillinger, Kunst-Dias zu Lebensfragen im RU der 9.–13. Jahrgangsstufe und in der Erwachsenenbildung, Düsseldorf/Göttingen 1982.

festzulegen. Der dunkle Raum fördert die Sammlung. Die Bilder wirken durch ihre Leuchtkraft meistens viel stärker als gedruckte Reproduktionen. Außerdem ist der zeitliche und technische Aufwand gering (etwa im Vergleich zur Arbeit mit Kurzfilmen). Der einzelne Religionslehrer/Gruppenleiter kann im Laufe der Zeit auch ohne große Kosten und ohne viel Zeitverlust *eine für seine Zwecke brauchbare Sammlung von Kunstdias schaffen,* indem er Motive auf Kunstkarten, in Kunstkalendern und Büchern sammelt und sie bei hellem Tageslicht (im Sonnenschein) auf einem gewöhnlichen Farbdiafilm aufnimmt. Daneben kann man auch – was wesentlich teurer ist – in Gemäldegalerien, Museen und Dia-Vertrieben aus den im Handel angebotenen Kunstdias eine Auswahl zusammenstellen.

61 Kurzfilme mit Anspielerfunktion

Eigenschaften und Vorzüge von Anspieler-Kurzfilmen
Kurzfilme mit Anspielerfunktion sind durch folgende Eigenschaften und Vorzüge gekennzeichnet, die ihnen im Vergleich mit anderen Medien eine herausragende Bedeutung verleihen:
1. Sie bieten keine abgeschlossene Information oder Erzählung wie Dokumentations- und Informationsmedien oder wie Spielfilme, sondern *enden offen:* sie stellen eine Situation, eine Handlung oder Geschichte dar (sei es als Realfilm, sei es als Zeichen- oder Puppentrickfilm), die Fragen aufgibt, die auch Probleme der Zuschauer sind. Diese Lebensfragen werden jedoch im Film nur aufgeworfen („Fragezeichenfilm“); die Antwort muß im sich anschließenden gemeinsamen Gespräch gesucht werden. Die Zuschauer werden mit einer Darstellung von einem Stück Leben konfrontiert und zu einer Reaktion und Klärung herausgefordert. Gerade dadurch wirkt diese Art von Film als *Anspieler und Anreger* für einen RU oder ein Glaubensgespräch, die von Lebensfragen ausgehen, hat also ihren Ort in der Anfangsphase des Lernprozesses und hat nicht die Aufgabe einer audiovisuellen Ergänzung („enrichment“) einer in sich abgeschlossenen Unterrichtseinheit[32].

[32] Diese Aufgabe eines Enrichments soll damit keineswegs als unwichtig dargestellt werden. (Es kann sogar sehr angezeigt sein, bei einer Unterrichtseinheit, die in den ersten Stunden mit Texten, Fotos, Statistiken und Kurzreferaten gearbeitet hat, das Problembewußtsein, das nachlassende Interesse und die Gedächtnisleistung durch einen einprägsamen und motivierenden Film oder ein Tonbild mit informativem Inhalt zu unterstützen.) Sie wird hier nur ausgeklammert, weil sich diese Ausführungen auf die Kurzfilme mit Anspielerfunktion beschränken.

Man mißversteht diese Filme und vertut eine pädagogische Chance, wenn man sie nur als Zugabe zum „eigentlichen“ RU, als Unterhaltungsmittel und Belohnung für gute Mitarbeit einsetzt oder als Ersatz für eine gedankliche Klärung einer Thematik betrachtet. Kurzfilme mit Anspielerfunktion sind integrierender Bestandteil einer Unterrichtseinheit: audiovisuelle Konfrontation mit einer Thematik; Einstieg, der gerade zu einer weiteren Klärung anregt (Erarbeitungs- und Lösungsphase) und – ähnlich wie das Rollenspiel – erst dadurch sein Ziel erreicht. Es ist das Hauptanliegen der folgenden Anregungen, diese Anspielerfunktion für eine *ganze Unterrichtseinheit* deutlich zu machen. Sie wollen zeigen, wie Fragezeichenfilme über die ästhetischen, semantischen, dramaturgischen und filmgeschichtlichen Gesichtspunkte eines Filmclubgesprächs hinaus auch für eine ethisch-religiöse Klärung von Lebensfragen ausgewertet werden können.

2. Sie haben gewöhnlich eine Laufzeit von 10–15 Minuten, können also auch zeitlich *in eine Unterrichtsstunde oder eine Abendveranstaltung eingebaut werden.*

3. Trotz ihrer Kürze haben sie die *intensive, ganzheitliche Wirkung des Films:* durch die Totalsprache (Bild, Mimik, Gestik, Bewegung, Farbe, Sprache, Musik, Geräusche), durch die dramatisierte Darstellungsform, durch die Möglichkeit zu starken Identifikationen mit bzw. Distanzierungen von den handelnden Gestalten, durch den Realitätscharakter, den das fotografische Laufbild, die Geräusche und Sprache (auch beim Zeichentrickfilm) vermitteln, sowie durch die sammelnde, erwartungsfördernde Wirkung des abgedunkelten Vorführraums sprechen sie das Erleben des Zuschauers sehr stark an und können Wünsche, Ängste und Einstellungen bewußt machen, wie es bei rein sprachlicher Kommunikation nur ein hochbegabter Redner oder Dichter vermöchte. Der Film „Leben in einer Schachtel“ (7 Min.) kann beispielsweise Lehrlinge und Primaner so beschäftigen, daß sie noch nach Wochen darauf zurückkommen. Einzelne Fragezeichenfilme können die Zuschauer so stark ansprechen, daß ein Unterricht mit begrifflichem und literarischem Einstieg vergleichsweise papieren wirkt. So gelingt es oft, mit Hilfe von Anspieler-Kurzfilmen ein sehr *existentielles und erfahrungsbezogenes Gespräch* anzuregen.

4. Die Fragezeichenfilme vermitteln eine Problematik oder eine Erfahrung so, daß die Frage – für den Zuschauer – *vom Leben selbst* gestellt wird, nicht vom Lehrer und seinen mehr oder weniger festle-

genden Fragen. Die Zuschauer müssen die Frage(n) selbst entdecken und die weiteren Probleme, die sie enthält bzw. die man aufgrund der anfänglichen Anregung klären könnte, selbst formulieren. So können Kurzfilme mit Anspielerfunktion ein Lernen anstoßen, das in hohem Maß vom Interesse an der Sache lebt (innere, intrinsische Motivation), die Teilnehmer zur Selbsttätigkeit anregt und einen alle beteiligenden, teilnehmerzentrierten Bildungsprozeß ermöglicht.

5. Im allgemeinen werden Filme gerade von Jugendlichen als Medium der Gegenwart und *als „Sprache unserer Zeit" empfunden* und gefordert. Insofern gibt ein Kurzfilm dem Lernprozeß auch eine äußere Motivation: das Prestige der Modernität und der Aktualität. Ein RU oder eine Bildungsarbeit, die dieses Medium nie verwendet, käme bald in den Ruf, verstaubt zu sein[33].

Daß es Kurzfilme gibt, die für die Bearbeitung religionspädagogischer Themen außerordentlich fruchtbar sein können, beweisen bewährte Streifen wie „Ein Platz an der Sonne" (8–13 J.), „Das Spiel" (ab 10 J.), „Der Held des Tages" (12–15 J.), „Du sollst dir keine Bilder machen" (ab 15 J.), „Leben in einer Schachtel" (ab 16 J.) und „Rot im Kalender" (ab 16 J.). Wer in RU, Jugendarbeit oder Erwachsenenbildung tätig ist, müßte diese Kurzfilm-Klassiker genauso kennen wie die großen Texte der profanen und religiösen Literatur. *Sichtvorführungen* von kirchlichen Medienzentralen, Landesfilmdiensten und Kreisbildstellen können diese Kenntnis vermitteln; Lehrer oder Gruppenleiter können nur jene Filme voll auswerten, zu denen sie selbst eine persönliche Beziehung haben.

Die folgenden Fragen sollen auf die verschiedenen Möglichkeiten und Schritte hinweisen, durch die ein Anspieler-Kurzfilm zu einem bestimmten Thema möglichst ertragreich eingesetzt und ausgewertet werden kann. Es sind Fragen, die man sich zur Planung und Vorbereitung des Lernprozesses stellen sollte, wenn man diesen Lernprozeß in völlig offener Form, durch ein freies Gespräch, beginnen will. Für ein stärker strukturiertes Vorgehen empfiehlt sich die Einzel- und Gruppenarbeit, wie sie durch ein Arbeitsblatt nach dem weiter unten angeführten Muster angeregt werden kann.

[33] Aus diesem Grund empfiehlt es sich, bei Schülern höherer Klassen von Zeit zu Zeit die Arbeit durch eine auf Videorecorder aufgenommene Fernsehsendung zum Thema anzustoßen (Dokumentarsendungen oder Diskussionen über Dritte Welt, Kirche und Staat u. ä.). Solche Sendungen können nicht nur wertvolle Informationen und Stellungnahmen bieten, sondern dem Stoff auch die Bedeutung eines in der Öffentlichkeit behandelten Themas verleihen.

A. Freie Form der Auswertung

Wie kann ich einen Kurzfilm möglichst fruchtbar einsetzen und für den beabsichtigten Lernprozeß auswerten?

Vor der Vorführung

1. Kann ich durch eine einleitende Bemerkung deutlich machen, daß das Zeigen des Films nicht einfach „Umschalten auf Unterhaltung" bedeutet, sondern daß er *einen inneren Bezug zum festgelegten Thema* hat und daß wir nachher über diesen Bezug nachdenken wollen? (Gerade Jugendliche, die Filme nur als Unterhaltung und Zerstreuung betrachten, brauchen diesen Hinweis.)
2. Empfiehlt es sich, durch eine Vorbemerkung die *Aufmerksamkeit auf einen sonst leicht übersehenen Punkt zu lenken?* Beispielsweise: Dieser Film macht seine Aussage in Form einer Utopie; er spricht vor allem durch Symbole; der Ton ist besonders wichtig für das Verständnis; er will provozieren usw. Ist es sinnvoll, dem Plenum oder einzelnen Gruppen *Beobachtungsaufgaben* zu stellen, durch die sie auf wichtige Zusammenhänge aufmerksam und gegebenenfalls auf eine arbeitsteilige Auswertung in Gruppen vorbereitet werden?[34]

Auswertung – Schritt I
Rekonstruktion und Deutung des Films oder Was sagt der Film?

3. Einzelarbeit vor dem gemeinsamen Gespräch?
Bei Filmen, die sehr betroffen machen können, sollte man die Teilnehmer einladen, etwa 5 Minuten lang still für sich Eindrücke und Fragen zu notieren, die ihnen bei und nach dem Sehen des Films kommen. (Für sich notieren heißt auch: Sagt davon im Gespräch nur, was Ihr dort gerne sagt.)
4. Rekonstruktion und Deutung des Films – Von einzelnen Eindrükken und Intuitionen (Stichworten) zu Fragen und Aussagen:
Mit *welchem Frageimpuls* (Startfrage) kann ich die Teilnehmer veranlassen, sich den Film in seinem Gesamtzusammenhang zu

[34] Beispielsweise für „Rot im Kalender": Aufgabe für Gruppe 1: Welche direkten und indirekten aggressiven Handlungen können bei dem jungen Ehepaar beobachtet werden? Für Gruppe 2: Sucht alle Infantilismen dieses jungen Paares. Für Gruppe 3: Überlegt, inwieweit die Texte, die im Fernsehen bzw. auf der Schallplatte zu hören sind, das Verhalten des jungen Paares verdeutlichen. Untersucht die musikalische Untermalung. Für Gruppe 5: Welche Funktion haben der Spiegel, das Fell, der Schaukelstuhl, das Essen und Trinken im Filmgeschehen? (nach Fr. Zöchbauer/Fr. Fischer cine 16, München 1969, 65–67).

vergegenwärtigen, ihn zu rekonstruieren, damit er von seinem Inhalt und seiner Gestaltung her gedeutet wird und nicht willkürlich Lieblingsideen in ihn hineingelesen werden? Wie kann ich sie auch veranlassen, von einzelnen Eindrücken, Einfällen und Intuitionen, die oft nur in Stichworten ausgedrückt werden können, zu einer Frage oder Aussage zu finden, die einerseits das „Thema" des Films zusammenfaßt[35] und gleichzeitig einen Anstoß für eine weitere Sachklärung gibt?

a) Bei Filmen mit komplexer Handlung kann es notwendig sein (zumal bei jüngeren Schülern), daß man den Inhalt zuerst Schritt für Schritt nacherzählen und erst dann Deutungen vorschlagen läßt. (Dazu kann auch eine zweite Vorführung oder eine Sequenzanalyse – siehe unten – erforderlich sein.) Die Startfrage kann dann lauten: „Was erzählt (zeigt) der Film eigentlich?" Dann folgen Deutungsfragen wie unten.
b) Wurden vor der Vorführung Beobachtungsfragen gestellt, so kann man das Auswertungsgespräch mit ihnen beginnen und dann zu einer Gesamtdeutung kommen.
c) Bei vielen Filmen kann man aber unmittelbarer beginnen und fragen (welche Startfrage hier die ergiebigere ist, hängt von der Eigenart des einzelnen Films ab): „Was fällt Euch zu dem Film alles ein?" „Welches Bild, welche Szene scheint Euch besonders wichtig (ist wie ein Schlüssel für das Ganze)?" „Wo habt Ihr einen roten Faden, ein durchgehendes Motiv gesehen?" „Was ist Eurer Meinung nach die zentrale Aussage des Films?" „Welchen Titel könnte man ihm (auch noch) geben?"

Anmerkungen:
Bei diesem ersten Schritt der Auswertung sollte der Gesprächsleiter darauf achten, daß *es keine Deutungen ohne Rekonstruktion* gibt, daß man zwar jede Deutung vorschlagen kann, sie aber auch immer mit dem Film selbst belegt. Er sollte also auch zurückfragen: Wie zeigt sich das im Film? (Dialogpartie, Geste oder Melodie wiederholen lassen.)
Die Teilnehmer sollten auch eingeladen werden, ihre Einfälle und Deutungen zuerst in Stichworten auszusprechen (der Leiter notiert sie an der Wandzeitung oder Tafel) und erst nachträglich (in einem weiteren Arbeitsgang) als Satz, als Aussage oder Frage zu formulieren: *vom Stichwort zur Frage oder Aussage* (wie bei der Fotowahl

[35] beziehungsweise eine der möglichen und berechtigten Deutungen.

Nr. 50). Das erleichtert ganz allgemein den Weg vom Bildbewußtsein zur sprachlich-begrifflichen Objektivierung und hilft auch dem sprachlich weniger Gewandten, sich zu beteiligen.
Als *Stichworte* werden beispielsweise zum Film „Leben in einer Schachtel" genannt (und sollten vom Gesprächsleiter notiert werden):

Monotonie	Glücksmomente
Vorprogrammiertes Leben	Lichtblicke
Leben nach Lochkarte	Befreiung
Hektisches Hin und Her	Träumendürfen
Im Kasten	Gefühl ist erlaubt
Zwang	Paradiesisches im Leben
Leistungsdruck	Diese Trompetenmelodie!
Gehorsam	Verweilenkönnen

Als *Fragen* des Films an unser Leben können am Ende der gemeinsamen Deutung die gleichen Stichworte so formuliert werden:

Können wir uns aus unseren Schachteln befreien?
Ist unser Leben nur Hektik und Schachtel?
Zerfällt das Leben in Monotonie und Glück? (wie im Film)
Lohnt sich ein so langes Leben in der Schachtel für so kurze Augenblicke des Glücks?
Wo finden wir unsere Lichtblicke?
Wie können wir einzeln und gemeinsam mehr Glück in diese Welt bringen?
Was macht das Leben farbig, sinnvoll?
Ist dieses Leben hoffnungslos, gibt es Glück nur im Jenseits?
Würde Jesus, wenn er das Männchen im Film wäre, die Schachtel zerstören oder . . .?

Zur weiteren Verwendung dieser Fragen ist zu beachten:
Die Fragen enthalten in ihrer Fülle bereits verschiedene Lerninteressen und Gesichtspunkte. Insofern ist ihre Vielfalt wertvoll. Andererseits wird man sie doch für den weiteren Lernprozeß zu 2 oder 3 Hauptrichtungen bündeln müssen, indem man etwa fragt: Welchen dieser Fragen (so oder anders formuliert) sollen wir nun näher nachgehen? – Wenn sich bei vieldeutigen Filmen mehrere in ihrer Fragerichtung ganz verschiedene Deutungen ergeben (z. B. eine politische und eine privat-anthropologische Fragestellung bei osteuropäischen Zeichentrickfilmen wie „Käfige" oder „Der Sack"), so muß man sich für die weitere Arbeit natürlich darauf einigen, welche Thematik man behandeln will.

Wenn feststeht, welcher Frageimpuls der Eigenart eines Films am besten entspricht, kann man auch *die geeignete Arbeits- und Gesprächsform* wählen und sich entscheiden: Gespräch durchgehend im *Plenum* oder zeitweilig nach *Methode 66?* Oder *Kleingruppen*, die nach einem vorbereiteten Fragebogen arbeiten und die Ergebnisse im Plenum berichten? Kleingruppen, die in Form eines *Schreibgesprächs* (Nr. 18) arbeiten? Mit Hilfe einer *zweiten Vorführung* oder einer *Sequenzanalyse?*[36]

Auswertung – Schritt II
Erarbeitung der vom Film aufgeworfenen Sachthematik oder Was sagen wir zur Aussage und Frage des Films?

5. Transfer von der Filmthematik auf die eigene Lebenssituation:
Der weitere Verlauf des Lernprozesses ist grundsätzlich gleich zu initiieren, wie die Erarbeitungsphase in jeder anderen problemorientierten Unterrichtseinheit, wo die Fragestellung auf irgendeine Weise (durch Song, Foto, Text) lebendig gemacht wurde. Die erste Aufgabe besteht also darin, die im Film erlebte und im Gespräch herausgearbeitete Frage oder Aussage auf die eigene Lebenssituation (individuell und gesellschaftlich) zu übertragen: *Wo gibt es diese Tatsache oder die Problematik in unserem Leben?* So konsequent man beim ersten Schritt vom Film selbst ausgehen muß (keine Deutung ohne Rekonstruktion), so entschieden muß man bei diesem zweiten Schritt über den Film hinaus auf die Sachfrage zugehen und den Film als Impuls zur Klärung der von ihm aufgeworfenen Sachfrage hinter sich lassen.
Für diese erste Aufgabe eines Transfers bzw. einer Bestandsaufnahme kommen grundsätzlich alle jene Fragen und Verfahren in Betracht, die sich für eine Bewußtmachung, Erforschung und Reflexion eignen (siehe dieses und das folgende Kapitel). So kann man etwa zur Frage: „Was macht unser Leben sinnlos, was sinnerfüllt?" bzw. „Wo erfahren wir Zwänge, wo Glück?" (zu „Leben in einer Schachtel") Situationen und Fälle, Fragen und Thesen sammeln lassen: durch Brainstorming oder Stoffsammlung (Nr. 65, 66), durch das Vollenden angefangener Sätze (Nr. 67), durch einen Fragebogen

[36] Bei einer Sequenzanalyse läßt man nach der ersten vollständigen Vorführung den Film in einem zweiten Durchlauf Sequenz für Sequenz sehen und besprechen. Dieses Verfahren eignet sich für Filme mit deutlich voneinander getrennten Sequenzen (z. B. Nashörner, Das Spiel, Der Sack).

(Nr. 69), durch verschiedene Formen von Recherchen (Nr. 71–75) oder einfach durch ein Schreibgespräch (Nr. 18).

6. Ethisch-religiöse Reflexion und Meinungsbildung:
Wie sind die erforschten Verhaltensweisen, Motive und Einstellungen von einer humanistischen Ethik und vom christlichen Glauben aus zu beurteilen? Wo finden sich in der Bibel, bei großen Gestalten des Christentums oder in der heutigen Theologie Aussagen zum Thema? – Methodisch kann diese Reflexion durch Verfahren unterstützt werden, wie sie im folgenden Kapitel dargestellt werden (Nr. 78–83).

7. Anwendung und Gestaltung:
Wenn Thema und Lernziel eine Ausdrucksgestaltung nahelegen, sollte man dabei nach Möglichkeit auf Anregungen des Films zurückgreifen. Man wird also über die in Kapitel VI genannten Möglichkeiten hinaus auch fragen: Könnte eine Gruppe einen *Kommentar,* einen ironischen Text o. ä. zu dem Film verfassen, den man von einem Sprecher oder vom Tonband hört, während man den Streifen ohne Ton laufen läßt? Könnte man als Vorspann zum Film oder zu einer bestimmten Passage ein passendes *Chanson* oder eine *Kontrastmelodie* abspielen? Läßt sich ein *optisches Motiv* des Films (z. B. „Schachtel" oder „Paradies"), ein typischer Gesichtsausdruck, eine Geste als Element einer *Collage, einer Malarbeit, eines Plakats* zum Thema verwenden? Kann man Bewegungen und Gesten, die im Film wichtige Einstellungen charakterisieren (oder Kontraste dazu) *pantomimisch* darstellen (z. B. zu „Leben in einer Schachtel": wie der Vater zwischen Wohnung und Arbeitsplatz hin und her hetzt und wie er bei der Begegnung mit seinem erstgeborenen Kind reagiert)?
Ergibt sich aus der Unterrichtseinheit u. U. eine Aktion (Nr. 87), oder könnte man jemanden, der aus eigener Erfahrung etwas zum Thema zu sagen hat, zu einer „Pressekonferenz" einladen (Nr. 85)?

B. Strukturierte Form der Auswertung: mit Hilfe eines Arbeitsblattes zur Einzelbesinnung und zum Gruppen- oder Plenumsgespräch

Will man den Film in stärker strukturierter Form auswerten, so kann man nach dem unten angeführten Beispiel ein Arbeitsblatt mit Fragen zu einer Einzelbesinnung und einem sich anschließenden Gruppen- oder Plenumsgespräch vorlegen. (Die Fragen werden auf ein ganzes Blatt verteilt, so daß Zwischenräume für schriftliche Antworten entstehen.)

Arbeitsblatt zu „Leben in einer Schachtel" als Anfangsphase einer Unterrichtseinheit über „Glück und Sinn" bei 16–18jährigen

---

Zum ersten Eindruck:
Wie hat der Film auf Sie gewirkt; was hat Sie besonders beeindruckt?
Zur Analyse:
A. Die Schachteln
1. Welche Stationen und Erfahrungen im Lebenslauf des Mannes deuten einzelne Schachteln an?
2. Auf welche Schachtel-Erfahrungen unseres eigenen Lebens könnte der Film anspielen?

B. Die Buntszenen
1. Bei welchen Gelegenheiten und Anlässen erscheinen die bunten und musikerfüllten Szenen?
2. Was soll wohl durch die Gegensätze farblos – bunt, eingegrenzt – unbegrenzt, Geräusch – Musik ausgedrückt werden?
3. Was will das Kürzerwerden der Buntszenen im Laufe des Films bzw. des Lebens und schließlich das bunte Finale nach dem Tod andeuten?
4. Wie würden Sie im Hinblick auf Ihr eigenes Leben die Frage beantworten: *Was kann mein/unser Leben wirklich bunt, farbig, zufrieden oder sogar glücklich machen?*

---

62 Metapherübung (Metaphermeditation)

Dieses Verfahren läßt sich in mehr meditativer Absicht in der Mitte oder am Ende eines Gesprächs (nach der Sacherklärung in einer Unterrichtseinheit) oder auch zu Beginn eines Wortgottesdienstes einsetzen. Seine fruchtbarste Wirkung erzielt es jedoch, wenn es als Einstieg in eine Erarbeitungsphase verwendet wird: *um die verschiedenen Erfahrungen und Einstellungen der Teilnehmer zu einem Thema bewußtzumachen und miteinander wie auch mit der biblischen Überlieferung und theologischen Reflexion zu konfrontieren.* In dieser Absicht soll es hier beschrieben werden – und zwar in einer *Intensivform,* die zeigt, welche umfassenden Lernprozesse dieses Verfahren anregen kann. So soll auch klargemacht werden, daß diese wertvolle Methode keine Masche werden darf.

(a) Einzelbesinnung:
Der Lehrer/Leiter erklärt zuerst, was eine Metapher bzw. eine Metapherübung ist. Wenn wir beispielsweise ausdrücken wollen, daß jemand beliebt ist, sagen wir es mit der Metapher „Hahn im Korb". Eine Metapher ist ein bildhafter Ausdruck, ein abgekürzter Vergleich. Wir können nun zu dem Thema, das wir behandeln wollen, eigene *Metaphern oder bildhafte Vergleiche* zusammenstellen:

- Diese bildhaften Vergleiche sollen möglichst *spontan und echt* sein, d. h. das ausdrücken, was jeder empfindet und überlegt, wenn er an das Thema denkt. So schrieb einmal eine Schülerin zum Thema „Glauben": „Glauben ist wie ein Kreuzworträtsel"; eine andere: „. . . wie ein Haltegriff im Omnibus."
- Jeder soll Gelegenheit haben, unbeeinflußt von anderen – darum gilt für den ersten Teil die Spielregel Schweigen – etwa 10 Minuten lang zu überlegen, was ihm zu dem Thema einfällt[37]. Dann schreibt er anonym einen oder mehrere bildhafte Vergleiche auf ein Blatt (vorher austeilen!) – wenn einem wirklich nichts einfällt, soll er nicht etwas Künstliches erfinden, sondern das Blatt leer abgeben.

Der Lehrer/Leiter schreibt nun das Thema für alle sichtbar an die Tafel oder Wandzeitung. Es soll möglichst persönlich formuliert sein, etwa: „Glauben ist für mich wie . . ." oder „Einem Feind verzeihen ist nach meiner Erfahrung wie . . ." Er sollte die Übung selbst mitmachen, da er sonst unwillkürlich eine Beobachterhaltung einnimmt, die die anderen hemmt. So merkt er auch am besten, wie lange die Teilnehmer innerlich beschäftigt sind und wann er die Blätter einsammeln kann. (Als Abschluß der Übung kann der Leiter empfehlen, nur die beiden wichtigsten Metaphern stehen zu lassen, falls man viele Einfälle notiert hat.)

(b) Vorlesen – notieren – überlegen:
Alle Metaphern sollten vorgelesen werden, weil jeder erwartet, daß seine Äußerung beachtet wird. Damit die Teilnehmer sie in Ruhe auf sich wirken lassen können und beim folgenden Gespräch präsent haben, schreibt man sie am besten auf die Tafel oder Wandzeitung (dabei kann man stichwortartig abkürzen; in unruhigen Klassen läßt man die Schüler am besten alles mitschreiben).
Vor dem Vorlesen und Anschreiben sollte man die Teilnehmer einla-

[37] Macht man die Übung ohne Schweigen, indem man im Plenum oder in Kleingruppen Einfälle sammelt, so besteht die Gefahr, daß persönliche Stellungnahmen unterdrückt werden und eher eine Atmosphäre des Ideenwettbewerbs als der Sammlung aufkommt.

den, im Hinblick auf das folgende Auswertungsgespräch zu überlegen (und sich zu notieren), *welche Metapher sie am treffendsten finden und welche ihnen am befremdlichsten vorkommt.*

(c) Reihum-Äußerungen:

Die *Aussprache* kann dann damit beginnen, daß jeder reihum sagt, welche Metapher ihn am meisten beeindruckt bzw. befremdet hat. So kommen auch die Schüchternen zu Wort, zumal wenn sie der Gesprächsleiter einlädt, ihre Zustimmung oder ihr Befremden zu erläutern. (Es empfiehlt sich, Zustimmung durch einen kleinen Kreis und Befremden durch ein kleines Quadrat vor den einzelnen Metaphern zu markieren. So hat man nach den ersten Reihum-Äußerungen einen Überblick über die Metaphern, die die Teilnehmer am meisten beschäftigen.) Hier wird man gelegentlich zu Toleranz und gegenseitigem Respekt ermahnen müssen: Wir sagen nur, wie wir (vielleicht ganz anders als der ungenannte Urheber es gemeint hat) eine Metapher auslegen und wie sie uns im Hinblick auf das Thema anspricht – wir urteilen nicht über sie oder ihren Urheber.

(d) Fragen herausarbeiten:
In einem weiteren Schritt überlegen die Schüler/Teilnehmer, ob die notierten Metaphern oder die dazu geäußerten Stellungnahmen *verschiedene Auffassungen und Fragen* ergeben, über die man (in der nächsten Unterrichtsstunde) sprechen sollte. Diese Fragen sammelt man auf der Tafel oder einem Papierbogen, ohne sie gleich zu behandeln – für die nächste Etappe. So sollen – auch wenn der Lehrer/Leiter in einer geistig unbeweglichen Gruppe die Fragen selber formulieren muß – schüler- und teilnehmereigene Probleme artikuliert werden, die im weiteren Unterricht mit Vorzug behandelt werden[38]. (Wenn dies geschehen ist, kann der Lehrer weitere Fragen einbringen.)

[38] Primaner und Erwachsene fanden z. B. bei einer Übung zum Thema „*Gott* ist für mich wie ...“ folgende Schwerpunkte: Die positiv aufgenommenen Metaphern zeigten vor allem (1) Gott als *Quelle der Geborgenheit* (Vater, der mich hält; Sonne, die wärmt und belebt; Anker im Meer; Mantel, der mich umhüllt; Nährmutter; ein Nest, übervoll mit Eiern) und (2) Gott als *Kraft, Richtung und Anspruch* (Wegweiser, Magnetpol, Richtung für meinen Lebensweg). In den abgelehnten Metaphern wurde Gott vor allem als *Tyrann* gesehen.
Bei der Auswertung einer Metapherübung zum Thema „*Beten* ist für mich wie ...“ zeichneten sich folgende Pole ab: Einerseits Gebet als selbstverständlicher, fast müheloser Kontakt mit Gott (Umarmung, Sprechen eines Kindes mit dem Vater, eine Liebe ohne Krise); andererseits Gebet als überwiegend problembeladene oder sinnlose Anstrengung (der Versuch eines Frosches, am Wasserglas hochzuklettern; ein Schrei ins

Einige Beispiele: Aus den Metaphern zum Thema „Beten ist für mich wie ..." (siehe Anm. 38) wurden einmal folgende Fragen für das weitere Gespräch herausgearbeitet: (a) Hat Beten überhaupt einen Sinn? (In der Sprache einer Metapher: Heißt Beten sich ein Luftschloß bauen, ins Nichts schreien?) (b) Ist Beten nur irgendein Zusichselberkommen oder eine bestimmte Begegnung mit sich selbst, mit der Welt und mit Gott? (c) Sollen wir nur in Notsituationen beten oder auch in Glück und Zufriedenheit? (Heißt Beten nur „ein Rettungsseil ergreifen"?) (d) Ist Beten nur bei voller Spontaneität echt oder verlangt es auch Regelmäßigkeit und Form? (Aufgrund der Metapher: „Beten ist wie Zähneputzen – manchmal tu' ich es nur, weil es sein muß, manchmal, weil es erfrischend ist.")

(e) Zu den Fragen Lösungen erarbeiten:
Methodisch kommen dafür die gleichen Verfahren in Betracht wie bei jeder Erarbeitung: Textinterpretation, Leseimpulse, Referate, Thesen usw. (siehe Nr. 78–84). Man kann auch einfach die Aufgabe stellen, zu einer Metapher eigener Wahl *eine oder mehrere Bibelstellen zu suchen* – als Hausarbeit.
In manchen Fällen kann man die Auswertung durch *Gestaltungsaufgaben* (siehe Nr. 88–92) abschließen: Zu einer Metapher eigener Wahl *ein Bild malen* (mit Filzstift, Fingerfarben, Wachsfarben), ein *Foto suchen,* durch Weiterführung des bildhaften Ausdrucks ein *kurzes Gebet oder einen Psalm* texten. Welche Metapher ließe sich durch eine *Pantomime* (mit Musik) ausdrücken? Zu welcher Metapher könnte man einen Text vortragen und eine *musikalische Untermalung* mit Orffschen Instrumenten versuchen?[39] – Solche Gestaltungen lassen sich meistens auch in einen Gottesdienst einbeziehen.

Nichts). Einerseits Gebet als Sprechen und Suchen, andererseits als Schweigen und Hören. Einerseits Gebet als Zusichselberkommen (Sprechen mit sich selbst; Tunnelbau; Rast am Weg), andererseits Gebet als Welterfahrung vom Standpunkt Gottes aus (Blick von einem Berggipfel; die Welt vom Flugzeug aus betrachten).
Die Metaphern, die eine 9. Klasse zum Thema „*Gewissen*" schrieb, zeigten, wie verschieden Gewissen erfahren und gesehen wurde: Gewissen als fremdgesetzliche, überichhafte Instanz (Meine Tante, die immer schimpft; ein Verkehrspolizist auf der Ringstraße) – oder als Fähigkeit zur Selbstorientierung (Der Polarstern am Firmament; eine Taschenlampe auf der Nachtwanderung), nur verurteilend (Eine Registrierkasse, die meine Schulden festhält) – oder auch inspirierend (Die Kraft, die die Blätter der Blumen auf das Licht hinwendet). (Siehe E. Korherr 1974).

[39] Bei einer Metapherübung zum Thema „Gott ist wie ..." wählte eine Interessengruppe den Vergleich „Gott ist für mich wie eine schwer zu findende, aber stärkende Quelle" zu einer musikalischen Untermalung. Zuerst suchte man einen Psalmtext, wo Gott als lebenspendendes Wasser gepriesen wird. Dann deutete man mit Orffschen Instrumenten zuerst „verborgenes" Wasser an, das allmählich zu einem starken Strom anschwillt.

Wirkungen und Anwendungsbereich:
Die Aufgabe, einen bildhaften Vergleich für eine Erfahrung zu suchen, regt die Teilnehmer sowohl zu (mehr oder weniger unbewußten) *Assoziationen* als auch zu (mehr bewußten) *Veranschaulichungen* an. Dadurch ermöglicht diese Übung eine intensive *Besinnung auf die persönliche Erfahrung und Einstellung,* wie sie sich vor allem auf der emotionalen Ebene des Bildbewußtseins ausdrückt. Das Auswertungsgespräch kann also auf Beiträgen aufbauen, die aus einer persönlichen, in der Stille vollzogenen Besinnung kommen und darum in einem hohen Maße echt und wertend, also keine rein intellektuellen „Man-könnte-sagen“-Äußerungen oder bloße Augenblickseinfälle sind.
Die Metapherübung ermöglicht damit ein ebenso erfahrungsbezogenes wie ausgeglichenes Gespräch. Die Teilnehmer können auf diskrete Weise, ohne den peinlichen Druck zu persönlichen Bekenntnissen, sowohl negative Erlebnisse (z. B. mit Eltern, Gottesdienst) als auch positive Erfahrungen (die sonst leicht verschwiegen und tabuisiert werden) bewußt machen und austauschen und so gegenseitig den Erfahrungshorizont erweitern.
Tatsächlich hat sich diese Übung bei allen Themen bewährt, deren Bearbeitung eine erfahrungsbezogene Bestandsaufnahme erfordert.

Einige Beispiele:

Gemeinschaft	Kirche
Freizeit	Familie
Eltern (Mit den Eltern sprechen)	Gott
Beten	Glaube
Leben	Gewissen
Tod	Einem Feind verzeihen
Freiheit	Am Gottesdienst teilnehmen
	In der Bibel lesen

63 Variante: Eine analoge Wirklichkeit suchen, darstellen und begründen

Bevor man in ein Gespräch über ein Thema wie Gott, Gewissen, Kirche, Gemeindeleiter, Tradition, Heilige Schrift, Gebet-Meditation, Gottesdienst, Rolle der Frau u. ä. eintritt, kann man die Anregung geben, dafür *eine analoge Wirklichkeit zu suchen:* Was wäre die Kirche (bzw. die Heilige Schrift usw.), wenn sie

ein Tier
eine Pflanze
eine Landschaft
ein Mensch
ein Gewässer
eine Farbe
eine Maschine oder ein Werkzeug
wäre?

Fällt Euch dazu eine Analogie, ein Vergleich ein, der eine wichtige Seite an dem Gegenstand, über den wir sprechen wollen, ausdrückt? Schreibt den wichtigsten Einfall auf ein Blatt, wenn möglich mit Zeichnung und einer kurzen Begründung. (Dazu Zeit lassen und Filzstifte bereitstellen.)
Die Blätter und Zeichnungen werden eingesammelt und (auf einer Styroporplatte oder an einer Wäscheleine) für alle sichtbar gemacht, vorgelesen und ähnlich ausgewertet wie in der Metapherübung[40].

64

Assoziationen-Stern

Jeder Teilnehmer schreibt in die Mitte eines Blattes den Grundbegriff, über den man später sprechen will: Autorität, Gemeinschaft, Gebet, Kirche o. a. Ohne einander durch Sprechen zu stören, notieren nun alle – jeder für sich – sternförmig darum herum, was ihnen spontan dazu einfällt. Zum Schluß kann jeder unterstreichen, was ihm am wichtigsten erscheint.

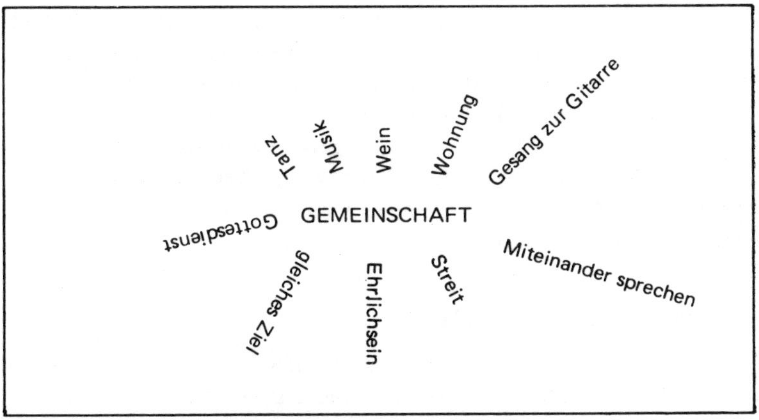

[40] Diese Symbolisierung ist auch in einer anderen Phase des Lernprozesses möglich: nicht als Gesprächsvorbereitung, sondern *nach* dem Gespräch, als Zusammenfassung und Ausdrucksgestaltung (siehe Kapitel VI). In dieser Absicht gibt z. B. auch die Cursillo-Bewegung den Kursteilnehmern den Auftrag, nach jedem Vortrag im Gruppengespräch für den Inhalt des Gehörten ein Symbol zu finden.

Diese Assoziationen kann man dann vorlesen (lassen) – zunächst ohne Diskussion. Vielmehr soll jeder darauf achten und sich notieren, welche Stichworte ihm im Zusammenhang mit dem Thema besonders anregend (positiv) oder abwegig und einseitig (negativ) erscheinen. Aufgrund dieser Notizen und Bemerkungen kann man dann herausarbeiten, welche Vorstellungen und Erfahrungen bei uns im Vordergrund stehen, mitschwingen und nachwirken, wenn wir den betreffenden Grundbegriff hören und überdenken. Die verschiedenen Tendenzen könnten u. U. auch als Fragen für die weitere Klärung formuliert werden (siehe die Auswertung der Metapherübung Nr. 62).

65 Brainstorming zu einem Thema

Während der Assoziationen-Stern die Einfälle zu einem Thema in Einzelarbeit sammeln läßt, wird dies beim Brainstorming in Paararbeit, in Kleingruppen oder im Plenum versucht und zwar nach der Grundregel: zuerst spontane Ideensammlung – dann Sichtung und Gewichtung der Einfälle (Nr. 16).
Der Lehrer/Leiter nennt das Stichwort oder eine entsprechende Frage und schreibt es (sie) an die Tafel oder Wandzeitung: „Gebet", „Himmel" oder: „Woran denkt Ihr, wenn von Gott gesprochen wird?", „Was fällt Euch spontan ein zu dem Thema Kirche?" (Glück, Partnerschaft, Gerechtigkeit ...) Die Teilnehmer äußern ihre Einfälle dazu entweder unmittelbar im *Plenum* (wo sie auf Wandzeitung oder Tafel notiert werden) oder in *Kleingruppen* (wo sie auf Papierbogen gesammelt und für das Plenum gewichtet werden, siehe Nr. 16, 52) oder in *Partnerarbeit* (siehe Nr. 11). Die Auswertung im Plenum erfolgt ähnlich wie beim Assoziationen-Stern (Nr. 64) und bei der Metapherübung (Nr. 62).

66 Stoffsammlung zu einem Thema

Diese Form der Arbeit unterscheidet sich vom Brainstorming zu einem Thema dadurch, daß sie keine eigene Phase für spontane Einfälle vorsieht, sondern thema- und zielgerichtet schülereigene Erfahrungen, Probleme, Auffassungen und Vermutungen sammeln läßt. Dieser „Stoff" zu einem Thema kann in verschiedener Gestalt gesammelt werden, nämlich in Form von
– Situationen und Fällen („Fälle, über die man einmal nachdenken

sollte“); als Anregung kann man manchmal auch ein Foto oder eine Karikatur zum Thema zeigen,
- Kurzgeschichten oder Spielszenen. Vor allem Themen wie Konflikte mit Eltern, Geschwistern, Junge-Mädchen u. ä. können durch die Aufgabe, eine Kurzgeschichte oder eine Spielszene zum Problem zu schreiben, eingebracht werden (siehe Lifeline 1972, Proving the rule). Zu lohnenden Spielszenen kann man im Rollenspiel Lösungen suchen lassen (Nr. 76b),
- Bildszenen (selbstgemachte Comics oder symbolische Darstellungen wie in Nr. 57a),
- Fragen,
- Hypothesen.

Angefangene Sätze zu einem Thema vollenden **67**

Der Lehrer/Leiter legt zu dem Thema, das behandelt werden soll, etwa drei einander ergänzende Satzanfänge vor. Die Schüler/Teilnehmer bedenken sie in der Art einer Einzelbesinnung (Nr. 17a) und vollenden jeweils den Satz (oder die Sätze), der sie zu einer Änderung anregt und der ihnen hilft, ihre persönliche Einstellung zum Thema auszudrücken. Beispielsweise:

Zum Thema „Sinn des Lebens“:

---

1. Ein Ziel (in meinem privaten Leben, oder im Leben der Gesellschaft) ist dann sinnvoll, wenn . . .

   . . . .

2. Sinnlos finde ich beispielsweise . . . .

   . . . .

3. Als Christ . . . .

   . . . .

Zum Thema „Gott“:

---

1. Wenn ich an Gott denke, dann . . . .

   . . . .

2. Besonders fragwürdig finde ich . . . .

   . . . .

3. Wenn man von Gott spricht, müßte man betonen . . . .

   . . . .

Zum Thema „Kontakt-Freundschaft-Gemeinschaft“:

---

1. Kontakt und Freundschaft mit anderen gelingt uns immer dann, wenn . . .

   . . . .

2. Kontakt, Freundschaft, Gemeinschaft mißlingen, weil . . .

   . . . .

3. Ein Christ müßte eigentlich . . .

   . . . .

Dann sammelt man die Blätter ein und liest nacheinander die Beiträge zu jedem der drei Satzanfänge (wenn es drei waren) vor, hält sie stichwortartig fest und erarbeitet daraus einige Fragen, die in einem weiteren Schritt behandelt werden – ähnlich wie bei der Metapherübung (Nr. 62). Diese Arbeitsform ist vielseitig verwendbar und meistens sehr anregend.

Frageimpulse zur Ermittlung und Klärung eigener Einstellungen zu bestimmten Themenbereichen (Nr. 68–70)

Die folgenden Verfahren bzw. „Aktionsformen des Lehrens“ unterscheiden sich von den bereits dargestellten Methoden dieses Kapitels, die ja auch Frage- und Aufforderungscharakter haben, dadurch, daß sie vor allem *verbal und zielgerichtet* fragen (auch wenn sie von Bildern, Texten oder Fallbeispielen ausgehen).
Jeder Lernprozeß muß durch möglichst anregende, das Fragen und Forschen der Lernenden stimulierende Frageimpulse in Gang gebracht und in Bewegung gehalten werden. Dazu reichen die in Unterrichtshilfen angebotenen Erschließungsfragen und Fragebogen nicht aus: der einzelne Lehrer muß über einen so vielseitigen Schatz an Frageformen und -formulierungen verfügen, daß er auch von sich aus themen- und situationsgerecht Impulse geben kann. Er sollte (und kann) auch fähig sein, zu Themen, die er selbständig bearbeitet, eine Fragereihe zusammenzustellen.
Nun wurden die Frageimpulse des RU in den letzten Jahren durch neue Frageformen und -formulierungen aus der *Meinungsforschung und der psychologischen Diagnostik* (Testpsychologie) bereichert – oft zum Nutzen des Unterrichts, manchmal aber auch in einem eher verspielten als ergiebigen Fragebogen- und Testenthusiasmus. Die wichtigsten Anregungen, die von diesen psychologischen und sozial-

wissenschaftlichen Formen ausgehen können, sollen hier angeführt werden.
Für die Meinungsforschung und die psychologische Diagnostik ist die wichtigste Unterscheidung die zwischen strukturierten (= geschlossenen) und unstrukturierten (= offenen) Fragen (siehe Nr. 68 a, b. Mit dieser Unterscheidung kann hier auch ein klassisches Problem der Unterrichtspsychologie dargestellt und behandelt werden: das Problem des richtigen Verhältnisses zwischen „engen" (= geschlossenen) und „offenen" Lehrerfragen, zwischen genau festgelegten Fragen und „Denkanstößen", die nur die Richtung andeuten und die nächsten Lernschritte dem Schüler überlassen – das Problem: Frage-Antwort-Unterricht oder Impulsunterricht? (vgl. W. Klafki 1982; R. Tausch/A.-M. Tausch 1979).
Ergänzend zu den bereits in Nr. 48 c angeführten Gesichtspunkten zur Lehrerfrage und zu „verpaßten Gelegenheiten und Blockierungen" soll hier vorweg und allgemein an folgende Grundsätze erinnert werden:

1. Die für die Schüler und das Thema *bedeutsamen Fragen* herausarbeiten und sich auf diese beschränken – die Lehrerfrage nicht durch zu häufigen Einsatz entwerten.
2. Besonders wichtige Fragen *hervorheben:* sie in *Einzel-, Partner- oder Kleingruppenarbeit* beantworten lassen oder (bei mündlicher Behandlung im Plenum) an die Tafel schreiben, wiederholen, auf ihre Bedeutung hinweisen.
3. Fragen stellen, die *anpruchsvoll* sind: die eine Denkleistung verlangen und einen Erkenntnisfortschritt ermöglichen – also nicht nur mit einem einfachen „Ja" oder „Nein" oder einer selbstverständlichen Bewertung zu beantworten sind.
4. Die Fragen *verständlich* formulieren: mit Worten, die bekannt sind, und in einfach gebauten, kurzen Sätzen.
5. Die Fragen *nacheinander,* nicht gleichzeitig stellen.
6. Beim Formulieren weiterer Fragen möglichst die bisherigen *Beiträge der Schüler verwenden:* Wendungen von ihnen gebrauchen, eine geäußerte Meinung zur Diskussion stellen, aus den Äußerungen systematisch Fragen für die Erarbeitungsphase herausarbeiten.
7. So viel *Zeit zum Nachdenken und Beantworten* lassen, daß auch die gedanklich und sprachlich langsameren Schüler eine Chance haben und die Beantwortung nicht den schnelleren überlassen müssen. Fragen auch nicht voreilig wiederholen oder selbst beant-

worten, wenn eine rasche Antwort ausbleibt, weil die Schüler noch nachdenken müssen. (Frei nach G. E. Becker u. a. 1980, 105–111.)

68 Verschiedene Formen von Einzelfragen – ihre Impulsfunktion im Lernprozeß

68a Offene (unstrukturierte) Fragen

Offen (unstrukturiert) ist eine Frage dann, wenn sie die Antwort nicht schon durch die Art der Frage vorstrukturiert. Beispiel:
„Was hältst Du vom Beten. Was bedeutet es für Dich?"
Gegenbeispiel für eine geschlossene (strukturierte) Frage:
„Das Gebet kann in der Hetze des Alltags ein Ort der Besinnung sein."
möglich ☐ nein ☐ weiß ich nicht ☐
Die unstrukturierte Frage läßt völlig offen, von welcher Erfahrung her, mit welchem Schwerpunkt und welchen Worten der Befragte antwortet. So können auch Einstellungen, Begründungen und Formulierungen angeregt werden, die der Fragende nicht voraussehen konnte: schülereigene Gesichtspunkte und Sprache. Darum sollte sowohl das Unterrichtsgespräch als auch ein Fragebogen zu einem Thema möglichst schon in der ersten Hälfte eine offene Frage enthalten; es sei denn, daß – eben durch enge Fragen – eine durchgehend konvergierende Gesprächsphase mit bestimmten Lösungsschritten, Definitionen und Daten (Namen, Jahreszahlen, Ortsangaben) anzustreben ist.
Bei Themen, zu denen Schüler vielseitige Eigenerfahrungen mitbringen, kann man durch anonyme *Niederschriften zu einer einzigen offen formulierten Frage* (siehe auch Nr. 17a, 67) eine fruchtbare Bestandsaufnahme und eine Grundlage für eine systematischere Klärung ermöglichen. (Die Aussagen werden für die folgende Unterrichtsstunde hektographiert und dann ähnlich auf verschiedene Gesichtspunkte untersucht wie bei der Metapherübung Nr. 62). Solche Fragen oder Themen sind z. B.:
„Was bedeutet Jesus Christus für mich persönlich?"
„Was hältst Du vom Gebet? Welche Bedeutung hat es für Dich?"
„So verstehe ich meine Rolle als Frau."

Verschiedene Formulierungshilfen:
Um möglichst echte Einstellungen bewußt zu machen und entspre-

chende Antworten anzuregen, empfiehlt es sich, folgende psychologische Formulierungshilfen einzusetzen:

1. Ausdrücklich erfahrungsbezogen und persönlich fragen:
   „Was bedeutet Gott *für Dich* (Sie)?", „für Sie persönlich", „ für Ihr Leben" u. ä. – damit eindeutig eine persönliche Einstellung angefragt wird und nicht: Gott – wie ihn die heutige Theologie, die Bibel, meine Umwelt usw. sehen.
2. Projektiv fragen, so daß der Befragte seine Einstellungen einer anderen Person zuschreiben kann:
   „Warum haben – Deiner Ansicht nach – viele *Jugendliche Deines Alters* Spannungen mit ihren Eltern?"
3. An ein Erlebnis anknüpfen, bei dem die erfragte Einstellung am ehesten bewußtgemacht und weitergebildet wird:
   „Haben Sie schon einmal einen Todesfall, eine Beerdigung miterlebt? Welchen Eindruck hinterließ dieses Erlebnis? Was denken Sie über den Tod? Glauben Sie an ein Fortleben nach dem Tode?"
4. Den Befragten mit einer wirklichen oder fiktiven Situation konfrontieren, die eine Antwort fordert:
   „Sie gehen an einem Sonntag durch die Stadt. Da treffen Sie einen indischen Studenten, der hinduistisch erzogen wurde, sich sehr für religiöse Fragen interessiert und speziell wissen möchte, was Jesus Christus für einen Christen bedeutet.
   a) Was würde ich – aus persönlicher Überzeugung – über Jesus Christus sagen?
   b) Mit welchen angelernten Aussagen (Katechismus, Glaubensbekenntnis) über Jesus hätte ich Schwierigkeiten[41]?"

In der gleichen Absicht kann man die fiktive Situation *in Form eines Briefes* vorgeben und die Aufgabe stellen, auf dem gleichen Blatt eine Antwort zu formulieren. Etwa zum Thema „Abtreibung": „Lieber . . ., ich habe eine schlimme Nachricht für uns beide. Ich erwarte ein Kind von Dir. Was soll ich machen? Ich habe solche Angst. Meine Eltern werfen mich raus, wenn sie es erfahren. Am liebsten würde ich

[41] Diese Fragen ließ man bei einem Einkehrtag von den 19jährigen Teilnehmern auf einem Blatt anonym beantworten, während im Hintergrund Musik zu hören war. Die Niederschriften wurden am folgenden Tag ausgewertet. Die Ich-Form in den Fragen soll den Eindruck vermeiden, man werde hier ausgefragt. Die fiktive Situation soll als Hilfe zur Bewußtmachung, nicht als Ausfragetrick wirken. – Ein ähnliches Beispiel zum Thema „Eucharistie": „Wenn Sie Ihr eigenes Kind auf seine Erstkommunion vorbereiten müßten, welche Vorstellungen und Ausdrücke würden Sie aus Ihrer Darlegung ausschließen? Worauf würden Sie das Hauptgewicht legen?" (nach P. Imberdis Nr. 34).

es wegmachen lassen. Kannst Du mir helfen? Ich weiß nicht mehr aus und ein. Bitte schreib mir bald! In Liebe Deine Monika" (aus H. Frör 1982). – Die in den Antworten geäußerten Ratschläge, Einstellungen und Begründungen sind dann ähnlich wie bei der Metapherübung (Nr. 62) herauszuarbeiten und durch eine Sachbearbeitung zu klären.

5. Zur Stellungnahme eines anderen eine freie Stellungnahme formulieren lassen:
   Inhaltlich enthalten diese vorgelegten Stellungnahmen anderer gewöhnlich einen *Einwand* (bis zur Provokation) gegen eine bestimmte Einstellung – oder aber ein *positives Zeugnis:*
   Zum Thema „Jesus Christus" die Äußerung einer 15jährigen:
   „Ich glaube an keinen Jesus Christus, daher hat er für mich auch keine Bedeutung in meinem persönlichen Leben. Wer will beweisen, daß es ihn gibt. Ich weiß, daß man auch ebensowenig das Gegenteil behaupten kann. Aber nach und nach entdeckt und erforscht man ja doch alles, von dem man früher keine Vorstellungen hatte. Ich denke, wenn hierzu kein Jesus Christus nötig ist, braucht man ihn auch nicht für andere Zwecke. Für mich hat er jedenfalls nicht die geringste Bedeutung." – Wie denken Sie über diese Ansicht?
   Zum Thema „Gebet" ein Text von Jean Le Du:
   „Ein Gebet, das auf sich selbst bezogen bleibt, weil es die Fragen wie die Antworten selbst herstellt, kann kein echtes Gebet sein. Im Gebet muß man Gott sprechen lasssen, und hat er einmal gesprochen, so muß man in seiner Antwort dem Rechnung tragen, was er gesagt hat. Es genügt nicht, zu Gott zu sprechen; man muß ihn vor allem sprechen hören. Das ist grundlegend." – Was meinen Sie zu dieser Auffassung von Gebet?

Formal können die Stellungnahmen anderer in verschiedener Gestalt vorgelegt werden: in Form von Zitaten (wie oben), in Form von Sprichwörtern („Not lehrt beten"), in Form von Schlagworten („Mit dem Tod ist alles aus"), in Form von Karikaturen (die nicht nur humorvoll Konflikte darstellen, sondern eine Meinung pointiert ausdrücken).

6. Zu einem konkreten Fall oder einer Situation eine erste Stellungnahme erarbeiten lassen (Fallbeispiele, Fallstudie):
   Die wichtigste Voraussetzung für diese in der sozialpädagogischen, juristischen und moraltheologischen Ausbildung bewährte Arbeitsweise besteht darin, daß ein Fall vorgelegt wird, der von

sich aus in bezug auf ein Thema zu denken gibt, d. h. zu einer genaueren Reflexion über Verhältnisse, über persönliche und soziale Zwänge und Kräfte, über Ursachen und Konsquenzen eines Verhaltens, über Ziele und Wertentscheidungen anregt. Beispielsweise die Entwicklung (mit ihren äußeren und inneren Faktoren) eines drogenabhängig gewordenen Jugendlichen, die Entscheidung eines Pfarrgemeinderats oder die Ausbildungs- und Aufstiegschancen eines Mannes in einem Entwicklungsland. (Siehe auch J. Kreiter/I. Klein 1975).

Solche Fallbeispiele zu einem Thema können *konstruiert* (vgl. dazu M. Kelber 1977) oder *wirklich* sein. Nach Möglichkeit sollte der Fall allen Schülern/Teilnehmern *schriftlich* vorgelegt werden. Die Reflexion kann mit einer oder mehreren halboffenen Erschließungsfragen angeregt werden. Gegebenenfalls sollte man durch ein Rollenspiel (Nr. 76 b) die Einfühlung in eine Situation und Rolle und das Finden einer Lösung fördern.

Soziale Probleme, private wie politische, können manchmal durch eine *Karikatur, die eine Konfliktsituation darstellt,* wirksam vor Augen geführt werden. Manche Fälle bzw. Situationen lassen sich auch durch ein *dokumentarisches Foto,* durch einen *Film,* durch einen *literarischen Text* oder einen *Song* nahebringen.

Geschlossene (strukturierte) Fragen 68 b

Geschlossen (strukturiert) ist eine Frage dann, wenn sie die Antwort festlegt auf die Bejahung, Verneinung oder Wahl (Ankreuzen) einer vorgegebenen Aussage (Statement). Die zur Beantwortung vorgegebene Frage ist gewöhnlich entweder als *Alternativfrage* oder als *Auswahlfrage* formuliert. Erstere wird durch Bejahung oder Verneinung (ja-nein-weiß nicht; stimmt-stimmt nicht-weiß nicht; richtig-falsch-unentschieden; wichtig-unwichtig-keine Meinung; möglich-unmöglich-weiß nicht) beantwortet; letztere durch Wahl.

1. Beispiele für Alternativfragen (Thema ‚Gebet') [42]

„Das Gebet kann in der Hetze des Alltags ein Ort der Besinnung sein."

möglich ☐ nein ☐ weiß ich nicht ☐

„Beten ist vergeudete Zeit."
☐ bestimmt richtig
☐ vielleicht richtig
☐ vielleicht falsch
☐ bestimmt falsch

„Ein Gebet muß eine feste Form haben."

ja ☐ nein ☐ nicht unbedingt ☐

2. Beispiele für Auswahlfragen (Thema ‚Wunder') [42]

In der Bibel wird häufig von Wundern berichtet. Darüber gibt es in unserer Zeit verschiedene Ansichten:

1. „Was in der Bibel steht, stimmt. Jesus konnte Wunder tun, denn er war Gottes Sohn."	
2. „Was in der Bibel steht, kann man nicht beweisen. Aber als Christ muß man eben an Wunder glauben."	
3. „Die Wunder sind nicht wirklich geschehen. Sie sind nur Bilder, die auf etwas anderes hinweisen wollen."	
4. „Es hat keinen Sinn, sich mit den Wundern der Bibel zu beschäftigen. Sie passen nicht mehr in unsere Zeit."	
5. „Auch in unserer Zeit gibt es Ereignisse, die man, wie in der Bibel, als Wunder bezeichnen könnte."	

Kreuzen Sie die Ansicht an, mit der Sie am ehesten einverstanden sind.

Während *Alternativfragen* – besonders, wenn sie inhaltlich nicht nach Tatsachenwissen, sondern nach Einstellungen fragen – den Befragten zu einer *Entscheidung* zwingen und eine Lerngruppe bei gemeinsamer Auswertung durch klare Thesen und Antithesen polarisieren und zur Auseinandersetzung drängen (insofern gehören sie auch zu Nr. 78), fordern *Auswahlfragen* mehr zu einer *Schwerpunktsetzung,* Gewichtung und Vorzugswahl auf. Auswahlfragen können auch als *reine Gewichtungsaufgabe* formuliert werden.

[42] beide aus H. K. Berg/H. H. Strube 1972.

Zu einer Frage wie: „Was gehört zu einer sinnvollen Berufsarbeit?" legt man eine Liste von Merkmalen und Kriterien vor, die zuerst in Einzelarbeit gewichtet und dann in Kleingruppen oder/und im Plenum besprochen werden. Jeder soll seine Gewichtung durch eine entsprechende Erfahrung und Wertung begründen. Dieses ergiebige Verfahren eignet sich für viele Fragestellungen, beispielsweise: Was gehört zur Selbstverwirklichung? ... zur Partnerschaft, zur Nächstenliebe, zu einem erfüllten Frausein, zu einem christlichen Politiker, zum Christsein, zu einem sinnvollen Gebet usw. Ein Beispiel:

Was gehört zu einer sinnvollen Berufsarbeit?

	0	1	2	3
1. Meine Begabung entfalten können (kreativ sein)				
2. Durch Abwechslung Neues erfahren und probieren				
3. Kontakte mit anderen Menschen				
4. Gut verdienen				
5. Einfluß ausüben (etwas zu sagen haben)				
6. Für andere etwas tun, helfen können				
7. Anerkennung erfahren (Erfolgserlebnis, Ansehen)				
8. ... (frei für eigene Formulierung)				

0 = unwichtig 1 = wenig wichtig 2 = wichtig 3 = sehr wichtig

Man kann auf diese Weise auch – mehr problembezogen – eine Liste von Schwierigkeiten vorlegen und gewichten (auch ergänzen) lassen. Beispielsweise zu dem Thema: „Was erschwert das Gespräch zwischen Eltern und ihren Jugendlichen?" Gründe wie: Scheu, über persönliche Angelegenheiten und Gefühle zu reden/Angst vor Empfindlichkeiten und Mißverständnissen beim anderen/Rechthaberei und mangelnde Kompromißbereitschaft beim anderen/dasselbe bei mir/fehlender Mut zu einem offenen Wort bei mir/keine Zeit/...

Alternativfragen und Auswahlfragen regen – als geschlossene Fragen – keine selbstformulierten Einstellungsäußerungen an, sondern helfen zunächst nur, die eigene Einstellung zwischen den angebotenen Formulierungen (Statements) genauer zu bestimmen. Durch diese Konfrontation mit verschiedenen Einstellungen wird nicht nur

die eigene Einstellung leichter objektivierbar[43]; vielmehr kann sich so auch das *Problembewußtsein des Befragten erweitern,* da er verschiedene Meinungen, Lösungsvorschläge, Vorstellungen und Ziele kennenlernt und von ihnen manchmal auch provoziert wird.
Dadurch wirken geschlossene Fragen u. U. sehr stark gesprächsvorbereitend, vor allem dann, wenn sie Teil eines Fragebogens (Nr. 69) sind. Sie stoßen den Erfahrungsaustausch und die argumentative Auseinandersetzung sehr wirksam an, wenn man sich bei der Auswertung nicht nur auf das Registrieren der Mengen pro und contra beschränkt, sondern die eigene Stellungnahme mit der Mehrheitsmeinung vergleichen läßt und dann *nach den Begründungen für oder gegen die geäußerten Meinungen fragt.*

68d – 69 Die einfache Alternativfragenreihe und das Polaritätsprofil – Sonderformen von geschlossenen Fragen

1. Eine Reihe von einfachen Alternativfragen, wo der Grad der Zustimmung und der Ablehnung gemessen und verglichen wird:

Zur Vorbereitung eines Gesprächs über die *Gottesfrage* – ein Beispiel von Walter Lang, München: Jeder Schüler beantwortet für sich die folgenden Fragen (1. auf ein Blatt für die gemeinsame Auswertung, 2. auf ein weiteres Blatt, das er für die eigene Bearbeitung behält).
Nun berechnet man den Klassendurchschnitt der Zustimmungen bzw. der Ablehnungen: die Pluspunkte einerseits und die Minuspunkte andererseits addieren und die Gesamtsumme bilden, die durch die Zahl aller Beteiligten dividiert wird. Die Durchschnittswerte werden entweder genau (– 1,3; + 3,2 usw.) oder aufgerundet zu einer der 5 in der Skala angegebenen Größen für alle sichtbar notiert (jeder trägt die Durchschnittswerte mit eigener Farbe auf seinem eigenen Blatt ein). Diese quantitative Auswertung (die auch eine Nivellierung bedeutet) wird kurz in ihren Trends besprochen; sie soll die Schüler zu einem Vergleich zwischen der persönlichen Wertung und dem Durchschnittstrend der Klasse anregen.
Um nun eine mehr qualitative, inhaltsbezogene Auswertungsphase einzuleiten, empfiehlt es sich, in Partnerarbeit sich gegenseitig befragen zu lassen, *aus welchen Gründen* die einzelnen eine bestimmte Stellungnahme abgegeben haben. Dann kann man in einem Rundge-

[43] Freilich um den Preis einer gewissen Fremdbestimmung durch die vorgegebenen Formulierungen. Diesen Nachteil kann man dadurch ausgleichen, daß man – wie im obigen Beispiel – die letzte Zeile für eigene Formulierungen frei läßt.

+ 10 starke Zustimmung
+ 5 Zustimmung
0 kein Interesse, weiß ich nicht
– 5 Ablehnung
– 10 starke Ablehnung

	+ 10	+ 5	0	– 5	– 10
Es gibt Gott, aber wir wissen nichts von ihm					
Gott gibt es nicht					
Gott ist ein geistiges Wesen					
Gott ist der ganz Andere					
Gott erkennt man mit dem Verstand					
Gott erkennt man im Glauben					
Gott muß man erleben					
Gott ist in der Natur gegenwärtig					
Gott ist in Jesus Christus gegenwärtig					
Gott ist Gegenstand unserer Sehnsucht					
Gott kümmert sich nicht um die Welt					
Gott ist unser Schöpfer und Herr					
Gott ist allmächtig					
Gott zwingt zum Gehorsam					
Gott ist Ursache unserer Angst					
Gott ist Liebe					
Gott ist dreifaltig					

spräch die wichtigsten Einstellungen, Erfahrungen und Begründungen bezüglich der einzelnen Aussagen und Fragenkomplexe zusammenfassen lassen.

2. Das Polaritätsprofil (Eindrucksdifferential)

Auch in diesem Verfahren wird mit geschlossenen, alternativen Fragen und mit der – mehr oder weniger detaillierten – Messung der Zustimmung oder Ablehnung gearbeitet, nur werden die *Fragen als Gegensatzpaare* (z. B. Ruhe – Bewegung, unterwürfig – herrisch, aktiv – passiv) formuliert, so daß der Beantworter seine eigene Stellung auf einem Kontinuum zwischen zwei Polen bezeichnen kann. Ein Beispiel zum Thema „Sonntag“ oder „Weihnachten“[44] s. S. 181.

[44] Mit geringfügigen Änderungen aus: Schülerreferat im Erzbischöfl. Jugendamt München, K. Flurer/W. Karl, Seminare mit Schülern, München o. J.

Auch bei dieser Fragenreihe sollte jeder Teilnehmer ein Blatt für die gemeinsame Auswertung und ein weiteres als persönliche Gesprächsunterlage ausfüllen. Die Übereinstimmung oder Abweichung gegenüber dem Gruppendurchschnitt läßt sich leicht dadurch veranschaulichen, daß man die einzelnen angekreuzten Stellen zu einer zusammenhängenden Kurve verbindet und so zuerst das eigene „Profil" und dann das Gruppen- und Durchschnittsprofil einzeichnet und miteinander vergleicht. Die Auswertung erfolgt ähnlich wie bei der einfachen Alternativfragenreihe (oben), bei der Metapherübung, bei der lebensgeschichtlichen Reflexion u. ä.
Das Polaritätsprofil hat sich vor allem als Mittel zur Erforschung des spontanen Bedeutungsgehalts, den einzelne und Gruppen mit Begriffen verbinden, die für Klischeevorstellungen (Stereotype) anfällig sind, bewährt: männlich, weiblich, Jude, Schwarzer usw. Im ursprünglichen, sozialpsychologischen Sinn (siehe P. R. Hofstätter 1966, 258–260; 1967, 65) ist es ohne Zweifel auf die Erforschung von mehr assoziativen und allgemeinen Wortbedeutungen und Wertungen beschränkt (interessant – langweilig, wichtig – unwichtig). Je gezielter es nach dem hier angeführten Beispiel bestimmte Erfahrungen mit einer Sache anfragt, desto eher kann es ein fruchtbares Gespräch anregen.

70 Die Arbeit mit Testfragen zu thematischen Schwerpunkten

Mit zunehmender Popularisierung der Psychologie wurden in Zeitschriften, Schülerseminaren, Gruppenstunden und im RU auch Tests zur Bestimmung einzelner Persönlichkeitsmerkmale (Intelligenz, Belastbarkeit, Toleranz, Optimismus) angeboten. Während die Eigentests oft nur zu einer oberflächlichen Betrachtung der eigenen Persönlichkeit führen, können *Testfragen, die im Rahmen eines Partner- oder Gruppengesprächs* oder als Testspiel beantwortet werden, zu einer intensiveren Selbstwahrnehmung und – wenn die Chance genutzt wird – zu vertiefenden ethisch-religiösen Reflexionen motivieren. Testfragen, wie sie unten (S. 186–190) angeführt werden, können in folgenden *Anwendungsformen* als Gesprächsanstoß wirken.

70 a 1. Form: SENSIS – Gesellschaftsspiel

Bei Gruppenabenden und Schülerseminaren mit Jugendlichen über 15 Jahren, die sich bereits kennen, hat sich das Gesellschaftsspiel von

Welche Gefühle bewegen Dich am Weihnachtstag (Sonntag)?

Weihnachten (Sonntag)	+5 +4 +3 +2 +1 0	−1 −2 −3 −4 −5	
weckt Sympathie, Erwartung			erzeugt Ablehnung
gibt Gefühl des Ergriffenseins			langweilt und ödet an
steigert die Freude			macht unzufrieden
erweitert meinen Erfahrungshorizont			verdummt
Erfahrung von Freiheit			Erfahrung von Konvention
Erfahrung von Transzendenz			Erfahrung von Konsum
Erfahrung des Glaubens			Erfahrung des Unglaubens
hilft zur Lebensbewältigung			fördert Abstumpfung
macht kritisch zur Umwelt			fördert Anpassung, Kritiklosigkeit
fördert Hilfsbereitschaft, Nächstenliebe			macht egoistisch
regt zu Taten an			fördert Selbstzufriedenheit und Erstarrung

+5 starke Zustimmung zur linken Aussagenreihe
0 bin nicht betroffen
−5 starke Zustimmung zur rechten Aussagenreihe

P. Lauster (1973) bewährt. Es eignet sich als spielerischer Gesprächseinstieg bei Gruppen von 3 bis höchstens 12 Teilnehmern. Das Spielmaterial, das man auch nach eigenen Schwerpunkten und Ideen herstellen kann, besteht aus

- fünfmal soviel *Fragekarten* (Spielkartengröße), als Mitspieler vorhanden sind (bei 12 Spielern also 60). Auf jeder Fragekarte steht eine Testfrage, die mit Ja oder Nein zu beantworten ist. (Die unten angeführten Beispiele enthalten etwa 20 Fragen aus SENSIS. Sie sind hier nicht nur mit Fragen aus anderen Tests vermischt, sondern auch – anders als im veröffentlichten Spiel – nach thematischen Schwerpunkten getrennt.)
- *Antwortkarten* mit der Aufschrift Ja und Nein (für jeden Spieler eine Ja- und eine Nein-Karte).
- Für jeden Mitspieler eine *Harmoniekarte:* ein Blatt in Postkartengröße, auf das jeder Spieler ganz oben seinen eigenen Namen und in die linke Hälfte untereinander die Namen der Mitspieler einträgt. Hinter diesen Namen kann er auf der rechten Seite die Zahl seiner Übereinstimmungen (Harmoniepunkte) mit jedem Mitspieler eintragen.

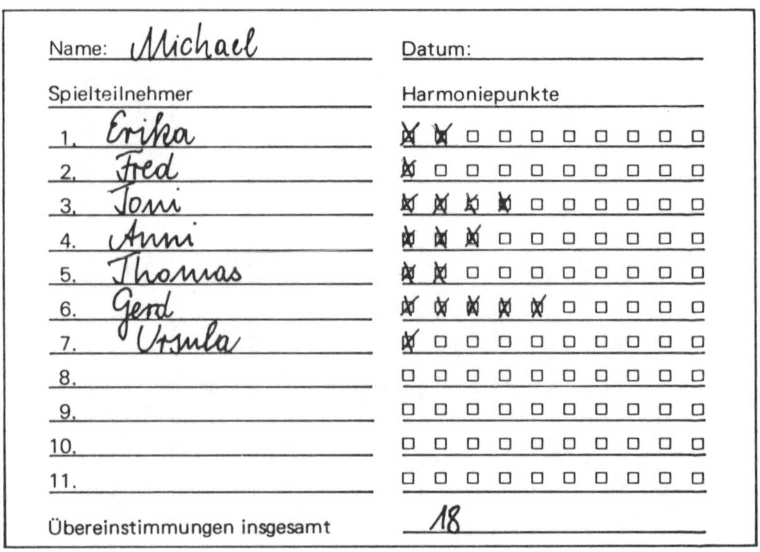

Name: Michael — Datum:

Spielteilnehmer	Harmoniepunkte
1. Erika	2
2. Fred	1
3. Toni	4
4. Anni	3
5. Thomas	2
6. Gerd	5
7. Ursula	1
8.	
9.	
10.	
11.	

Übereinstimmungen insgesamt 18

Der Spielleiter gibt jedem Mitspieler gleich viele Fragekarten (vier oder mehr: je größer die Zahl der Spieler, desto weniger Karten, damit es nicht zu lange dauert), eine Ja-, eine Nein-Karte und eine Harmoniekarte. Er wählt nach eigenem Belieben aus seinen Fragekarten eine Frage und stellt sie dem ersten Spieler, der rechts neben ihm sitzt. Dieser muß die Frage mit seiner Ja- oder seiner Nein-Karte beantworten, die er verdeckt (Rückseite nach oben) auf den Tisch legt.
Nun werden die Mitspieler aufgefordert zu erraten, welche Antwort der befragte Spieler gegeben (gelegt) hat. Sie müssen die Antwortkarte (Ja oder Nein) verdeckt auf den Tisch legen, die ihrer Meinung nach der Antwort des Befragten entspricht. Wenn sich alle entschieden haben, deckt jeder seine Antwortkarte auf.
Wer mit dem befragten Spieler übereinstimmt, macht auf der Harmoniekarte in die Zeile hinter dem entsprechenden Namen ein Kreuz; wer nicht übereinstimmt, darf kein Kreuz eintragen.
Die nächste Frage stellt der Spieler, der gerade geantwortet hat, an den rechts neben ihm Sitzenden. Jede verwendete Frage wird auf dem Tisch abgelegt. Das Spiel ist beendet, wenn alle Fragekarten verwendet sind, doch kann man nach einer Runde mit selbsterfundenen Fragen weiterspielen – solange es Spaß macht.
Am Ende zählt jeder Spieler seine Harmoniepunkte zusammen und nennt die Summe dem Spielleiter. Wer die meisten Harmoniepunkte hat, kann sich am besten in die Mitspieler einfühlen und ist Sieger.
Das ist der spielerische Rahmen. Das pädagogisch Ergiebige sind freilich nicht die Ermittlung des einfühlsamsten Spielers, sondern die Denkanstöße und Gespräche, die sich aus den Fragen und den geäußerten Selbsteinschätzungen ergeben.

2. Form: Partnergespräch 70 b

Die Teilnehmer bilden Paare. Jeder erhält zweimal auf einem Blatt eine Auswahl von Fragen, wie sie unten angeführt sind. Zuerst beantwortet jeder die Fragen, so wie es seiner Meinung nach für den anderen richtig ist, dann auf dem zweiten Blatt für seine eigene Person. Nun vergleichen die Gesprächspartner die Übereinstimmungen mit Abweichungen bei den einzelnen Antworten und begründen sie. Im Plenum werden die in dieser mehr persönlichen Sensibilisierung enthaltenen Grundfragen allgemeiner besprochen.

70c **3. Form: Kleingruppengespräch**

Jeder Teilnehmer erhält auf einem Blatt eine Auswahl von Testfragen, die er für seine Person beantwortet. Dann nimmt sich die Kleingruppe eine Frage nach der anderen vor und versucht zu erraten, wie sie jeder wohl beantwortet hat (beantworten müßte – aus welchen Gründen?). Auch hier sollte trotz der Ernsthaftigkeit vieler Fragen so viel spielerische Atmosphäre herrschen (man kann sie u. a. durch Beimischung einiger erheiternder Fragen verstärken), daß aus dem Gespräch kein Scherbengericht wird.

70d **4. Form: Anonyme Beantwortung und Auswertung im Plenum**

Wenn sich die Teilnehmer nicht genügend kennen, wie es in den drei erstgenannten Formen vorausgesetzt wird, oder wenn sie zuviel Angst vor einer persönlichen Beantwortung von Testfragen haben, kann es trotzdem noch als Sensibilisierung für ein Thema wirken, wenn man jeden *anonym* eine Liste von Fragen beantworten läßt. (Ein Hinweis, daß man die Fragen ehrlich und nicht nach dem Prinzip der sozialen Erwünschtheit beantworten möge, kann den Wert der Umfrage steigern.) Nun fordert man die Teilnehmer auf, Vermutungen über das Umfrageergebnis (Durchschnittswerte) zu äußern. In der Auswertung stellt man dann die Zahl der Ja- und Nein-Antworten fest und fragt weiter, wie das Ergebnis zu deuten und zu bewerten sei (etwa: ist das Interesse an sozialen Fragen bei uns stark oder schwach ausgeprägt? Warum? Welchen Rang sollten solche Probleme bei uns haben?).

Voraussetzungen und Ziel dieses Arbeitens mit Testfragen

Bei all diesen Formen der Arbeit mit Testfragen soll der *gemeinschaftliche und spielerische Rahmen* (selbst wenn nur geraten werden muß, wie die anonyme Umfrage ausfiel) zu einer Selbstwahrnehmung anregen, die gleichzeitig *intensiver und offener ist, als es im Eigentest möglich ist:* Intensiver, weil allzu idealisierende Antworten durch die Mitspieler korrigiert werden können; offener, weil hier nicht mit Hilfe einer Punkttabelle ein Urteil gefällt, sondern nur Eindrücke von verschiedenen Beobachtern gesammelt werden.
Wesentlich ist hier auch, daß mit den Fragen – ganz anders als in eigentlichen Tests – keine exakt messende und vergleichbare Diagnose erzielt werden soll (etwa: „Sie sind nur durchschnittlich belast-

bar"). Das Ziel ist von vornherein *etwas anderes als eine bloße Diagnose.* Die Fragen sollen eine ehrlichere (aber nicht zu einem abschließenden Urteil formulierte) *Selbstwahrnehmung* anregen, die ihrerseits wieder *zu einer auf Verstehen, Sichverändern und Werten ausgerichteten Reflexion motivieren kann.* Keine Abstempelung („Sie sind so und so"), sondern eine dynamische Reflexion: 1. Wie kommt es bei uns zur Ausbildung bestimmter Neigungen, Einstellungen, Fähigkeiten oder Schwächen (z. B. Passivität aus Überbehütetheit; Isolation aus Schüchternheit)? 2. Wie kann man Einstellungen und Verhaltensweisen ändern? 3. Um welche *Ziele und Werte* geht es dabei? Um welche Einstellungen soll man sich bemühen, was wäre „richtig" und christlich? Wie müßten die Antworten auf die Testfragen nach den Vorstellungen des NT lauten? (Dazu kann man Belege aus dem NT suchen, theologische Überlegungen referieren oder Texte interpretieren lassen; siehe auch Nr. 36, 38).

Nach diesem Konzept ist das Arbeiten mit Testfragen also nur der erste Schritt einer Reflexion, die mit der Selbstwahrnehmung (bzw. dem Eingeständnis): „So bin ich eingestellt" beginnt und zur Soll-Frage führt: „Wie sollte ich eingestellt sein (werden)?" Die Arbeit mit Testfragen ist also so viel wert, als sie eine Einstellungsüberprüfung (Verstärkung oder Korrektur) im Lichte einer Wert- und Glaubensreflexion vorbereiten kann. Darum sollte sich der Lehrer/Gruppenleiter fragen: *Wie kann ich zu einem Thema (Inhalt, bei dem auch eine Einstellungsüberprüfung angestrebt werden soll) gezielt Testfragen einsetzen?* Bevor man beispielsweise über Gemeinschaft und Brüderlichkeit spricht, sollten auch die Neigung zu Dominanzstreben oder die Kontaktschwierigkeiten bewußt werden. Vor einer Reflexion über Sinn und Sinnlosigkeit der Berufsarbeit könnte man über die tatsächlichen Interessen und Werteinstellungen nachdenken lassen usw.

Zu diesem Zweck werden hier einige Testfragen angeführt. Sie zielen durchweg nicht auf die Messung von Fähigkeiten (wie Eignungstests), sondern auf die Bewußtmachung von Einstellungen und von vorhandener oder nicht vorhandener Aufgeschlossenheit[45]. Auch wenn sie bereits einzelnen Themenfeldern zugeordnet sind (gezielter als Nr. 38), müssen sie im Einzelfall noch konkreter für ein bestimmtes Thema und Ziel ausgewählt werden. (Oft empfiehlt sich auch eine

[45] Einige dieser Fragen sind selbstformuliert. Die meisten wurden jedoch wörtlich oder abgewandelt aus folgenden Persönlichkeitstests übernommen: J. Fahrenberg/H. Selg (1973), P. Lauster (1973, 1974), E. Roth (1972), J. Sherrod-Singer (1973).

Übersetzung in die Du-Form). Das folgende Angebot ist also nur grob gegliedert. Es ist auch unvollständig: für viele Themen müssen die entsprechenden Fragen erst noch gesucht werden. Die angeführten Fragen müssen – wenigstens für die SENSIS-Form – auch mit mehr spielerischen und erheiternden Statements durchsetzt werden (z. B. „Wiegen Sie mehr als 10 Pfund unter oder über Ihrem Idealgewicht?" „Fällt es Ihnen leicht zu lächeln?" „Hält man Sie oft für jünger, als Sie sind?"

Fragen zum Themenbereich
Kontaktfähigkeit – Kameradschaft – Partnerschaft (Dominanzstreben) – Gemeinschaft – Brüderlichkeit

---

Treffen Sie gern mit Leuten zusammen, die Sie noch nicht kennen?
Haben Sie viele gute Bekannte?
Ich nehme nur ungern an einer Party und dergleichen teil.
Wenn ich etwas wissen will, schaue ich lieber in einem Buch nach, als daß ich jemanden frage.
Genießen Sie einen Abend mehr, wenn Sie einer privaten Lieblingsbeschäftigung nachgehen, als wenn Sie in einer frohen Gesellschaft sind?
Sind Sie im allgemeinen dann am glücklichsten, wenn Sie allein sind?
Sind Sie bereit, andere ebenso gern zu loben wie zu kritisieren?
Könnten Sie im Gespräch mit Bekannten von anderen Gutes berichten?
Hören Sie Vorschläge und Kritik von anderen an und überdenken Sie sie ehrlich?
Geben Sie Fehler zu, statt Beweise Ihrer Unschuld zu suchen?
Es fällt mir leicht, „bitte", „danke" und „wie bitte" zu sagen.
Im Umgang mit anderen Menschen bin ich ungeschickt.
Ich schließe nur langsam Freundschaften.
Mein Motto ist: Vertraue Fremden nie!
Halten Sie sich für leicht durchschaubar?
Es ist mir lieber, wenn meine Bekannten mich mit ihren Schwierigkeiten in Ruhe lassen.
Vermeiden Sie den Umgang mit Menschen, die Ihnen unsympathisch sind?
Versuchen Sie, den Umgang mit schwierigen Menschen zu meiden?
Wären Sie gern Anführer einer Gruppe?
Übernehmen Sie bei gemeinsamen Unternehmungen gern die Führung?
Bejahen Sie den Grundsatz: man muß andere beiseitedrücken, um selbst Erfolg zu haben?

Können Sie anderen zuhören, ohne ständig sofort etwas zu erwidern?

Geben Sie lieber mal in einem Punkt nach, als daß Sie sich deswegen mit anderen streiten?

Fragen zum Themenbereich
Konformitätsdruck – Durchsetzungsfähigkeit – Mut zur eigenen Linie und zum Bekenntnis

---

Würden Sie einen Fruchtsaft trinken, auch wenn alle Ihre Freunde alkoholische Getränke bestellten?
Informieren Sie sich, bevor Sie auf eine Party gehen, bei Ihren Bekannten, was sie anziehen werden?
Treffen Sie die Auswahl Ihrer Kleidung allein nach Ihrem Geschmack – unabhängig von Modezwängen?
Fällt es Ihnen schwer, einem Bekannten gegenüber eine abweichende, eigenständige Ansicht zu vertreten?
Erröten Sie, wenn andere andeuten, daß Sie ihnen fromm erscheinen?
Ist es Ihnen peinlich, zugeben zu müssen, daß Sie einen Film, von dem alle reden, nicht gesehen haben?
Ändern Sie Ihre Meinung gelegentlich, um nicht aufzufallen?
Würden Sie lieber nicht mit jemand ausgehen, der einen Körperfehler hat, auch wenn er (oder sie) sonst noch so nett wäre?
Würden Sie sich beim Kellner beschweren, wenn Ihnen in einem Restaurant ein schlechtes Essen serviert würde?
Würden Sie Ihren Vorgesetzten auf eine Ungerechtigkeit, die er Ihnen gegenüber begangen hat, aufmerksam machen?
Ist Ihnen wichtig, was andere über Sie denken?
Es stört mich nicht, wenn andere an mir oder an meiner Arbeit etwas aussetzen.
Kritik nehme ich mir sehr zu Herzen.
Verlieren Sie leicht die Ruhe, wenn Sie angegriffen werden?
Legen Sie großen Wert darauf, daß andere Menschen Ihre Leistungen anerkennen?
Warten Sie immer darauf, daß Ihnen jemand Komplimente macht?
Begründen Sie Ihr Verhalten oft mit dem Hinweis: „Das machen alle so“?
Setzen Sie alles daran, beliebt zu sein?

Fragen zum Themenbereich
Aufgeschlossenheit für verschiedene Interessen, Werte, Ziele

Lesen Sie in der Zeitung den Sportteil entschieden mit größerem Interesse als die Seite „Literatur und bildende Kunst“?

Bei einem Gespräch mit guten Bekannten würden Sie lieber über wichtige Ziele des Menschen (große Aufgaben, Sinn des Lebens, Gerechtigkeit und Friede) als über Mode und Literatur diskutieren.

Bei einem Gespräch würden Sie lieber über soziale Fragen als über technische Errungenschaften (z. B. Auto) diskutieren.

Als Erzieher würden Sie Ihre Kinder mehr für die Mitarbeit im Gemeinwohl als für gut bezahlte Tätigkeiten zu interessieren suchen.

Eine Biographie über Platon, Augustinus oder Luther würde Sie mehr interessieren als eine Lebensbeschreibung von Alexander, Julius Caesar oder Bismarck (Galilei, Max Planck, Einstein).

Wenn Sie zwischen diesen beiden Büchern wählen könnten: 1. Die großen Religionen, 2. Die industrielle Revolution, würden Sie sicher das erste Buch lesen.

Auch wenn Sie für beide Tätigkeiten in einem Industriebetrieb gleich gut bezahlt würden, würde Sie die Beratung der Betriebsangehörigen in persönlichen Fra-

Damit ein Sonntag Sie zufriedenstelle, ist es für Sie wichtiger, eine Theatervorführung oder Ausstellung zu besuchen als einer Sportveranstaltung beizuwohnen.

Albert Schweitzer hat meiner Ansicht nach mehr für die Menschheit getan als Albert Einstein.

Wenn Sie genügend Zeit und Geld hätten, würden Sie sich lieber um einen Sitz im Landtag oder Bundestag bewerben als ein eigenes Unternehmen gründen.

Wenn Sie genügend Zeit und Geld hätten, würden Sie lieber ein Heim für geistig behinderte Kinder einrichten als Plastiken und Gemälde sammeln.

Bei der Wahl eines Ehepartners wäre es für Sie wichtiger, daß der Betreffende gern anderen Menschen hilft, als daß er erfolgreich und einflußreich ist.

Wenn Sie eine Luxuswohnung, eine Jacht oder ein teures Auto sehen, sind Sie dann traurig, wenn Sie an Ihr Zuhause denken?

Würden Sie auch für weniger Geld arbeiten, wenn Sie dadurch Ideale, an die Sie glauben, verwirklichen könnten?

Ist Ihnen die berufliche Karriere wichtiger als vieles andere?

Setzen Sie sich gern mit Proble-

gen mehr interessieren als die Organisation des Arbeitsablaufs.
Wenn Sie zwischen den beiden Vorträgen wählen müßten: 1. Picassos Malkunst, 2. Die Situation der Gastarbeiter und der Alten, würden Sie sich auf jeden Fall für das 2. Thema entscheiden.
Bei der Erziehung Ihrer Kinder wäre es für Sie wichtiger, daß sie eine gute religiöse Erziehung erhalten, als daß sie lernen, möglichst viel Geld zu verdienen.
Damit ein Sonntag ausgefüllt sei, ist es für Sie wichtiger, einen gut gestalteten Gottesdienst als ein Sportereignis zu erleben.
men auseinander?
Geben Sie hin und wieder ein bißchen an?
Sind Sie nur dann mit sich zufrieden, wenn Sie eine gute Leistung vollbracht haben?
Wären Sie gerne etwas weniger ehrgeizig?
Wären Sie in der Schule immer gern Klassenbester geworden?
Haben Sie stets ein bestimmtes Ziel, das Sie erreichen möchten?
Wünschen Sie sich manchmal, daß Sie noch einmal ganz von vorn anfangen könnten?
Wenn Sie erfahren würden, daß Sie in einem halben Jahr sterben müssen, würden Sie dann so weiterleben wie bisher?

Fragen zum Themenbereich
Gesprächs- und Hilfsbereitschaft – soziales und politisches Interesse – kirchliches Engagement

---

Würden Sie gern ein Jahr lang allein auf einer Insel in der Südsee leben?
Hätten Sie gern einen größeren Bekanntenkreis?
Sprechen Sie gern mit anderen Menschen?
Bringen Sie für die Probleme der anderen echtes Interesse auf?
Würden Sie die Mühe auf sich nehmen, wenn nötig einen Nachhilfelehrer, einen zuverlässigen Arzt oder Psychologen zu suchen, um einem Ratsuchenden zu helfen?
Glauben Sie, daß Leben der Kampf aller gegen alle und jeder auf sich selbst angewiesen ist?
Wären Sie grundsätzlich bereit, in einer gemeinnützigen Organisation (z. B. Rotes Kreuz) mitzuarbeiten?
Wenn Sie in Ihrer Zeitung die beiden gleich großen Schlagzeilen fänden: 1. Hilfsprogramm für hungernde Inder, 2. Neue Mode für junge Leute, würden Sie zuerst den zweiten Artikel lesen.
Machen Sie sich über die sozia-

In einem reißenden Fluß kämpft ein Mensch um sein Leben. Würden Sie sofort versuchen, ihn zu retten?
Halten Sie an, wenn Sie sehen, daß ein anderer Autofahrer eine Reifenpanne hat und Sie braucht?
Bieten Sie Bekannten in dringenden Fällen Ihre Hilfe an?
Ärgern Sie sich, wenn andere gelegentlich Ihre Sachen benützen?
Haben Sie einen festen Kreis, in dem Sie verkehren und zu dem kein anderer zugelassen wird?
Vermeiden Sie es, mit Menschen, die anders denken als Sie, zu diskutieren?
Fällt es Ihnen schwer, Leuten zuzuhören, die völlig andere Ansichten vertreten?
Können Sie es vertragen, wenn Ihre Bekannten eine andere Meinung als Sie vertreten?
Sind Sie aktiv in einer Gruppe, in einer Klasse oder in einem Verein?
Halten Sie den Kontakt mit Menschen mit ähnlichen Interessen und Zielen für lohnend?
Wenn Ihre Tochter/Ihr Sohn Sie danach fragen würde, würden Sie ihm/ihr eher raten, in einer kirchlich-karitativen Gruppe als in einem Sportverein mitzuwirken?
len Probleme in der Welt wenig Gedanken, weil Sie als einzelner doch nichts ausrichten können?
In der Ausstellung eines anderen Landes würden Sie sich für die neuen technischen Erfindungen mehr interessieren als für einen Überblick über die sozialen Verhältnisse der Bevölkerung.
Sind Ihre politischen Ansichten im Grunde die gleichen wie die Ihrer Eltern (Freunde)?
Vermeiden Sie in Gesprächen mit Bekannten grundsätzlich weltanschauliche Themen?
Sie würden an Ihrem Wohnort lieber einer Sport- oder Hobbygruppe als einem Gesprächskreis beitreten.
Fühlen Sie sich in der Gesellschaft von nichtkirchlichen Menschen wohler als bei Menschen, die regelmäßig den Gottesdienst besuchen?
Würden Sie für Wohltätigkeitszwecke und kirchliche Aufgaben eine Sammlung unterstützen (durch Sammeln oder Spenden)?
Betrachten Sie Leute ohne Konfession mit Mißtrauen?
Sie würden mit einem Gleichaltrigen leichter Freundschaft schließen, wenn er in einem Bibelkreis oder einer kirchlichen Jugendgruppe ist, als wenn er nur privat seinen Hobbies nachgeht.

Anstöße folgender Art können eine persönliche Bestandsaufnahme anregen, wie sie in der Anfangsphase einer bestimmten Unterrichtseinheit, eines Gruppenabends oder bei Besinnungstagen angezeigt ist.

- *Angefangene Sätze* vollenden lassen; einen einzelnen Satz oder eine Dreierkombination (siehe Nr. 67), beispielsweise: „Meine gegenwärtige Stimmung ... Zu schaffen macht mir ... Freude und Hoffnung gibt mir ..."
- Unter dem Motto: „Darüber sollte ich nachdenken" Stichworte vorlegen und dazu *Einfälle sammeln* lassen (siehe Nr. 53).
- Sich und seine gegenwärtige Lage *malen:* Ich als Baum oder als Blume, Haus o. a.
- Sich fragen, wie man sein gegenwärtiges *Lebensgefühl körperlich (vorsprachlich) ausdrücken* würde: eher durch Tanzen, Hüpfen und Jauchzen oder eher durch wütendes Stampfen, Schlagen, Stöhnen? (Dies nach Möglichkeit auch ausführen.) Dann dieses Lebensgefühl in einem Vergleich formulieren: „Ich fühle mich derzeit wie ..." Worauf beruht dies?
- Seine *Lebenslinie zeichnen:* Ich denke mir eine waagerechte Linie, die „ruhige Mittellage" bedeutet. Nun überlege ich (und zeichne dementsprechend von links nach rechts), wo ich in den vergangenen Jahren und Monaten in einem Hoch, einem Tief oder in ruhiger Mittellage lebte und wo ich gegenwärtig stehe. Aufstieg oder Abstieg? Warum?
- In einem *Brief* an einen vorgestellten guten Bekannten (oder an sich selbst) beschreiben: Wie fühle ich mich? (Ein Selbstporträt dazu zeichnen.) Worin sehe ich den Sinn meines Lebens? Welche Frage sollte/möchte ich bei diesem Besinnungstag klären?
- *Einteilung von „Kuchen":* Man zeichnet – so breit wie das Arbeitsblatt – die Umrisse eines Kuchens und trägt den Mittelpunkt ein. Je nach dem Thema, zu dem sich die Schüler/Teilnehmer Rechenschaft geben sollen, fragt man nun: „Zu wem empfinden Sie Zuneigung (bzw. wovor Angst u. ä.)? Teilen Sie den untenstehenden ‚Zuneigungs-Kuchen' auf." Nun teilt jeder seinen Umriß in Sektoren auf und schreibt die Namen bzw. Tätigkeitsfelder in die Teile. Auf die gleiche Weise kann man auch einen Angst- oder einen Aggressions-, Kontakte-, Zeitaufwands-, Ärger-, Probleme-, Freude- oder Hoffnungskuchen aufteilen lassen. Als Beispiel sei der „Probleme"-Kuchen eines Jugendlichen angeführt, der die

meisten Schwierigkeiten (fast die Hälfte) mit der Schule hat, aber auch stark unter den Spannungen mit seinem Vater leidet.

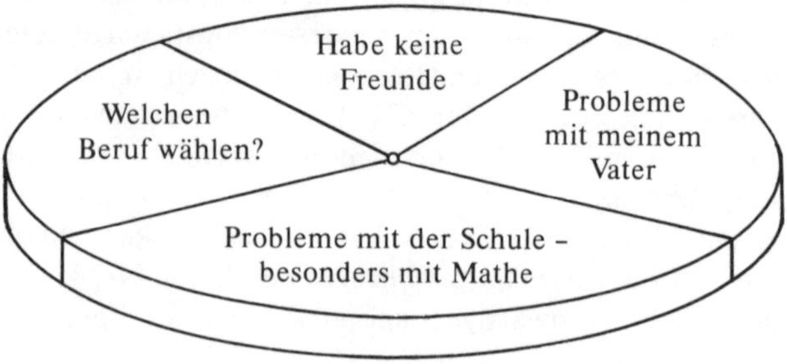

Die Bestandsaufnahme, die durch die hier genannten Hilfen angeregt wird, ist in vielen Fällen durch eine genauere Besinnung auf die eigene Lage, ihre Ursachen und Veränderungsmöglichkeiten weiterzuführen. Man kann nach einer (a) ersten Bestandsaufnahme beispielsweise (b) psychologische Informationen vortragen (etwa zur Entwicklung der Erlebnisfähigkeit, des Kontakts, der Angstbewältigung), dazu (c) eigene Erfahrungen, Lösungsversuche und Meinungen austauschen (in Kleingruppen, im Plenum, im Schreibgespräch), schließlich (d) die angesprochene Entwicklungsaufgabe in der Sicht des Glaubens zeigen (durch eine Text- oder Bildmeditation, Leseimpulse, Bibelarbeit) und (e) Gelegenheit geben, in Form eines Gebets, eines Tagebucheintrags oder eines Briefs an sich selbst einen Vorsatz für die nächste Zukunft zu formulieren.
Anstöße zu einer Bestandsaufnahme geben auch die Anregungen zur „Selbsteinschätzung durch Fremdeinschätzung“ (Nr. 38).

V.

Wege zur Neubildung von Einsichten, Einstellungen und Verhaltensweisen: Konfrontation mit Fremderfahrung

Im vorangegangenen Kapitel wurden Hilfen zur Bewußtmachung von mitgebrachten Einstellungen und Erfahrungen dargestellt. Dabei wurde stets betont, daß diese Bewußtmachung kein Endpunkt sein darf, sondern die Aufnahme neuer Informationen (Erforschung) und die Bildung neuer Einsichten, Einstellungen und Verhaltensweisen ermöglichen soll.

Die in diesem Kapitel zusammengefaßten Methoden wollen Wege zu dieser Phase des Lernprozesses zeigen. Dabei geht es im einzelnen um so verschieden akzentuierte Ziele wie die beobachtende Erforschung von Einstellungen und Situationen anderer Personen (Recherche), um die simulative und einfühlende Erforschung von Motivkonflikten und Verhaltensnormen (Rollen- und Planspiel), um eine argumentative Auseinandersetzung und eine Konfrontation mit biblischen und theologischen Aussagen, um eine Vermittlung von Identifikationsimpulsen (Begegnungen) und um ein Lernen durch Tun (Aktionen). Diese Ziele und Akzentuierungen werden jeweils zu Beginn der folgenden 5 Abschnitte erläutert. Sie lassen sich zusammenfassen als Ziel, die Lernenden über die Bewußtmachung ihrer eigenen, mitgebrachten Einstellungen und Erfahrungen hinaus mit *Fremderfahrung* (Tatsachen, Einstellungen, Motiven, Meinungen, Aufgaben) *außerhalb der Lerngruppe zu konfrontieren und zur Neubildung und Erweiterung ihrer Einsichten, Einstellungen und Verhaltensweisen anzuregen.*

1. Recherchen: Erforschung von Einstellungen anderer Personen, von Lebensbedingungen, Verhaltensweisen und sozialen und kirchlichen Fragen durch Beobachtung

a) Zur Erforschung von Einstellungen anderer Personen

Bei bestimmten Themen und Lernzielen ist es angebracht, die Einstellungen anderer Personen zu einer Frage durch direkte oder indirekte

Beobachtung erforschen zu lassen. Häufig ist diese Erforschung nur ein Mittel, damit die Schüler durch die Vorbereitung der Interviewfragen die Sache selbst intensiver überdenken und durch die Konfrontation mit verschiedenen Einstellungen ihr Problembewußtsein erweitern und so für eine eigene Stellungnahme vorbereitet und motiviert werden – nach dem Prinzip: So denken die von uns Befragten – wie denken wir? Sie kann aber auch dazu dienen, einzelne profilierte, „typische" Standpunkte, die in der Bevölkerung vertreten werden, kennenzulernen, wenn schon eine repräsentative und statistisch genaue Umfrage nicht möglich ist – nach dem Prinzip: Solche Standpunkte werden vertreten – werden wir von diesen Trends beeinflußt? Müssen wir versuchen, sie zu korrigieren oder zu unterstützen?
Methodisch kann man Einstellungen anderer Personen entweder durch *direkte Befragung* (meistens als mündliches Interview, das auf Notizblock oder Tonband festgehalten wird) oder durch die *Analyse von ergiebigen Texten erforschen.*

71 Die direkte Befragung (Interview)

Die verschiedenen Frageformen, die bei der direkten Befragung nach Einstellungen verwendet werden können, wurden in Nr. 68 behandelt. Die Frage, welche Personen sinnvollerweise zu befragen sind (Alte – Jugendliche, Kirchliche – Nichtkirchliche, Gläubige – Agnostiker usw.) muß je nach Thema und Lernziel neu entschieden werden.

Ein Beispiel mit offenen und geschlossenen Fragen zum Thema „Sprechen von Gott" (für 9. Klasse, aus: H. Weber 1974, 82f.):

Sage zu demjenigen, den Du befragen willst, etwa folgendes: „Unsere Klasse versucht zur Zeit herauszufinden, was Menschen heute über Gott denken. Dürfte ich Ihnen (Dir) deshalb einige Fragen stellen?"
Fülle bitte folgende Angaben zur Person des Befragten entweder vor oder nach der Befragung aus:

männlich ( ) Alter etwa: . . . .
weiblich ( ) Beruf: . . . .

Fragen:

1. Woran denken Sie (denkst Du), wenn von Gott die Rede ist?
   . . . .
   . . . .
   (in Stichworten)
2. Jemand sagt: In der Bibel steht, daß Gott die Welt erschaffen hat und alle Dinge, auch das, was mit mir geschieht, lenkt. – Welche Meinung haben Sie (hast Du) hierzu?
   Stimme zu □ Stimme nicht zu □ Keine Meinung □
3. Jemand sagt: Gott ist in uns. Wenn Menschen Gutes tun, dann handelt Gott.
   Stimme zu □ Stimme nicht zu □ Keine Meinung □

Ein Beispiel mit geschlossenen (Auswahl-)Fragen – zum Thema „Aufgaben der Kirche heute“:

Unter Christen gibt es unterschiedliche Meinungen darüber, wozu die Kirche da ist. – Kreuzen Sie im folgenden bitte drei Aussagen an, die sagen, wo Kirche für Sie besonders wichtig ist. (Nicht mehr als drei Aussagen ankreuzen.)

□ Die Kirche soll den Menschen in seelischer Not Beistand und Hilfe geben.

□ Die Kirche soll sich für ein menschenwürdiges Leben aller einsetzen, für soziale Gerechtigkeit.

□ Die Kirche soll mich anleiten, das Gute zu tun und das Böse zu lassen.

□ Die Kirche soll unter den Christen das Wort Gottes lebendig werden lassen.

□ Die Kirche soll der Verherrlichung und Lobpreisung Gottes dienen.

Verwendet man nur geschlossene Fragen, so sollte man zusätzlich zur einfachen Beantwortung noch eine Begründung erbitten, um profilierte Standpunkte kennenzulernen. – Die Auswertung kann damit beginnen, daß die Schüler in Partner- oder Kleingruppenarbeit ihre Befragungsergebnisse vergleichen und die interessantesten, für die möglichen Standpunkte bezeichnendsten Antworten aussuchen – für die weitere Arbeit im Plenum.

72 Die Analyse von Texten (Zeitungsanzeigen, Werbetexte u. ä.)

Die Aufgabe lautet hier beispielsweise: Sammelt aus Zeitungen *Heiratsanzeigen* (Ehewünsche) und untersucht, welche Vorstellungen von *Glück* (oder Ehe) darin ausgedrückt werden. Oder: Sammelt *Werbetexte* (für Bausparverträge, Urlaubsreisen, Waren) und untersucht, welche Vorstellungen von *Lebensglück* und *Sinn des Lebens* angesprochen oder suggeriert werden. Oder: Untersucht die *Todesanzeigen* von Zeitungen; was wird darin als Verdienst, Leistung und Inhalt (Sinn) des privaten und beruflichen Lebens hervorgehoben? Oder zu einem anderen Thema: Untersucht im *Grundgesetz* der Bundesrepublik Deutschland (oder in zwei Parteiprogrammen), welche *Grundwerte* trotz des weltanschaulichen Pluralismus als gemeinsame Basis des Zusammenlebens im Staat anerkannt oder vorausgesetzt werden. Welches „Wertbekenntnis" ließe sich daraus zusammenstellen, und welchen Stellenwert haben diese Werte in der Ethik des NT?
Natürlich kann man den Schülern auch eine Sammlung von kopierten Texten, die besonders ergiebig sind, zur Untersuchung anbieten. Diese läßt sich in Einzel-, Partner- oder Kleingruppenarbeit durchführen. Die weitere Reflexion kann sich in Form von vollendeten Satzanfängen (Nr. 67), Schreibgespräch (Nr. 18), Referat u. ä. anschließen.

b) Zur Erforschung von Lebensbedingungen, Verhaltensweisen und Organisationsstrukturen im Hinblick auf soziale und kirchliche Fragen (Recherchen)

Viele Probleme verlangen als Grundlage einer fundierten Reflexion ein erhebliches Maß an Kenntnissen über Lebensbedingungen, Verhaltensweisen und Organisationsstrukturen; etwa Themen wie: Die Situation der Gastarbeiter, Alte Menschen, Wir und die Dritte Welt, Rehabilitation von ehemaligen Strafgefangenen, Karitative Dienste der Kirchen, Konsumzwänge – Werbung, Unser Verhältnis zu den Massenmedien, Wer liest die Kirchenpresse?, Wie sinnvoll gestalten Jugendliche ihre Freizeit? Wie wird Weihnachten gefeiert – wie sollte man es feiern?, Jugend und Kirche, Was leistet eine Pfarrei?, Kirchliche Berufe, Was geschieht mit der Kirchensteuer?, Heimatkir-

che und Missionsarbeit usw. Hier sollte wenigstens in exemplarischen Einzelfällen ein Lernprozeß angeregt werden, in dem die Schüler die notwendigen Kenntnisse möglichst *durch eigenes aktives Forschen* erwerben.
Man sollte darum, soweit möglich, in der Art des „projektbezogenen Unterrichts" (siehe Nr. 12) vorgehen und den Stoff in folgenden Schritten bearbeiten:
- Einführung des Themas (durch einen interessanten Text, Film, Fernsehdiskussion auf Videoband u. ä.),
- Sammlung von Einfällen, Gesichtspunkten, Fragen, Hypothesen,
- Entwicklung und Verteilung einzelner Untersuchungs- und Gestaltungsaufgaben (Fragebogen, Analyse von Dokumenten usw.),
- Sammlung von Beobachtungen (Material),
- Ordnung und Interpretation des gesammelten Materials in Einzel-, Partner-, Gruppen- und Plenumsarbeit,
- Zusammenfassung im Plenum (gegebenenfalls Dokumentation und Informationsaktion).

Auch wenn dabei viel Informationsmaterial (Sozialenqueten, Rechenschaftsberichte u. ä.) bereits ausgewählt (als Teil eines Unterrichtsmodells oder Medienpakets) angeboten und in der Klasse bearbeitet werden muß, sollte doch auch überall, wo es möglich und sinnvoll ist, das eigene Recherchieren am Ort angeregt werden (Besuch von Institutionen, Interviews mit verschiedenen Personen, Sammlung von einschlägigen Zeitungsnotizen, Expertengespräch). Damit wird dem berechtigten Anliegen der Projektidee Rechnung getragen, schulisches und außerschulisches Lernen in einem lebensnahen Unterricht miteinander zu verbinden. Auch wenn dann selten das für den Projekt- und Sozialkundeunterricht verkündete Prinzip und Hochziel eines völlig selbstgeleiteten „entdeckenden Lernens" (learning by discovery)[46] verwirklicht wird; wenn das häufiger praktizierbare „geführte entdeckende Lernen" (guided discovery learning) eine Überforderung wie eine Unterforderung vermeidet, erreicht es vermutlich am sichersten die Ziele alles entdeckenden Lernens und Projektunterrichts: Interesse am Gegenstand (Steigerung der intrinsischen Motivation), Mitbestimmung und Selbsttätigkeit der Lernenden, Befähigung zum Problemlösen, zur Begriffsunterscheidung und

[46] Zum genaueren Verständnis: „Entdeckendes Lernen bezieht sich auf jene Lehrsituationen, in denen der Schüler das Unterrichtsziel mit begrenzter oder ohne Führung des Lehrers erreicht" (J. P. De Cecco, zitiert nach G. Dietrich 1972). Zum Begriff „erforschendes Lernen" siehe Anm. 49.

zum Transfer sowie längeres Behalten der selbstorganisierten Informationen (siehe G. Dietrich 1972, H. Neber 1973, P. Brunnhuber/B. Czinczoll 1973).
Hier sollen nicht alle Forschungsmethoden, die in Frage kommen, angeführt werden (beispielsweise wurde die Fallstudie schon in Nr. 68a erwähnt); vielmehr beschränkt sich die folgende Darstellung auf drei besondere Formen der Erforschung.

73 Die Expertenbefragung

Sachreferenten oder Pressereferenten von Institutionen, Sprecher von Verbänden oder Organisationen, Politiker, Ärzte, Juristen, Theologen, Sozialarbeiter, Gemeindeschwestern, Telefonseelsorger u. a. werden nicht selten an ihrem Arbeitssitz von Teilnehmern eines Projekts aufgesucht und befragt. Da eine solche Befragung eine Klasse/Gruppe stark aktivieren kann, sollte, wo möglich und sinnvoll, die ganze Klasse/Gruppe beteiligt werden – sei es, daß alle den Sachverständigen aufsuchen, sei es, daß sie den Sachverständigen zu einem Gespräch in die Klasse/Gruppe bitten. Zu letzterem kann man am leichtesten solche Experten gewinnen, die von Berufs wegen Öffentlichkeitsarbeit für eine Organisation treiben (Pressereferenten u. ä.)
Dem Experten wie auch der Klasse/Gruppe muß klar sein, daß es um eine Befragung, nicht um ein Referat geht[47]. Die Experten müssen nur bereit sein, sich zu einem bestimmten Sachbereich ausfragen zu lassen. Die Klasse/Gruppe jedoch muß ihre Fragen gründlich vorbereiten. Nachdem sie (in Kleingruppen oder anders) erarbeitet wurden, müssen sie nach Sachkomplexen geordnet werden. Auch sollte bestimmt werden, wer die vorbereiteten Fragen stellt, damit klar ist, wer den Anfang macht; Zusatz- und Nachhakfragen werden je nach den Antworten improvisiert (vgl. M. Kelber 1977; H. Giesecke 1973, 146).

74 Besichtigung mit Befragung (Erkundung)

Bei Erkundungen werden unter einer bestimmten Rücksicht Einrichtungen besichtigt und gegebenenfalls Personen, die damit zu tun haben, befragt. Entscheidend für den Lernerfolg einer Erkundung ist

[47] Mit diesem Hinweis lassen sich übrigens auch Menschen für eine Mitarbeit gewinnen, die sich ein abgerundetes Referat aus Zeitmangel oder Schüchternheit nicht zutrauen würden.

die Vorbereitung und die Auswertung. *Vorbereitung* bedeutet, daß im Unterricht das Thema eingeführt und der Zusammenhang mit der Erkundung geklärt wird. Ferner, daß die nötigen Vorinformationen über den Besichtigungsgegenstand (erste Übersicht über Aufgabe, Geschichte, Ort) gegeben und die *Beobachtungsaufgaben* oder *Fragen an verschiedene Personen* formuliert werden. Die Beobachtungsaufgaben und Fragen sollten schriftlich zur Besichtigung mitgenommen werden. (Man sieht gewöhnlich nur, was man sucht und erfragt.) Die *Auswertung* nach der Erkundung kann durch Zusammenstellen der wichtigsten Beobachtungen an der Tafel oder im Hausheft geleistet werden.

Erkundungen haben sich nicht nur in Fächern wie Heimatkunde und Arbeitslehre, sondern auch im RU bewährt. Gerade Schüler der 9. und 10. Klasse machen sie oft mit Interesse mit. Nicht nur, weil sie so auf abwechslungsreichere Art ihre Schulzeit verbringen können (manche Klassen sind auch zu Erkundungen während ihrer Freizeit bereit), sondern auch, weil sie durch Erkundungen mit dem realen „Leben draußen" in Berührung kommen und durch eigenes, aktives Forschen etwas lernen können. Darum lohnt es sich zu überlegen, zu welchem Thema und Lernziel eine geeignete Erkundung möglich ist. Einige Möglichkeiten, die einzelne Praktiker mit Erfolg erprobt haben:

- Besuch eines Krankenhauses, Interviews mit Pflegepersonal und Kranken (Gesichtspunkte: Kranksein als Schicksal und Aufgabe, oder: Aufgaben und Chancen des Pflegeberufs),
- Besuch in einem Kindergarten (Gesichtspunkte: Moderne Erziehung. Oder: Chancen und Probleme des Erzieherberufs),
- Teilnahme an einer Stadtratssitzung (Christliche Verantwortung für das Gemeinwohl),
- Teilnahme an einer Gerichtsverhandlung oder Besuch in einer Strafanstalt (Grundlagen des Rechts, Sozialisationsschäden, Schuld, Rehabilitation),
- Besuch in einem Pfarrzentrum, Kloster, Behindertenheim, freikirchlichen Gemeinde, Priesterseminar, Diakonissenhaus, Synagoge, Moschee, Informations- und Verkaufszentrum im Dienste der Entwicklungspolitik (Läden der Aktion Dritte Welt Handel u. ä.).

75 Dokumentationen (Produktionen): Materialmappe – Informationsschrift – Tonbandbericht – Hörspiel – Tonbild – Ausstellung

Haben Schüler eine Meinungsumfrage (etwa nach Nr. 71) mit Hilfe eines Tonbandgeräts durchgeführt, so schlagen sie nicht selten von sich aus vor, aus den aufgenommenen Interviews einen Tonbandbericht zusammenzustellen.
Mag diese Freude am Darstellen auch leicht zu leerem Aktivismus und zu Effekthascherei verleiten, sie kann auch die Projektarbeit von Anfang an anregen und besonders zur Zusammenfassung und zielgruppengerechten Darstellung motivieren. Darum sollte diese Form der Arbeit in den (seltenen) Fällen, wo sie vom Material und von der Zeit her möglich ist, gewählt werden. Die folgenden Beispiele zeigen, daß die Arbeit mit Dokumentationen keineswegs auf kirchlich-soziale Themen eingeschränkt ist.

Die wichtigsten Möglichkeiten einer Dokumentation (Produktion)

Materialmappe:
Für die Schüler der betreffenden Klasse wird eine Materialmappe hergestellt. Darin werden hektographierte und photokopierte Dokumente und die Ergebnisse der eigenen Meinungsbildung (Thesen, Leitsätze) gesammelt und geordnet.

Informationsschrift (Schülerzeitschrift):
Reizvoller ist freilich die Aufgabe, mit den Ergebnissen der gemeinsamen Untersuchung auch einen Leserkreis anzusprechen, der über die eigene Klasse hinausgeht. Das ist manchmal dadurch möglich, daß man eine (Sonder-)Nummer einer schon bestehenden Schülerzeitschrift gestaltet (Bericht, Tabellen, Fotos, Thesen oder Kommentar).

Tonbandbericht (Feature[48], Reportage, Textcollage):
Hier müssen die Materialien und Ergebnisse der Untersuchung zu einem Manuskript mit Erzähler, Zitatensprecher, Dialogen und Originalgeräuschen verarbeitet werden, da in einem Tonbandbericht eine einzelne Stimme rasch langweilig wirkt (siehe W. Klose 1974, 245–251). Die so entstehende Tonbandarbeit sollte nach Möglich-

[48] Feature ist (sei es in Zeitung, Rundfunk oder Fernsehen) ein Sachbericht mit feuilletonistischen Elementen (farbige Details, Schilderung von dramatischen Szenen und persönlichen Einzelheiten). Die Reportage ist dem Feature ähnlich, unterscheidet sich aber dadurch, daß sie weniger (disparate) Sachinformationen verarbeiten muß, sondern einen zusammenhängenden Erlebnisbericht bietet.

keit bei einem Jugendforum, einem Treffen mit einer anderen Klasse/ Gruppe, einem Wortgottesdienst, Elternabend u. ä. vorgeführt werden können. So hätte die Klasse/Gruppe auch Gelegenheit, die Reaktion anderer auf ihre Darstellung und Stellungnahme zu erfahren und in ein Gespräch mit ihnen einzutreten.

Tonbandarbeiten eignen sich nicht nur für die oben genannten sozialen und kirchlichen Probleme, sondern *auch für bibeltheologische, kirchengeschichtliche, geistesgeschichtliche und anthropologische Themen.* So wurde von einer 13. Klasse mit Eifer und Erfolg ein Tonbandfeature erstellt, das eine Unterrichtseinheit über den Anspruch Jesu und die Interpretamente der Auferstehung zusammenfaßte (wichtige Texte, Gesichtspunkte, Schwierigkeiten, Argumente, vgl. K. G. Middel 1973, 105–109). Es ist auch eine reizvolle Aufgabe, ein *Porträt* von einer bedeutenden Persönlichkeit der Kirchengeschichte zusammenzustellen (mit biographischem Bericht, historischen Stimmungselementen, Zitaten, Dialogen).

Zu *anthropologisch-spirituellen Grundfragen* wie „Liebe, Ehe, Familie", „Beruf und Arbeit", „Glück", „Tod" könnte man verschiedene sprachliche Elemente zu einer *Textcollage* zusammenfügen: typische Redewendungen der Umgangssprache, Gedichte und Lieder aus verschiedenen Epochen der Geistesgeschichte, Chansons, biblische Texte (im Kontrast zu profanen Texten: als Frage und Antwort, These und Antithese), Predigtausschnitte (siehe auch W. Klose 1974, 261–270).

Hörspiel:

Die wichtigste Vorbereitung für ein Hörspiel ist das Schreiben von Dialogen, die eine Situation und einen Konflikt vergegenwärtigen können. Gerade durch diese Aufgabe, die natürlich eine entsprechende Arbeitsteilung und Koordination verlangt, können Jugendliche angeregt werden, verschiedene Standpunkte und Tendenzen durch bezeichnende Formulierungen festzuhalten und damit eigene Konfliktsituationen zu analysieren: Spannungen mit Eltern, Lehrern, Geistlichen, das Verhältnis Junge – Mädchen, Konformismen im Konsumverhalten, Einstellungen eines Milieus zu Beruf und Ehe (siehe auch G. Weber 1967, 45–58).

Tonbild:

Aus selbstaufgenommenen oder zur Auswahl bereitgestellten Dias, aus Interviews, Geräuschen, Chansons usw. wird ein Tonbild zu einem Thema zusammengestellt. Als mögliche Adressaten kommen die gleichen Personen in Frage wie beim Tonbandbericht. In zwei Abenden (am besten zusammenhängend an einem Wochenende) kann eine Gruppe damit fertig werden (siehe P. Babin 1969/70, 1972). Eine Klasse kann in der Unterrichtszeit am Drehbuch arbeiten und die Aufnahmearbeit in der Freizeit machen.

Ausstellung:
Soziale und kirchliche Probleme können in manchen Fällen auch zu einer Informationsschau in einem Gemeindezentrum, Jugendhaus u. ä. veranlassen. Hier müssen – ausstellungspsychologisch wirksam, d. h. konzentriert und abwechslungsreich – Fotos, Diagramme, Kurzstatistiken und Schwerpunktaussagen zusammengestellt werden. Ein Tonbild kann in eine solche Informationsaktion einbezogen werden. Bei einer Informations- und Aufklärungsaktion sollten die Besucher auch etwas tun und ihre Meinung ausdrücken können – und wenn es nur durch das Unterschreiben einer Petition oder Resolution ist. Dabei sollte man sich auch von einem Werbefachmann beraten lassen.

2. Rollenspiel und Planspiel: Erforschung von Motivkonflikten, Verhaltenskonsequenzen und -normen durch Simulation und Einfühlung

Wie soll ein Konflikt zwischen einem Jugendlichen und seinen Eltern gelöst werden; welches wäre eine humane und christliche Lösung? Was bedeutet und verlangt Gerechtigkeit, Ehrlichkeit, Hilfsbereitschaft in den verschiedenen Situationen des Zusammenlebens? Wie soll man sich ängstlichen oder depressiven Personen gegenüber verhalten, wie gegenüber Außenseitern? Wie kann man bei einzelnen und bei Gruppen mit starkem Dominanzstreben den Grundsatz der Partnerschaft durchsetzen?
Solche und ähnliche Fragen verlangen zwar auch die Kenntnis von Einstellungen und Lebensbedingungen anderer Personen, doch ist hier vor allem eine Kenntnis erforderlich, die nicht durch Befragung und Beobachtung (Recherche wie im 1. Teil dieses Kapitels) vermittelt werden kann, sondern durch *Einfühlung und Nachempfinden* erworben werden muß. Fremde und eigene Antriebstendenzen, egoistische und altruistische, Ursachen von Spannungen, Motivkonflikte in den Konsequenzen von Entscheidungen und Verhaltensweisen, Rechtsansprüche und Dankbarkeit, Freude und Schmerz anderer Personen müssen zuerst einmal erlebt werden, damit man über die

in Frage stehenden Werte und die richtigen Normen reflektieren kann.

Eine solche Reflexion hat dann eher die Chance, ein *kathartisches und erforschendes Lernen*[49] zu gewährleisten: zuerst die eigenen Wünsche und Ängste, die uns zu Unehrlichkeit, Egoismus und Unterdrückung treiben, einzugestehen und zu erleben (Katharsis, statt überdeckender Moralinformation und Appell) und die Konsequenzen für andere nachzuempfinden, damit auf dieser Grundlage verantwortliche Verhaltensnormen werden können.

Dieses einfühlende und nachempfindende, kathartische und erforschende Lernen wird vor allem in Realbegegnungen verwirklicht: durch Interaktion und Feedback in der Gruppe (siehe Kapitel II) und durch Aktionen (Nr. 87). Ein wichtiges Mittel ist aber auch die *Simulation im Rollen- und Planspiel.*

Rollenspiel – ein vielseitiges Instrument und Medium

Damit das Rollenspiel dieses Ziel fördern kann, muß es freilich bewußt im entsprechenden Zusammenhang eingesetzt werden. Denn die Simulation einer Szene, d. h. eines Verhaltens (einer „Rolle") in einer Situation, ist zunächst ein rein formales Mittel, das mit sehr unterschiedlicher Absicht und Wirkung eingesetzt werden kann.

- Wenn ein Pilot oder Astronaut im Simulator übt, dient die Simulation nur der Vergegenwärtigung (Antizipation und Veranschaulichung) der Ernstsituation und der *Einübung* eines weitestgehend festgelegten Verhaltens (einer strukturierten Rolle und Situation).
- Läßt die Polizei bei einem Lokaltermin einen Überfall simulieren, so wird damit eine möglichst genaue *Rekonstruktion* eines Vorgangs angestrebt.
- Übt man mit Hilfe des Rollenspiels das Verkaufsgespräch, den Umgang mit Patienten oder Grundsätze der Betriebs- und Verhandlungsführung, so wird vom Übenden zwar mehr Einfühlung in andere Personen und mehr freie Entscheidung und Gestaltung (Phantasie) verlangt, doch sind die Verhaltensnormen (freundlich-entschieden usw.) und damit die Rollen vorgegeben: die Simulation dient nur deren *Anwendung* in variierenden Situationen.

[49] „Erforschend" bedeutet hier: auf die Findung einer ethischen Verhaltensnorm durch Einfühlung und Wertreflexion hingerichtet, während mit „entdeckendem Lernen" (siehe Anm. 46) gewöhnlich ein Lernprozeß mit sozial- oder naturwissenschaftlichem Inhalt und Lernziel bezeichnet wird.

– Ganz anders liegen die Dinge, wo – wie in manchen angelsächsischen Versuchen der Sozialerziehung – keinerlei Norm vorgezeichnet ist, sondern durch das Spiel (und das Auswertungsgespräch) Alternativen vorgeschlagen und Motive und Konsequenzen erspürt werden sollen. Hier dient die Simulation nicht nur der Vergegenwärtigung, sondern auch der *Einfühlung in sich selbst und in andere und damit der sozialen Sensibilisierung und Normfindung.* Dabei ist für den Unterricht wichtig, daß sich auch die Zuschauer so stark mit den Spielern identifizieren können, daß auch sie sich intensiver einfühlen, als dies beim bloßen Hören eines Fallbeispiels möglich wäre.
– In der Psychotherapie hingegen soll die Simulation im Rollenspiel (Psychodrama, Soziodrama) vorwiegend *expressiv,* als „Handlungskatharsis" (J. L. Moreno 1959, 77) wirken[50]: durch die Körpersprache soll sich der Belastete intensiver in sich selbst einfühlen und seine Gefühle leichter äußern (sich also auch davon befreien, abreagieren) können, als es in der normalen Lautsprache möglich ist. Hier ist das Rollenspiel also vor allem ein Medium, das eine *stärkere Selbsterfahrung und einen intensiveren Selbstausdruck* ermöglicht.

Ob also ein Rollenspiel zum oben genannten Ziel eines einfühlenden und nachempfindenden, kathartischen und erforschenden Lernens beiträgt oder nicht, hängt ganz davon ab, wie es in einen Lernprozeß

[50] J. L. Moreno hat deshalb aus dem Stegreiftheater das *Psychodrama* (= personzentriert, für individuelle Konflikte wie Angst) und das *Soziodrama* (= für Gruppenbeziehungen) entwickelt, um über die Grenzen der Gesprächstherapie hinauszukommen. In der von ihm beeinflußten Gruppenpsychotherapie wird ein Teilnehmer immer dann zum dramatischen Gestalten aufgefordert, wenn sich im Gespräch zeigt, daß er eine Angst, Wut, Trauer o. ä. stärker ausdrücken möchte, als es mit Worten möglich ist. Einer der anwesenden Patienten oder Therapeuten kann die Rolle einer Person im gespielten Erlebnis (z. B. Eltern, Vorgesetzte o. a.) spielen. Dabei können verschiedene Techniken helfen: Verstummt der Patient, so kann ein Teilnehmer unmittelbar neben ihm versuchen, an seiner Statt dessen Gefühle auszusprechen (Doppelgängertechnik), was der Patient korrigiert oder bestätigt. Die „Methode des hohen Stuhls" wird angewandt, wenn man einem Patienten mit Minderwertigkeitsgefühlen die Möglichkeit geben will, von einem überlegenen Standpunkt aus mit seinem Chef oder Vater zu sprechen. In der Technik des Rollenwechsels läßt man den Patienten die Rolle dessen spielen, der eben noch sein Partner war, damit er sich in dessen Lage einfühlt.
Gerade der Rollenwechsel wurde oft auch in der Normalpädagogik mit Erfolg angewandt (indem man z. B. zwei Jugendliche Sohn und Vater in einem Konflikt spielen ließ und dann dasselbe Spiel mit vertauschten Rollen wiederholte. Die Religionspädagogik kann also vom Psychodrama das Prinzip des kathartischen Lernens durch dramatischen Ausdruck und auch einzelne Hilfstechniken übernehmen (vgl. Nr. 76c). Im allgemeinen aber darf das Psychodrama im eigentlichen Sinn nur im Rahmen der Gruppenpsychotherapie und nur von Fachkräften angewandt werden.

einbezogen wird. Für die Praxis ist es wenig hilfreich und erleuchtend, wenn – wie manchmal in der Literatur zum Thema Rollenspiel – eine bestimmte Rollenspielform nur mit abstrakten Betrachtungen über „Spiel“, „Rolle“ und „Identität“ begründet wird. Entscheidend ist vielmehr, wie das vielseitige Verfahren Rollenspiel so in einen Lernprozeß eingeplant werden kann, daß es dem genannten religionspädagogischen Ziel dient. Dafür scheinen vor allem drei Grundformen (die in sich wieder Varianten enthalten) in Frage zu kommen, die hier unter der Rücksicht unterschieden werden, wie stark der Leiter den Spiel- und Reflexionsstoff strukturiert und was er mit dem Spiel vorwiegend intendiert.

Drei Grundformen des Rollenspiels mit dem Ziel eines einfühlenden, kathartischen und erforschenden Lernens 76

Vorbemerkungen:

1. Rollenspiel ist nicht „kindisch“
Wenn eine Klasse/Gruppe die Arbeit mit dem Rollenspiel noch nicht kennt, sind begreiflicherweise Widerstände und Hemmungen zu überwinden. Denn „Spiel“ wird leicht mit der Vorstellung „Kind“ verbunden. So belächeln gerade intellektualistisch eingestellte Jugendliche (die also den dramatischen Ausdruck am dringendsten brauchten) zunächst einmal den Vorschlag des Lehrers/Leiters, eine Situation spielerisch darzustellen und zieren sich. Sie müssen zuerst zum Rollenspiel motiviert werden, bevor das Rollenspiel ihre Reflexion motivieren kann. Diese Motivierung und Hemmungsüberwindung gelingt verhältnismäßig leicht, wenn man erklärt, daß das Rollenspiel, wie es hier eingesetzt werden soll, in der Aus- und Fortbildung von Abteilungsleitern, Handelsvertretern, Pflegepersonal und Sozialpädagogen, also von Erwachsenen, seit Jahren eine anerkannte Trainingsmethode ist.
Es könnte auch Hemmungen abbauen, wenn man nicht zum „Spielen“, sondern (wie die französische Schule des Psychodramas) zum „Veranschaulichen“ einlädt: das weckt weniger dramatische Erwartungen und klingt weniger nach „Kinderspiel“. Zu warnen ist auch vor karikierenden Übertreibungen beim Veranschaulichen.

2. Keine Darstellung ohne Reflexion
Gerade Anfänger meinen oft, wenn eine Szene gut gespielt wurde und Spieler und Zuschauer aktiviert hat, sei das Ziel erreicht. Richtig ist

hingegen, daß das Rollenspiel nur als Teil eines umfassenden Lernprozesses das oben gesteckte Ziel erreichen kann. Die Vorbereitung und die Nacharbeit (Reflexion) sind also ebenso wichtig wie das Spiel selbst. Vor allem sollte für das auswertende und lösungssuchende Gespräch immer genügend Zeit eingeplant werden.

76a **1. Rollenspiel – vollstrukturiert und problemdarstellend**

---

a) Darstellung eines genau umschriebenen Falles im Rollenspiel
b) Erörterung im Gespräch

---

a) Nach einem kurzen Hinweis auf die Thematik wird ein genau umschriebenes Fallbeispiel im Rollenspiel dargestellt. Man sagt etwa: „Wir wollten über das Problem ‚Vorurteile' (Ehrlichkeit, Konfliktlösung usw.) nachdenken. Dazu könnten wir zuerst einen konkreten Fall darstellen (z.B. ein Gastarbeiterkind wird als Klassensprecher abgelehnt, Abschreiben bei Schularbeiten, Streit mit den Eltern wegen Ausgeherlaubnis und Hausschlüssel) und ihn nachher besprechen." Im Spiel selbst wird also ein zum Nachdenken anregender vorgegebener Fall dargestellt; Bewertungen und andere Lösungen werden im anschließenden Gespräch erörtert. Das Fallbeispiel kann auf zwei verschiedene Weisen eingeführt werden:
Im *informellen* Rollenspiel schildert der Lehrer/Leiter den Fall kurz vor der ganzen Klasse/Gruppe und bittet dann einige Teilnehmer, eine Darstellung zu improvisieren.
Im *formellen* Rollenspiel schildert man den Fall zunächst nur den Spielern, indem man ihnen auf einem Blatt genaue Rollenanweisungen gibt, die sie vor dem Spiel durchlesen können („Du heißt Franz Müller, 45 Jahre alt und bist Vater von . . ."). Den Zuschauern kann man – nach Gruppen oder allen gemeinsam – Beobachtungsaufgaben stellen: Achtet darauf, ob sachlich oder unsachlich argumentiert wird, welche Motive bei den Darstellenden im Vordergrund stehen, ob man den Konflikt durch Unterwerfung, durch Verständigung, durch Kompromiß zu lösen versucht. – Das formelle Rollenspiel kann die Spannung bei den Zuschauern steigern, da sie das Fallbeispiel erst durch das Spiel erfahren. Außerdem helfen die Rollenanweisungen schüchternen Spielern, sich im Schutz einer vorgegebenen Rolle ohne persönliches Risiko auszudrücken.
b) Das Gespräch kann meistens mit den Beobachtungsaufgaben beginnen. Es soll darüber reflektieren, wie es zu einem Konflikt

kommt, wie bestimmte Einstellungen und Verhaltensweisen zu bewerten sind und wie bessere Lösungen gefunden werden können. Manchmal wird man eine neue, alternative Lösung spielen und besprechen lassen können (damit geht dieses Arbeiten mit dem Rollenspiel bereits in die zweite Grundform über).
Auch wenn diese erste Grundform äußerst einfach und überwiegend auf Rekonstruktion ausgerichtet ist, bewirkt sie doch meistens, daß ernsthafter über das Fallbeispiel reflektiert wird, als wenn es nicht dargestellt worden wäre. Die Rekonstruktion weckt nicht nur die Spielfreude der Darsteller und macht die Angelegenheit nicht nur unterhaltsamer („Wie spielen die das?"); sie ermöglicht auch eine Identifikation der Zuschauer mit den dargestellten Rollen, so daß die Problematik stärker unter die Haut geht, als wenn sie nur verbal berichtet worden wäre.

2. Rollenspiel – halbstrukturiert und problemlösend (Weiterspiel) **76b**

---

a) Einführung eines genau umschriebenen, aber ungelösten Problems (Problemgeschichte)
b) Erste, rein erforschende, nicht bewertende Gesprächs- und Spielphase: „Wie könnten Jugendliche eures Alters in dieser Lage reagieren?"
c) Zweite, reflektierende, auch bewertende Gesprächsphase (u. U. weitere Lösungsvorschläge im Spiel mit jeweiliger Reflexion)
d) Abschließende Frage nach der besten Lösung und Grundnorm für alle ähnlichen Fälle[51]

---

a) Nach einem kurzen Hinweis auf die Thematik und ihre Bedeutung in unserem Leben berichtet man ein genau umschriebenes, aber *ungelöstes Problem* dazu (Fallbeispiel ohne Lösung; Problemgeschichte zum Weiterspiel).
Beispielsweise: Zwei Jugendliche haben Karten für ein Fußball-Länderspiel bekommen und freuen sich schon seit Wochen, daß sie an diesem Ereignis teilnehmen können. Auf der Fahrt zum Stadion beobachten sie aus nächster Nähe einen Verkehrsunfall. Peter sagt: „Außer den am Unfall Beteiligten sind wir die einzigen, die es genau

[51] Die folgende Darstellung folgt mit einigen Änderungen dem Konzept, wie es in den Social Studies entwickelt und – wenigstens für das Grundschulalter – von F. Shaftel u. a. (1978) beschrieben wurde. Vgl. auch die Ausführungen zum „Weiterspiel" bei W. Erl 1981.

gesehen haben; sollen wir uns als Zeugen zur Verfügung stellen?" – Ein anderes Beispiel für jüngere Schüler: Erwin, Peter und Thomas dürfen bei ihrem Onkel am See die Sommerferien verbringen. Gegen sein ausdrückliches Verbot benutzen sie in seiner Abwesenheit mehrmals das Ruderboot, bis es eines Tages, weil schlecht festgemacht, vom Sturm erfaßt und an einem Felsen beschädigt wird. Die Reparatur würde 60 DM kosten; sie haben aber zusammen nur 20 DM. Da findet Thomas einen Geldbeutel mit 70 DM und der Anschrift des Besitzers. Erwin: Wir müssen den Geldbeutel abgeben. Peter: Du bist verrückt, das reicht gerade für die Bootsreparatur.

Ein Fallbeispiel muß immer so konkret und eindringlich vorgetragen werden, daß das möglich wird, was man im Psycho- und Soziodrama „Aufwärmung" der Gruppe nennt: Die Teilnehmer müssen sich in die handelnden Personen und ihre Motive *einfühlen* können. (Manchmal muß man auch durch Erinnerungsfragen nachhelfen: Wer ist beteiligt? Vor welcher Frage steht Thomas?)

b) Nach der Problemgeschichte folgt die *erste, rein erforschende, nicht bewertende Gesprächs- und Spielphase.* Der Lehrer/Leiter fragt beispielsweise: „Was meint ihr nun, wie sich Thomas entscheiden wird?" Oder allgemeiner: „Wie könnte es nun weitergehen; *wie könnten Jugendliche eures Alters in dieser Lage reagieren?"*

Wo die Gefahr besteht, daß immer dieselben Schüler das Gespräch an sich reißen, sollte man zuerst in stiller Einzelarbeit und schriftlich über diese Frage nachdenken lassen. Auch ein Gespräch in Paaren oder nach der Methode 66 (Nr. 14) kann den Gedankenaustausch im Plenum vorbereiten. Die erste Gesprächs- und Spielphase soll wirklich erforschend und nicht bewertend sein. Die Schüler sollen alle möglichen Lösungen vorschlagen können, soziale und altruistische wie auch unsoziale und egoistische. Diese Lösungen werden im Plenum zuerst vorgetragen und gesammelt, dann wird ein Lösungsvorschlag im Spiel dargestellt.

Damit ein kathartisches und erforschendes Lernen gefördert wird, muß man gerade in der ersten Phase alles Moralisieren vermeiden. Man darf also auf keinen Fall fragen: Was muß Thomas (oder ein anderer) tun? Auch nicht: Was würdet ihr an seiner Stelle tun? Vielmehr empfiehlt es sich, *zuerst einen impulsiv-egoistisch motivierten Lösungsvorschlag für die Darstellung auszuwählen* und erst später sozialere, altruistische Vorschläge zu veranschaulichen und zu reflektieren. Denn wenn sogleich eine Ideallösung erfragt und vorgespielt wird, fördert man eine Atmosphäre, wo sich die Schüler nicht mehr in eine Entscheidungssituation hineinversetzen und einen echten Motivkonflikt erleben (Gerechtigkeitssinn gegen Angst vor Strafe, Geltungsdrang gegen Wahrhaftigkeit, Dominanzstreben gegen Solidarität usw.), sondern dem Lehrer und der Gesellschaft nach dem Mund reden und nur noch soziale Normen zitieren. Die wahren Antriebskräfte – die egoistischen wie die altruistischen – werden dann nicht in ihrem Widerstreit erlebt und u. U. neu geordnet, sondern von vornherein zensiert und überdeckt – und zwar von einer Norm, die nur autoritätsmoralisch, mehr oder weniger überichhaft übernommen und nicht mit der Einsicht in die Folgen und in die auf dem Spiel stehenden Werte begründet ist.

Zum Spiel selbst: Man sucht einen Freiwilligen, der bereit ist, einen Lösungsvorschlag zu spielen. Ihn läßt man die weiteren nötigen Spieler suchen. Kurze *Planung des Szenenaufbaus:* Wo spielt sich das Ganze ab? Bei welcher Stelle der Problemgeschichte fangt ihr an? Was macht jeder von euch? Vor dem Spielbeginn sind auch die *Zuschauer auf ihre Aufgabe als teilnehmende Beobachter vorzubereiten*: Fragt euch: Könnte das wirklich passieren? Was empfinden die einzelnen Beteiligten? Fallen euch auch andere Lösungsvorschläge ein?

c) An das Spiel schließt sich eine *zweite reflektierende und auch bewertende Gesprächsphase* an. Sie muß mit offenen Fragen eingeleitet werden: „Jetzt haben wir eine Lösung. Was meint ihr dazu?“ „Ist das realistisch? Hat jemand schon einmal so etwas erlebt?“ „Gibt es noch andere Lösungen?“

Es muß im Gespräch und in den folgenden dargestellten Lösungsvorschlägen immer noch möglich sein, auch unsoziale Lösungen einzubringen. Beispielsweise, daß Thomas einfach 50 DM aus dem gefundenen Geldbeutel herausnimmt und ihn dann wegwirft. Daß man dabei Schuldgefühle haben muß, weil der Besitzer des Geldbeutels das Geld vielleicht dringender braucht – das sollten die Schüler im reflektierenden Gespräch selbst entdecken und einander sagen. Ebenso muß es möglich sein, die Wunschlösung vorzuspielen, daß Thomas den Geldbeutel dem Besitzer bringt und als Finderlohn ausgerechnet die nötigen 40 DM erhält. Wenn der Lehrer fragt, ob das auch in Wirklichkeit geschehen könne, kommen die Schüler meistens aufgrund eigener Erfahrungen darauf, daß dies aus Wunschdenken heraus vorgeschlagen wurde.

Die zweite (und die weiteren) Gesprächsphase(n) ist also auch auf Wertung offen, doch soll sich diese Wertung aus der Einsicht in die

Folgen eines bestimmten Verhaltens (Einfühlung in andere), aus dem Vergleich von alternativen Vorschlägen und Wertvorstellungen der Gesprächsteilnehmer entwickeln. – Der Lehrer muß selbst spüren, wie lange ein reflektierendes Gespräch ergiebig ist und wann er nach neuen Lösungsvorschlägen fragen muß.
d) Wenn alle wichtigen Alternativen vorgespielt und besprochen wurden – aber auch erst dann – kann man die abschließende Frage stellen: „Welche von diesen Vorschlägen lösen eurer Meinung nach das Problem am besten?" Wenn die sozialen Werte (Gerechtigkeit, Liebe), um die es bei einer Entscheidung geht, wirklich erkannt wurden, kann man auch die allgemeingültige *Verhaltensnorm zu formulieren suchen*, an der man sich in allen ähnlichen Fällen orientieren kann und auch ihre letzte religiöse Begründung beim Namen nennen.

Eine zukunftsgerichtete Variante:
Nach der gleichen Grundform lassen sich zukünftige Entscheidungen und Situationen im Rollenspiel und Gespräch antizipieren (was J. L. Moreno „Zukunftsprobe" nennen würde). Einige Beispiele:
- Wie könnte man auf die Bitte reagieren, für die Studentenvertretung, für den Stadtrat oder den Pfarrgemeinderat zu kandidieren? (= zur Frage des Engagements in Politik und Kirche; die Problemgeschichten müßten freilich konkret dargestellt werden).
- Frau Manz hat gerade ihre erste Stelle als Junglehrerin bekommen und vor einem Monat geheiratet, da wird sie um ehrenamtliche Mitarbeit bei einem Hilfswerk für geistig Behinderte gebeten . . .
- Ein Mädchen (Junge) der 12. Klasse wird von einem Geistlichen eingeladen, bei einem Zeltlager für Jüngere mitzuhelfen und später eine Jugendgruppe zu führen.
- Wie könnten wir mit einem Schwerkranken (oder einem Strafgefangenen, einem Tippelbruder oder Rocker) ein Gespräch führen?
- Ein Ehepaar überlegt sich, ob es sich unter Verzicht auf ein teureres Auto und auf größere Urlaubsreisen usw. zu einem zweiten Kind entschließen soll.

Problemgeschichten oder einzelne Rollen von Schülern vorbereiten lassen:
Bei Problemen, wie sie eben genannt wurden, empfiehlt es sich, nicht schon alle nötigen Informationen über soziale Verhältnisse in eine fertige Problemgeschichte zu packen, sondern zuerst mit den Schülern eine Problemsammlung zusammenzustellen und damit die Problemgeschichte oder Rollen, die improvisiert werden, zu gestal-

ten. Wenn die Schüler mit dem Rollenmaterial vertraut sind, können sie auch selbst Problemgeschichten zu einer Thematik verfassen und spielen. Man kann auch für jede Rolle eine Gruppe das Material (Argumente, Redewendungen) sammeln lassen, so daß die Spieler jeweils von einer Gruppe vorbereitet werden. – Hier nähert sich das Vorgehen bereits der 3. Grundform.

3. Rollenspiel – unstrukturiert (von der Gruppe strukturiert) und problemverarbeitend 76c

---

a) Einführung eines offen und erfahrungsbezogen formulierten Themas
b) Sammlung von eigenen Erfahrungen und Problemgeschichten zum Thema
c) Darstellung einer Szene und eines möglichen Verlaufs im Rollenspiel
d) Auswertungsphase und abschließende Stellungnahme

---

a) Der Lehrer/Leiter führt ein *offen und erfahrungsbezogen formuliertes Thema* ein, beispielsweise: „Spannungen mit Eltern“ (andere Themen siehe unten).
b) Die Teilnehmer *sammeln nun ihre eigenen Erfahrungen zum Thema,* sei es in stiller Einzelarbeit (mit Notizen), in Gruppenarbeit oder nach der Methode 66. Diese Erfahrungen können in freier mündlicher Form oder bereits als Problemgeschichten (siehe Nr. 76b) formuliert werden. Im Plenum werden die Beiträge gesammelt (z. B. jede Vierergruppe nennt einen wichtigen Fall von „Spannungen mit Eltern“).
Dann kann der Lehrer/Leiter *wählen lassen, welches Problemfeld, welcher Beitrag zuerst behandelt werden soll* (später kann man auf weitere Beiträge eingehen).
c) Um nun die *Darstellung im Rollenspiel vorzubereiten,* fragt man, an welche Szenen die Teilnehmer bei dem gewählten Problemfeld vor allem denken (dachten). Bei der Szene, die am lebendigsten (d. h. oft am erregtesten, engagiertesten) geschildert wird, kann man den Autor bitten, sich die nötigen Mitspieler auszusuchen, die Problemsituation nochmals zu skizzieren (z. B. ein Streit um Ausgeherlaubnis und Hausschlüssel) und *einen möglichen,* u. U. gar nicht idealen *Verlauf darzustellen.* (Dazu müssen sich die Spieler kurz über ihre

Linie im Spiel verständigen, z. B. welchen Typ von Eltern und Jugendlichen, welches Milieu usw. sie darstellen wollen.)

d) Nachdem die erste Szene dargestellt wurde, wird sie entweder wie in der 1. Grundform einfach *im Gespräch erörtert* (gegebenenfalls mit Hilfe von Beobachtungsaufgaben), oder man erforscht in einer Gesprächs- und Spielphase in der Art der 2. Grundform verschiedene Motive und Alternativen, um so zu einer abschließenden Stellungnahme zu kommen. Das Auswertungsgespräch wird also in vielen Fällen dem Schema folgen: (1) Wie argumentierten die Konfliktparteien? (2) Was halten wir davon? (Zur Lage von A . . . Zur Lage von B . . .) (3) Was besagt Jesu Gebot der Nächstenliebe für eine christliche Konfliktlösung – und was besagt es nicht?

Wichtig für einen ergiebigen Verlauf ist, daß das *Thema erfahrungsbezogen und anregend eingeführt wird.* Man sollte also nicht formulieren: „Das Wesen der Solidarität und Brüderlichkeit", sondern eher: „Wo können wir Solidarität und Brüderlichkeit (oder das Gegenteil) erfahren?" Gegebenenfalls kann man ein solches Thema auch durch einen Text, durch ein Chanson, ein Dia, ein Foto oder einen Kurzfilm nahebringen.

So erfahrungsbezogen und persönlich das Thema formuliert werden muß, so klar ist auch zu vermeiden, daß die Teilnehmer ihre Intimität aufgeben müssen, wie beispielsweise verhaltensgestörte Schüler, die im therapeutischen Rollenspiel, im „personenzentrierten" Psychodrama ihre Schwierigkeiten in der Familie verarbeiten. Darum sollte man die Themen *allgemeingültig-projektiv* fassen, etwa so: „Schwierigkeiten von Jugendlichen eures Alters in der Familie" oder: „Wo gibt die Bibel dem modernen Menschen Probleme auf?" Diese Form nimmt auch einem persönlichen Erlebnis, das ja nicht ausgeschlossen, sondern angefragt werden soll, das Peinliche eines Eingeständnisses und bezieht alle Teilnehmer ein.

Themen, für die sich die 3. Grundform besonders eignet:

1. Vorwiegend problemorientierte Themen:

- Schwierigkeiten von Jugendlichen in der Familie
- Wo fühlen wir uns in unserer Freiheit eingeengt?
- Mitmenschliche Probleme in der Schule (Lehrstelle, Gruppe, vgl. Nr. 43)
- Das Verhältnis zu Gleichaltrigen: Kameradschaft, Freundschaft, Clique, Isolation?

- Das Verhältnis Junge-Mädchen: Angst, Verlegenheit, Plumpheit oder . . .?
- Wo gibt es Schuld in unserem Leben?
- Bei welchen Gelegenheiten können Menschen von Gott enttäuscht sein und deshalb Gebet und Glauben ablehnen? (siehe A. Bobroff 1966)
- Welche biblischen Geschichten sind eurer Meinung nach für einen modernen Menschen schwer nachvollziehbar? (siehe J. Zacharias 1967)
- In welchen Situationen stehen Jugendliche heute manchmal in Opposition zu Vertretern der Kirche?

2. Themen, die neutral sind oder eine positive Erfahrung anfragen:
- Wie wird in der Familie das Weihnachtsfest vorbereitet? (in 8. Klassen mehrfach erprobt)
- Unsere Erfahrungen mit Gottesdiensten
- Erinnerungen an unsere religiöse Erziehung (auch in Verbindung mit Nr. 56)
- Situationen, in denen sich Menschen am spontansten zum Beten gedrängt fühlen (vgl. D. Chase/B. Farnham 1965)
- Wo können oder konnten wir einmal erfahren, was Gerechtigkeitssinn ist (oder: Hilfsbereitschaft – Brüderlichkeit, Wahrhaftigkeit, Selbstkritik, Mut zu einer unabhängigen Meinung, eine überzeugende Einstellung zur Berufsarbeit, christliche Gefaßtheit im Leid)?

Wie wichtig ist die Arbeit mit dem Rollenspiel?
Die Lernchancen von Rollenspiel und Psychodrama wurden manchmal überschwenglich angepriesen. In diesem Abschnitt sollte gezeigt werden, wo dieses Verfahren sinnvoll und aussichtsreich ist: überall dort, wo ein einfühlendes, kathartisches und erforschendes Lernen angestrebt wird. Es wäre noch hinzuzufügen: vor allem auch dort, wo der Lerngruppe eine Situtation so fern ist, daß Worte allein nicht genügen, um sie erlebbar und präsent zu machen – und auch dort, wo Worte allein die Reaktionen der Beteiligten nicht ausdrücken können. Würde ein RU grundsätzlich auf das Rollenspiel verzichten, so würde er die Möglichkeiten zur Vergegenwärtigung (Realitätsnähe) und zum Ausdruck (Expressivität) stark beschränken – wie wenn ein Berater seinem Gesprächspartner verbieten würde, ihm die Szene eines Unfalls durch Gegenstände und Bewegungen zu veranschaulichen oder einen autoritären Chef durch Gesten zu karikieren. Der

reine Wortunterricht würde auf jeden Fall den Eindruck der Realitätsferne erwecken und die dramatische Ausdrucksfähigkeit der Schüler verkümmern lassen.

77 Das Planspiel

Während im Rollenspiel einzelne Spieler Interaktionen zwischen einzelnen Personen (Sohn/Vater/Mutter o. ä.) darstellen, simulieren im Planspiel ganze Gruppen von Teilnehmern Interaktionen zwischen einem Einzelnen und einem Institutionenvertreter oder auch zwischen Gruppen. Das Planspiel dient also der Erforschung von gesellschaftlichen Zusammenhängen und Prozessen. Planspiele sind Weiterspiele (halbstrukturiert); vorgegeben ist nur die Problemsituation. Beispielsweise:

- Junge Arbeitnehmer im Bund der Deutschen Katholischen Jugend beschließen, ab sofort keine Kirchensteuer mehr zu zahlen, weil sie über die Verwendung des Steueraufkommens mitbestimmen wollen. Man kann mehrere Gruppen die verschiedenen Instanzen spielen lassen: die Arbeitnehmer im BDKJ, den Gemeindeklerus, der sich mit dem Pfarrgemeinderat und der Bistumsverwaltung berät, die Presse usw. (Nach H. Halbfas, Aufklärung und Widerstand, Düsseldorf 1971, 284.)

Wenn der Fall vorgelegt worden ist, bestimmt man die Rollen, die von Kleingruppen übernommen werden (auch Träger einer Einzelrolle werden von einer Gruppe beraten). In vielen Fällen muß nun – in einer Art Projektunterricht (siehe auch Nr. 80 b) – zuerst einmal das Sachwissen erarbeitet werden, das zu einer Meinungsbildung und Strategieplanung nötig ist.
Für das Spiel selbst gilt die Regel, daß die Spielgruppen (die möglichst in getrennten Räumen arbeiten sollten) *nur schriftlich miteinander verkehren:* in Form von Briefen, Telephongesprächen, Telegrammen, informellen Mitteilungen (die den Namen der Absender- und der Empfängergruppe und die Uhrzeit enthalten müssen). Neben dieser ursprünglichen Form ist auch ein *mündliches Planspiel* möglich. Hier sitzen alle Gruppen und die Spielleitung an verschiedenen Tischen im gleichen Raum und beraten halblaut über ihre Ansicht und Taktik. Diese wird dann in einer Art Rollengespräch von einem Vertreter, den sie bestimmen, vertreten (siehe I. Peltner 1973). – In einem *Auswertungsgespräch* müßten die durch das Spiel gewonnenen Einsichten zusammengefaßt werden.

Einfachere Planspiele lassen sich zwar in $2^1/_2$ Stunden durchführen, die meisten brauchen aber mehrere Stunden oder einen ganzen Tag. Auch wenn man ein Planspiel in Einzelstunden, zwischen denen mehrere Tage liegen, durchspielen kann, wird man dieses zeitaufwendige Verfahren gewöhnlich nur in der außerschulischen Gruppen- und Tagungsarbeit einsetzen können.

3. *Hilfen zur Aktivierung und Zusammenfassung von argumentativen Auseinandersetzungen – Konfrontation mit biblischen und theologischen Aussagen*

Wenn zu einer Thematik eigene mitgebrachte Einstellungen bewußtgemacht (siehe Kapitel IV) oder Einstellungen und Lebensbedingungen anderer Personen bzw. unsere Interaktion mit ihnen erforscht wurden (Nr. 71–77), so ist – das wurde hier immer wieder betont – eine *abschließende Reflexion* nötig. Die Ergebnisse der Forschungsarbeit müssen noch einmal gesichtet, Argumente zur Bewertung ausgetauscht und eine Meinung (bzw. eine neue Meinung) gebildet, zusammengefaßt und festgehalten werden.
Diese abschließenden Schritte der Erarbeitungs- und Lösungsphase sind häufig in einem einfachen Gespräch oder durch die Bearbeitung eines biblischen oder theologischen Textes möglich. Darum werden für diese Lernschritte verhältnismäßig wenig formelle Verfahren angeführt. In manchen Fällen empfehlen sich aber auch eigene Verfahren, die eine solche Reflexion aktivieren können. In den folgenden Anregungen (Nr. 78–84) sollen einige Hilfen zu diesem Ziel genannt werden. Dazu werden hier auch zwei wichtige Methoden zur Auseinandersetzung mit biblischen und theologischen Aussagen angeführt, weil Bibel und Theologie (nach den Mitgliedern der Lerngruppe) die entscheidenden Gesprächspartner einer argumentativen Reflexion im christlichen RU sind.

Thesen, Gegenthesen und Kriterien formulieren 78

Manchmal kann man dadurch die Meinungsbildung aktivieren, daß man in Einzel- oder in Gruppenarbeit Thesen, Gegenthesen oder Kriterien zu einem Thema aufstellen läßt. Das zwingt zu einer konzentrierten Formulierung verschiedener Standpunkte und ihrer Begründung. Es schafft auch die Grundlage für einen Gedankenaustausch, der die wichtigsten Argumente gegeneinander abwägt und zu

differenzierteren, problembewußteren und einheitlicher begründeten Aussagen führt.
Übrigens können Kriterien häufig durch Vollendung eines angefangenen Satzes formuliert werden: „Von einer glücklichen (christlichen) Ehe erwarte ich, daß ..." „Berufsarbeit ist dann sinnvoll, wenn ..." „Ein guter Gottesdienst muß die Teilnehmer ..." (siehe Nr. 67). – Thesen und Gegenthesen können auch Gespräche vorbereiten, die in Form einer Debatte oder eines Prozesses (Nr. 80b, c) durchgeführt werden.

79 Argumente pro und contra benoten, ergänzen und begründen

Bei diesem Verfahren legt der Lehrer/Leiter zu einer klar umgrenzten Frage (Kirchenmitgliedschaft – ja oder nein; vorehelicher Geschlechtsverkehr – pro oder contra? usw.) von sich aus Argumente pro und contra vor. Manche Argumente sind thesenförmig formuliert, manche greifen Schlagworte, Zitate oder Sprichwörter auf. Die Schüler/Teilnehmer haben die Aufgabe, diese Argumente in Einzel-, Paar- oder Gruppenarbeit durchzulesen, sie zu benoten, gegebenenfalls zu ergänzen und die Begründung für ihre Benotungen zu überlegen – im Hinblick auf die abschließende Diskussion im Plenum, die auf diese Weise vorbereitet wird.

Beispiel zum Thema: Liebe vor der Ehe

Folgende Argumente wurden in einer Diskussion über das Thema „Liebe vor der Ehe" vorgebracht. Bewertet die Argumente für und wider mit den schulischen Noten von 1 bis 6.

Argumente *für* vorehelichen Sex:
1. Ein junger Mann: Man muß sich in sexueller Hinsicht kennenlernen, ehe man heiratet. Ich will keine Katze im Sack kaufen. ( )
2. Ein junger Mann: Man muß das „Lieben" lernen. Das braucht seine Zeit. Es ist doch besser, diese Lehrzeit vor der Ehe zu haben. ( )

Argumente *gegen* vorehelichen Sex:
1. Ein Mädchen: Man kann doch nicht so einfach drauflos leben, als sei der intime Umgang so etwas wie Essen und Trinken. – Der Mann, zu dem ich Ja sage, dem will ich mein ganzes Leben lang gehören. ( )
2. Ein Mädchen: Warum soll

3. Ein Junge: Wenn man mit 12 oder 14 Jahren geschlechtsreif ist, ist es doch ein Zumutung, noch 6 bis 10 Jahren oder gar noch länger warten zu müssen, bis man sich verheiraten kann. ( )
4. Ein Mädchen: Erst war ich auch immer dagegen und habe mich geweigert. Aber als mir der zweite Freund weggelaufen war, habe ich mir gesagt: das soll dir nicht noch einmal passieren. Nachher sitzt man als Mauerblümchen da. ( )

man nicht warten, bis man verheiratet ist, selbst wenn man sich klar darüber ist, daß man sich liebt? Das kann sich eventuell als Täuschung erweisen. ( )

3. Ein junger Mann: Ich glaube, daß ich auf alle Männer eifersüchtig wäre, die vor mir die intimen Freunde meiner Frau gewesen wären . . . Und weil ich es unbillig finde, Männer und Frauen mit verschiedenem Maß zu messen, fordere ich es auch von mir, so lang zu warten, bis ich die eine Richtige gefunden habe. ( )
4. Ein Mädchen: Muß man nicht auch für die Liebe reif sein, oder ist man das automatisch, wenn man geschlechtsreif ist? Ich jedenfalls möchte einfach älter sein, bevor ich mich fest binde. Aber warum sollten wir dann nicht erst heiraten? ( )

Fügt womöglich noch weitere Argumente für oder gegen hinzu!

Beispiel zum Thema „Beten“

Argumente contra:
1. Ich habe mehrmals gebetet, daß sich meine Eltern besser verstehen; das Gebet wurde aber nicht erhört – also hat Beten keinen Sinn. ( )
2. Wer betet, ist deswegen noch kein besserer Mensch. ( )

Argumente pro:
1. Wenn ich bete, sehe ich klarer, was recht ist, werde zufriedener und bekomme Mut und Selbstvertrauen. ( )
2. Große Menschen wie Mutter Teresa oder Lech Walesa haben aus dem Gebet Kraft

3. Beten ist überflüssig, denn Gott weiß auch so, was ich brauche und was ich sagen will. ( )
4. Ich habe keine Zeit zum Beten. Es ist ohnehin wichtiger, daß man handelt, etwas leistet, sein Leben meistert. ( )
5. . . . .
. . . .

für ihr Leben geschöpft. ( )
3. Im Gebet kann ich nicht nur mit mir, sondern auch mit Gott und Jesus sprechen. ( )
4. Wenn jeder täglich 3 Minuten ehrlich beten würde, wäre die Menschheit friedlicher und glücklicher. ( )
5. . . . .
. . . .

80 Fiktive Dialogsituationen, die zu einer Stellungnahme aktivieren

Die folgenden Arbeits- und Gesprächsformen haben das eine gemeinsam, daß sie die Schüler/Teilnehmer in eine bestimmte fiktive Dialogsituation versetzen, durch die sie zu einer fundierten Stellungnahme aktiviert werden, d. h. zur Information, zur Meinungsbildung und zu gezielt partnerbezogener Formulierung (Konzentration, Zusammenfassung). Vom Rollenspiel (Nr. 76) und von anderen Gesprächsformen (Nr. 11–18) unterscheiden sich diese Methoden dadurch, daß sie nicht alle möglichen Situationen und Rollen darstellen (um sie zu reflektieren), sondern nur bestimmte Dialogsituationen (z. B. eine Gerichtsverhandlung) mit genau festgelegten Rollen und Regeln simulieren, um in diesen „Rollengesprächen" Stellungnahmen zu verschiedenen Fragen und Tatsachen zu erarbeiten.

80 a Gespräch – Brief – Gutachten – Antrag – Zeitungskommentar

Anregender als das Formulieren von Thesen für eine Diskussion (Nr. 78) kann die Aufgabe wirken, einen bereits bearbeiteten Stoff in einer der folgenden Formen zusammenzufassen:
Als Gespräch: Beispielsweise läßt sich eine Unterrichtseinheit über den Sinn des Gottesdienstes, des Gebets, der biblischen Wunderberichte u. ä. in einem fiktiven Gespräch zwischen einem atheistisch erzogenen Reisenden (sonntags im Zug, die Glocken läuten, Menschen gehen in eine Kirche) und einem kirchlich engagierten Christen (Pfarrgemeinderatsmitglied) zusammenfassen und dramatisieren. Oder als schriftlich fixiertes Interview zwischen einem kritischen Journalisten und einem Theologen. Wird ein solches Rollengespräch im Unterricht durchgeführt, so sollten die beiden Gesprächspartner jeweils durch eine Gruppe auf die wichtigsten Fragen und Antworten

vorbereitet werden. Wird das Gespräch oder Interview als Einzel- und Hausaufgabe aufgegeben, so wird der Lehrer zweckmäßigerweise die Hauptfragen, auf die zu antworten ist, selbst formulieren (u. U. auf einem Blatt ähnlich wie bei einem Fragebogen). Natürlich müssen diese Fragen auf sachliche Informationen und mögliche Begründungen zielen, sonst wirken sie leicht als Gesinnungsprüfung.
Als Brief: Hier läßt man die Ergebnisse einer Unterrichtseinheit in Form eines Briefes schwerpunktmäßig zusammenfassen: als Antwort auf die Anfrage eines weltanschaulich Interessierten an eine *Informationsstelle für Glaubensfragen:* Was sagt der christliche Glaube über das Weiterleben nach dem Tod, Ehe und Ehescheidung, Schuld und Sünde, Jesus Christus, Taufe u. ä.?
Manchmal kann sich der Brief auch an einen *Gegner* richten. So war in einer 8. Klasse mit großem Interesse darüber gesprochen worden, daß Gott wesentlich unsichtbar und nur der inneren Erfahrung zugänglich sei. Das Gespräch entzündete sich vor allem an der provozierenden Äußerung des Astronauten Gagarin, er sei im Weltraum Gott nicht begegnet und habe keinen göttlichen Thron gesehen. Die Antwort wurde hauptsächlich aus einem Text von M. Buber über „Spuren" als das einzig Sichtbare von Gott entwickelt. Am Ende wurde die Aufgabe gestellt, an Gagarin einen Brief mit einer Erwiderung auf seine Äußerung zu verfassen – eine Aufgabe, die sehr anregend wirkte.
Als offener Brief, Gutachten, Antrag, Zeitungskommentar: Bei einzelnen sozialethischen und kirchlichen Fragen wie Dritte Welt, Friedenspolitik, Kirchensteuer, Gestaltung des Gottesdienstes kann es auch mitunter sinnvoll sein, die erarbeiteten Fragen oder Vorschläge in Form eines *offenen Briefes* (an einen Politiker oder Kirchenvertreter), eines *Gutachtens,* eines *Antrags* (an einen Pfarrgemeinderat, Synode, Referat der Kirchenverwaltung) oder eines *Zeitungskommentars* (die beste Glosse wird einer Schülerzeitschrift zum Abdruck vorgeschlagen) formulieren zu lassen.

Prozeß **80 b**

Die Spielform eines *Prozesses* mit einem (oder mehreren) Angeklagten, Verteidiger, Staatsanwalt und Richter kann *zur Beurteilung von vollendeten* (und mehr oder weniger wiederkehrenden) *Handlungen und Ereignissen* aktivieren. Sie eignet sich zur Erforschung und Beurteilung von Ursachen und Motiven bei Themen wie Jugendkri-

minalität, Abtreibung, Fehlverhalten im Straßenverkehr, Korruption, Krieg u. ä[52]. Setzt sich eine Lerngruppe eine sachlich fundierte Beurteilung eines Falles zum Ziel (alles andere wäre reine Spielerei), so kann diese Spiel- und Arbeitsform, vor allem die Vorbereitung für die Verhandlung, zu einem weitgehend eigenständigen Forschen in der Art des Projektunterrichts anregen. Denn die Bildung einer Richter-, Ankläger-, Verteidiger-, Zeugen- und Sachverständigengruppe (je nach der Prozeßmaterie) bedeutet so viel wie eine arbeitsteilige Arbeit in Kleingruppen. Da eine einzige Lehrperson selten eine wirklich arbeitsteilige Arbeit betreuen kann, sollte man die erste Phase der Informationsbeschaffung gemeinsam leisten – bis sich die einzelnen Rollen (Anklage formulieren, Verteidigung vorbereiten, Gutachten verfassen) abzeichnen und die spezielleren Aufgaben arbeitsteilig angegangen werden können.
Beim Prozeß selbst „darf der Spieleifer nicht die Qualität der Argumentationen beeinträchtigen. Ähnlich wie ein wirkliches Gericht muß man sich auch hier Zeit nehmen, Rückfragen zur Klarstellung anzubringen usw.“ (H. Giesecke 1973, 93). Das Ziel darf also nicht eine möglichst rasche und vernichtende Aburteilung sein, vielmehr sollte die verstehende Erforschung der Hintergründe und Motive und die Erarbeitung von Beurteilungskriterien, d. h. die Schärfung des Problembewußtseins im Vordergrund stehen. Der Lernprozeß sollte darum auch nicht mit dem Urteil enden, sondern mit einer Diskussion, wo die einzelnen Teilnehmer unabhängig von ihren Rollen als Ankläger, Verteidiger usw. wieder aus persönlicher Überzeugung reden. Manchmal kann das erarbeitete Material auch in Form einer Dokumentation (siehe Nr. 75) zusammengefaßt werden.

80 c Debatte englischen Stils[53] (Parlamentsspiel)

Dieses Diskussionsspiel kann bei konfliktgeladenen Themen mit Entscheidungscharakter (pro und contra) eingesetzt werden: Pro und contra Wehrdienstverweigerung, Einführung eines sozialen Jahres, Entwicklungshilfe, Euthanasie.

[52] Siehe beispielsweise den Vorschlag zu einer Gerichtsverhandlung über den Vietnam-Krieg bei H. Giesecke (1973, 91–95) oder H. Webers (1973, 102–118) Bericht über einen Projektunterricht zum Thema „Die Juden im Dritten Reich“.

[53] Zum folgenden siehe M. Kelber (1977). Die Debatte amerikanischen Stils wird hier nicht erwähnt, da sie einseitig auf einen Wettbewerb formaler Art (Redegewandtheit, Schlagfertigkeit, Formulierungskunst) angelegt ist.

Die Gruppe oder der Leiter bestimmen für die Pro- wie für die Contra-Seite je einen Hauptsprecher und einen Sekundanten. Der Leiter macht das Plenum mit den Spielregeln bekannt und wacht im weiteren Verlauf über deren Einhaltung, ohne selbst zum Thema zu sprechen.

Der Hauptsprecher der Pro-Seite beginnt die Debatte, indem er kurz (nicht über 10 Minuten) seine These aufstellt und in klarer Ordnung die wichtigsten Argumente dafür aufführt. Der Hauptsprecher der Gegenseite bestreitet die aufgestellte These, indem er die Argumente des Vorredners entkräftet, aber auch eigene Gesichtspunkte zu seiner Ansicht anführt.

Dann spricht der Sekundant des 1. Hauptredners; ihm erwidert der des zweiten. Von da an schweigen die vier Anfangsredner; sie gehen auch auf Fragen nicht ein. Vielmehr haben nun Sprecher aus dem Publikum das Wort – und zwar werden sie vom Leiter nur in dieser Folge zugelassen: auf einen Redner pro muß ein Redner contra folgen. Die Redezeit jedes Redners ist auf 3 Minuten beschränkt. Jeder darf nur einmal reden und muß für oder gegen die These Stellung nehmen; Vermittlungsvorschläge haben keinen Platz.

Wenn alle, die sich zu Wort gemeldet haben, gesprochen haben, schließt der Leiter die Debatte, indem er zuerst dem Hauptredner contra und zuletzt dem pro Gelegenheit zu einem Schlußwort gibt. Dann kann er abstimmen lassen: wie viele sind für die These, wie viele dagegen, wie viele Enthaltungen?

Durch ihre strengen Regeln zwingt dieses Diskussionsspiel zur konzentrierten und überzeugend formulierten Argumentation. Durch die Einbeziehung aller redewilligen Teilnehmer kann sie auch eine umfassende Sammlung von Argumenten pro und contra erstellen. Andererseits begünstigt sie einseitig die Redegewandten, aktiviert die Streitlust und verhindert eine Differenzierung und Annäherung der Standpunkte. Darum sollte die Debatte als Sammlung von Argumenten betrachtet werden, die – ähnlich wie ein Prozeß (Nr. 80 b) – durch eine Diskussion ohne Rollenzwang weiterbesprochen wird.

Schreibgespräch (Schreibmeditation) 81

Diese Arbeits- und Gesprächsform, die in ihrem Ablauf und ihrer Vielseitigkeit bereits in Nr. 18 beschrieben wurde, soll hier nochmals erwähnt werden, weil sie eine der fruchtbarsten Hilfen ist, um eine argumentative Auseinandersetzung zu aktivieren und dieser Auseinandersetzung gleichzeitig Tiefgang und Offenheit für alle Teilnehmer (auch die weniger Redegewandten) zu sichern. Das Schreibgespräch erbringt in den meisten Fällen besser durchdachte Beiträge als eine Diskussion. Die Klasse/Gruppe wird in Vierer- oder Sechsergruppen eingeteilt; der entscheidende Fragepunkt (z. B. „Gibt es ein Weiterleben nach dem Tod?“ „Euthanasie – ja oder nein?“) mit breitem Filzstift auf große Papierbogen geschrieben und dann in der beschriebenen Weise (Nr. 18) bearbeitet.

82 Leseimpulse (biblische und nichtbiblische)

Unter Leseimpulsen wird hier eine besondere Form der Konfrontation mit biblischen oder nichtbiblischen Aussagen zu einem Thema verstanden. Wurde eine Erfahrung so weit reflektiert, daß sich die Frage stellt, was die religiöse und die christliche Überlieferung bzw. zeitgenössische Theologie dazu sagt, so wird man die Antwort oft durch die Interpretation eines einschlägigen Textes erarbeiten.
In der gleichen, weiterführenden oder „antwortenden“ Absicht kann man auch *Leseimpulse* anbieten: Auf einem hektographierten Blatt (mit breitem rechten Rand für Notizen) wird jedem Schüler/Teilnehmer eine Reihe von Aussagen (insgesamt nicht mehr als acht) vorgelegt, die *verschiedene Deutungen, Schwerpunkte, Erfahrungen und Zugänge zu einem Thema* ins Gespräch bringen. Beispielsweise: christliche Brüderlichkeit – als Impuls, Herrschsucht durch Dienstbereitschaft zu ersetzen, als Versöhnungsbereitschaft, als Mut zur Selbstlosigkeit über alle Berechnung hinaus, als Güte nach dem Vorbild Jesu? Oder: Gott – erfahrbar in Not und Verzweiflung, oder eher in Positiverfahrungen, in der Betrachtung des Kosmos, als Endziel der Evolution, in der Versenkung, in der Verantwortung für andere, in der radikalen Treue zum Guten, als Tiefendimension des Lebens, in der Offenbarung Jesu, oder Gott als der Unbegreifliche? Diese Aussagen kann man, wenn nötig, kurz erläutern. Dann soll sie jeder Teilnehmer in Ruhe durchlesen und auf sich wirken lassen können und *das Zitat auswählen, das ihn in bezug auf das Thema am unmittelbarsten anspricht (oder auch am meisten befremdet).* Im folgenden Gespräch sagt jeder reihum, welche Stelle ihm am meisten zum Thema sagt (bzw. welche er am unverständlichsten findet) und warum er die gewählte Stelle für bedeutsam hält. Durch diese Zitatenwahl und ihre Begründung kann ein sehr persönlicher Austausch

angeregt werden: gleichzeitig eine Auseinandersetzung mit biblischen und theologischen Aussagen und eine Bewußtmachung persönlicher Ansprechbarkeit oder Nicht-Ansprechbarkeit für einzelne Erfahrungen, Anliegen und Argumente. Bei jüngeren Schülern kann man über jedem Zitat durch zwei parallele Querstriche den Platz für eine freie Zeile markieren und vor dem Gespräch im Plenum die Aufgabe stellen: Besprecht in Dreiergruppen, (1) welche Überschrift, welche Schlagzeile Ihr über die einzelnen Aussagen schreiben würdet und (2) welche Aussage Euch (warum?) gut gefällt. Dazu einige Beispiele[54]:

Biblische Leseimpulse zum Thema „Begegnung, Solidarität (Brüderlichkeit)"

---

1. „Ihr wißt, daß die Herrscher der Völker sie knechten und daß die Großen sie ihre Macht fühlen lassen. Nicht so soll es unter euch sein. Vielmehr, wer unter euch groß sein will, sei euer Knecht" (Mt 20,25 f.).
2. „Mit dem Maß, mit dem ihr meßt, wird auch euch gemessen werden. Was siehst du den Splitter im Auge deines Bruders und übersiehst den Balken in deinem Auge?" (Mt 7,2 f.).
3. „Wenn aber dein Bruder sich verfehlt, so gehe hin und stelle ihn unter vier Augen zur Rede" (Mt 18,15).
4. „Wenn ihr nur die liebt, die euch lieben, was für einen Lohn sollt ihr da haben? Tun nicht auch die Zöllner das gleiche? Und wenn ihr nur eure Brüder grüßt, was tut ihr Besonderes?" (Mt 5,46 f.).
5. „Wer sagt, er sei im Licht und dabei seinen Bruder haßt, ist noch immer in der Finsternis" (1 Joh 2,9).
6. „In der Bruderliebe seid herzlich zueinander, in der Ehrerbietung achte einer den andern höher . . ." (Röm 12,10).
7. „Liebet einander, wie ich euch geliebt habe. Daran werden alle erkennen, daß ihr meine Jünger seid, wenn ihr Liebe zueinander habt" (Joh 13,34 f.).

[54] Die hier angeführten Beispiele wurden alle im Hinblick auf einen Erfahrungsaustausch im Stil eines Anhörkreises (Nr. 17) zusammengestellt. Sie setzen eine grundsätzlich positive Einstellung zur Sache voraus, geben aber Gelegenheit, innerhalb dieser positiven Sicht unterschiedliche Schwerpunkte in der persönlichen Deutung, Erfahrung und Begründung zu artikulieren. Man kann mit dem gleichen Verfahren mit Hilfe von gegensätzlichen Aussagen natürlich auch eine Grundsatzdiskussion einleiten.

1. „Was bedeutet Gott für Sie?“ – „Eine Summe von Energie und von Stärkung in schweren Stunden“ (Schüler, 16 J.).– „Ein Orientierungspunkt im Sturm, ein Führer auf den Höhen, die Zuflucht, wenn ich verloren bin“ (Schüler, 16 J.).
2. „Ich möchte von Gott nicht an den Grenzen, sondern in der Mitte, nicht in den Schwächen, sondern in der Kraft, nicht also bei Tod und Schuld, sondern im Leben und im Guten des Menschen sprechen . . . In dem, was wir erkennen, sollen wir Gott finden, nicht in dem, was wir nicht erkennen; nicht in den ungelösten, sondern in den gelösten Fragen will Gott von uns begriffen sein“ (D. Bonhoeffer).
3. „Ich sage dir Dank, Herr und Schöpfer, daß du mir die Freude an deiner Schöpfung und das Entzücken über die Werke deiner Hände geschenkt hast . . . Ich habe die Herrlichkeit deiner Werke den Menschen kundgetan, soviel mein endlicher Geist von deiner Unendlichkeit fassen konnte. Wenn ich das Weltall betrachte, ist es mir, als wenn ich dich mit meinen Händen griffe“ (Johannes Kepler).
4. „Die Zeit ist vorbei, da Gott sich uns einfach von außen her als ein Meister und Besitzer aufzwingen konnte. Die Welt wird in Zukunft die Knie nur mehr vor dem organischen Zentrum ihrer Evolution beugen. Uns allen fehlt mehr oder weniger derzeit eine neue Formulierung der Heiligkeit . . .“ (Teilhard de Chardin).
5. „Gott ist nicht ein Stück Welt, sondern ihre Voraussetzung, er ist nicht ein gegenständliches Stück des Wissens neben anderen Gegenständen, sondern der Wissensbewegung immer schon im voraus vorgehaltene Unendlichkeit . . .“ (K. Rahner).
6. „Wo wohnt Gott?“ – „Wovon sprecht ihr? Die Welt ist doch erfüllt von seiner Herrlichkeit.“ – „ Gott wohnt dort, wo man ihn zuläßt“ (ein Rabbi).
7. „Und wenn das Wort (‚Gott‘) für euch nicht viel Bedeutung besitzt, so übersetzt es und sprecht von der Tiefe in eurem Leben, vom Ursprung eures Seins, von dem, was euch

unbedingt angeht, von dem, was ihr ohne irgendeinen Vorbehalt ernst nehmt" (P. Tillich).
8. „In der Begegnung mit Christus muß unser Denken von Gott beginnen" (D. Bonhoeffer).

Biblische Leseimpulse zum gleichen Thema (Gott) ließen sich aus folgenden Stellen zusammensetzen: Röm 1,20; Apg 17,27f; Ps 70,2; Röm 14,10; Ps. 86,15; Offb 1,17f; Joh 1,18; 1 Joh 4,7f. Zum Thema „Jesus Christus" (beispielsweise in einem adventlichen Gespräch zur Vorbereitung von Weihnachten) eignen sich folgende Aussagen: Lk 2,11; Joh 14,6; 8,12; Jes 9,6; Lk 9,58; Mk 14,36; Joh. 1,14; Kol 2,9; Mt 28,18.

Leseimpulse zum Thema „Tiefpunkte und Glaube"

---

1. „Wenn ich zweifelnd nicht mehr weiter weiß und meine Vernunft aufgibt,
wenn die klügsten Leute nicht weitersehen als bis zum heutigen Abend
und nicht wissen, was man morgen tun muß –
dann sendest du mir eine unumstößliche Gewißheit,
daß du da bist
und dafür sorgen wirst, daß nicht alle Wege zum Guten versperrt werden." (Alexander Solschenizyn)

2. „Fürchte dich nicht, denn ich bin mit dir;
hab keine Angst, denn ich bin dein Gott" (Jes 41,10).

3. „Herr, unser Gott! Wenn wir Angst haben, dann laß uns nicht verzweifeln!
Wenn wir enttäuscht sind, dann laß uns nicht bitter werden!
Wenn wir gefallen sind, dann laß uns nicht liegen bleiben!
Wenn es mit unserem Verstehen und unseren Kräften zu Ende ist, dann laß uns nicht umkommen!
Nein, laß uns deine Nähe und deine Liebe spüren!" (Karl Barth)

4. „Fürchtet euch nicht vor denen, die den Leib töten,
die Seele aber nicht töten können" (Jesus: Mt 10,28).

5. Der Schauspieler Ernst Ginsberg, an multipler Sklerose erkrankt und an den Händen gelähmt, diktierte kurz vor seinem Tod:

„ich falte
die Hände
die lahmen
im Geist
und bete
ins Dunkel
daß es
zerreißt.“

83 Västerås-Methode

Dieses Verfahren, das nach seinem Entstehungsort, einer Stadt in Mittelschweden, benannt wird, besteht einfach darin, daß ein Rundgespräch über einen biblischen Text durch eine gründliche Lektüre vorbereitet wird, wobei jeder Teilnehmer drei Zeichen an den Textrand setzt: Die Teilnehmer lesen den Text langsam durch und setzen hinter die Stellen, die sie nicht verstanden haben oder zu denen sie eine Frage stellen möchten, ein *Fragezeichen.* An Stellen, wo ihnen eine wichtige Einsicht aufging, malen sie ein *Ausrufezeichen* bzw. ein umgekehrtes Ausrufezeichen, also eine Kerze als Zeichen der Erleuchtung. An Stellen, die für ihre ganz persönliche Situation bedeutsam erscheinen, zeichnen sie einen *Pfeil.* Diese Aufgabe kann auch schon zu Hause durchgeführt werden. Besonders eignen sich hierfür Texte, die wie die Bergpredigt konzentrierte Lebenslehre enthalten.

„Ihr habt gehört, daß gesagt worden ist: Du sollst deinen Nächsten
lieben und deinen Feind hassen. Ich aber sage euch: Liebet eure
? Feinde und betet für die, die euch verfolgen, damit ihr Söhne eures
Vaters im Himmel werdet, denn er läßt seine Sonne aufgehen über
! Bösen und Guten, und er läßt regnen über Gerechte und Ungerechte.
Wenn ihr nämlich nur die liebt, die euch lieben, welchen Lohn könnt
ihr dafür erwarten? Tun das nicht auch die Zöllner? Und wenn ihr nur
→ eure Brüder grüßt, was tut ihr da Besonderes? Tun das nicht auch die
Heiden?“ (Mt 5,43–47)

Beim Rundgespräch fragt der Lehrer/Leiter Vers für Vers, wer ein Fragezeichen gesetzt hat und läßt die Fragen nach Möglichkeit von jenen beantworten, die kein Fragezeichen angebracht haben. – Zu Äußerungen über die mit einem Pfeil (= persönliche Betroffenheit) bezeichneten Stellen sollte man nicht drängen, wenn sich das Gespräch darüber nicht von selbst ergibt.

Zu einem besprochenen Thema – oder auch einfach um des Textes willen – legt man den Teilnehmern einen biblischen oder theologischen Text vor: einen Psalm, das Vaterunser oder einen anderen Text aus dem NT, das Glaubensbekenntnis, ein klassisches oder modernes Gebet oder Kirchenlied.
Man erläutert kurz dessen Entstehungsgeschichte und stellt dann die Aufgabe, (a) in Einzelarbeit die Stellen zu kennzeichnen, mit denen man sich identifizieren kann oder die einem unvollziehbar erscheinen. Dann bespricht man (b) in Kleingruppen oder im Plenum die Stellungnahmen zu den einzelnen Sätzen und läßt sie erläutern. Zum Schluß gibt man (c) die Anregung, eine eigenständige Neuformulierung zu versuchen und (d) liest sie (ohne Namensnennung) vor. Damit kann auch ein Versuch gemacht werden, zu einer schülereigenen religiösen Sprache mit eigenen Grundworten und Schwerpunkten anzuregen.

Beispiele:

Zum Thema „Überlieferter und persönlicher Glaube“ –
Das Glaubensbekenntnis

Hinweise zur Arbeit:
unterstreichen = für mich zentrale Glaubenswahrheit
durchstreichen = Text widerspricht meinem Glaubensverständnis
einklammern = erscheint mir nicht als zentrale Glaubenswahrheit
unterschlängeln = unverständlich, muß neu formuliert werden

1. Ich glaube an Gott, den Vater, den Allmächtigen,
2. den Schöpfer des Himmels und der Erde,
3. und an Jesus Christus,
4. seinen eingeborenen Sohn, unsern Herrn,
5. empfangen durch den Heiligen Geist, geboren von der Jungfrau Maria,
6. gelitten unter Pontius Pilatus, gekreuzigt, gestorben und begraben,
7. hinabgestiegen in das Reich des Todes,
8. am dritten Tage auferstanden von den Toten, aufgefahren in den Himmel,
9. er sitzt zur Rechten Gottes, des allmächtigen Vaters,

10. von dort wird er kommen, zu richten die Lebenden und die Toten.
11. Ich glaube an den Heiligen Geist,
12. die heilige katholische/allgemeine Kirche,
13. Gemeinschaft der Heiligen,
14. Vergebung der Sünden,
15. Auferstehung der Toten
16. und das ewige Leben. Amen.

Zur Gottesfrage – Psalm 139

Lies den Text durch und überlege
a) welche Stellen Dich unmittelbar ansprechen (= einfache Unterstreichung) und was Dir dabei bemerkenswert erscheint,
b) welche Formulierungen Dir unvollziehbar vorkommen (= Wellenlinie)
– Text von Psalm 139 –
Nach dem Gespräch: Versuche, einen Teil des Psalms mit Deinen eigenen Worten neu zu schreiben (anonym).

4. Begegnungen: Vermittlung von Identifikationsimpulsen durch die Begegnung mit überzeugenden Christen

Jeder Religionspädagoge weiß aus eigener Erfahrung: ob er ein pädagogisches, ein sozialpolitisches oder pastorales Anliegen wirklich ernstnimmt oder nicht, ob ihm die Fragwürdigkeit einer eingefahrenen Praxis deutlich wird, ob er für Kunst und Literatur aufgeschlossen ist oder sich nur mäßig dafür interessiert, ob er von der Bedeutung der Bibel und des Gebets für sein Leben persönlich überzeugt ist oder nicht – all das hängt in hohem Maße auch davon ab, ob er durch eine Persönlichkeit, die er schätzt, darauf aufmerksam gemacht und davon beeindruckt wurde. Eine Einstellung zu religiös relevanten Aufgaben und Tatsachen kann eine andere Qualität erhalten, wenn sie *nicht nur theoretisch begründet und appellativ gefordert* worden ist, sondern auch *durch die Begegnung mit einer geachteten, bewundernswerten Persönlichkeit als bedeutsam erlebt werden konnte;* gerade durch diese Begegnung und Identifikation kann die Aufgeschlossenheit, Beteiligung und Entschiedenheit wachsen.
Damit wird die Notwendigkeit einer kritischen Begründung von Einstellungen und Normen nicht in Frage gestellt. Es wird nur be-

tont, daß dieses *Lernen durch Einsicht* auf allen Altersstufen – also nicht nur im Kindesalter – *ergänzt werden muß durch ein Lernen durch Identifikation,* soweit dies in Erziehung und Unterricht möglich ist. Lernen durch Identifikation bedeutet – gerade beim Jugendlichen und Erwachsenen – etwas anderes als rein äußere Nachahmung (Lernen durch Beobachtung – wie man z. B. mit anderen höflich umgeht oder ein technisches Problem löst). Es ist auch etwas anderes als die mehr oder weniger totale Angleichung des Kleinkindes an eine geliebte Bezugsperson. Es ist vielmehr die Gelegenheit, über eine andere Person, die ihre Einstellungen und Motive offenbart und die man achtet, zu einer intuitiven Werterfassung zu kommen und so auch etwas von ihrer Aufgeschlossenheit (Sensibilität), Einsicht und Entschiedenheit (nicht nur Verhalten und eine Norm) zu übernehmen. Daß diese Art des Lernens für die ethisch-religiöse Entwicklung einer Persönlichkeit entscheidende Anreize gibt, zeigen Jugendtagebücher und Umfragen (vgl. B. Grom 1972, 159–216). Daß einer religiösen Unterweisung und Erziehung, die sich nicht um dieses Element bemüht, etwas Wesentliches fehlt, dürfte klar sein.
Wie kann man nun *auch im schulischen RU,* wo die Schwierigkeiten für diese Art von Lernen sicher am größten sind, in der eben beschriebenen Absicht Identifikationsimpulse vermitteln? Die erste und wichtigste Quelle solcher Impulse müssen der Leiter und die anderen Mitglieder der Lerngruppe sein (siehe auch Kapitel II). Doch sollte dieser Erfahrungs- und Begegnungsraum nach Möglichkeit ausgeweitet werden.

„Pressekonferenz" mit Gesprächspartnern, die Erfahrung und Engagement zu einem behandelten Thema einbringen können 85

Sowohl im schulischen als auch im außerschulischen RU hat man mit Erfolg versucht, Unterrichtseinheiten mit erfahrungsbezogener Thematik durch ein Gespräch mit einer Persönlichkeit abzuschließen, die die Informationen und Reflexionen der Klasse aufgrund ihrer Erfahrung und ihres Engagements bestätigen, korrigieren und ergänzen kann. Beispielsweise

- zum Thema „Liebe und Ehe": eine Frau oder ein Mann oder ein Ehepaar aus einem Kreis junger Familien oder einer Familienbewegung (Equipes Notre Dame),
- zum Thema „Entwicklungshilfe": ein Entwicklungshelfer,

- zum Thema „Christliche Verantwortung im politischen Bereich“: ein Kommunalpolitiker mit christlicher Grundeinstellung,
- zum Thema „Arbeit“: ein Metall- und ein Bauarbeiter aus einer christlichen Gewerkschaft,
- zum Thema „Karitative Aufgaben“: eine Krankenschwester oder ein Sozialarbeiter,
- zum Thema „Kirchliche Berufe“: eine Theologiestudentin und/oder ein Pfarrer,
- zum Thema „Ordensleben“: der Abt einer Benediktinerabtei und sein Novizenmeister (zum Thema: Kontemplatives Leben – eine Karmelitin),
- zum Thema „Glauben“: ein früherer Atheist, der zum Christentum gefunden hat,
- zum Thema „Altern“: ein pensionierter Herr, eine pensionierte Dame.

In den meisten Fällen kann man Personen mit einfacher Bildung einladen, wenn sie nur fähig sind, ihre Erfahrungen und Einstellungen zu artikulieren (und wenn sie während der Unterrichtszeit in die Schule kommen können). Sie sollen kein Referat halten, sondern nach einigen Angaben zur Person frei, in der Art einer Pressekonferenz auf die Fragen der Schüler antworten. In interessierten Klassen kann man nach einer lebendigen Mitarbeit beim Studium der Thematik voraussetzen, daß die Schüler spontan genügend Fragen stellen[55]; sicherer ist es allerdings, wenn man (wie bei der Expertenbefragung und bei Erkundungen Nr. 73, 74) die wichtigsten Fragen vorbereiten und während des Gesprächs durch improvisierte Nachhakfragen ergänzen läßt. Die Fragen an den eingeladenen Gesprächspartner werden zwar immer auch Informations- und Sachfragen enthalten müssen, sollen sich aber von einer Expertenbefragung dadurch unterscheiden, daß sie *mehr an der persönlichen Erfahrung und Einstellung im betreffenden Themenbereich interessiert sind.* Die Gesprächspartner werden also nicht als Bewunderungsobjekte und Heroen,

[55] Einige spontane Fragen an ein Ehepaar zum Thema „Christliche Ehe“:
Wie haben Sie sich kennengelernt?
Was halten Sie von kinderreichen Familien?
Würde es an Ihrer Liebe etwas ändern, wenn einer von Ihnen stark körperbehindert würde?
Welche Geschlechtserziehung geben Sie Ihren Kindern?
Welches waren Ihre ersten Schwierigkeiten nach der Heirat?
Spielt Ihr christliches Leben in Ihrem Familienleben eine Rolle?
Welches sind die wichtigsten Faktoren für die Erhaltung des inneren Gleichgewichts in der Ehe? (aus M. Sauvêtre 1966, 63f.).

sondern als Personen mit praktischer Erfahrung und persönlichem Engagement in der behandelten Frage eingeführt. Es sollten Personen sein, die sich als lebenstüchtig und aktiv erwiesen haben (auch wenn sie jetzt alt oder krank sind) und die eine eigenständige Meinung und ein spürbares Engagement haben.
Schüler zwischen 15 und 19 Jahren sind an solchen „Pressekonferenzen" praktisch immer sehr interessiert. Die Abwechslung, die ein solches Gespräch in den Schulalltag bringt, die Spannung seines Frage-Antwort-Spiels und die biographische Neugier gegenüber dem Leben Erwachsener tragen sicherlich wesentlich zu diesem Erfolg bei. Viele Äußerungen von Schülern nach solchen Begegnungen lassen aber auch den Schluß zu, daß sie auch echte Identifikationsimpulse im eingangs beschriebenen Sinn empfangen. Insbesondere scheinen diese Begegnungen auf intuitive Weise folgende Erfahrungen zu vermitteln, die keine theoretische Unterweisung oder Reflexion vermitteln kann:

- Christlicher Glaube ist nicht nur eine Angelegenheit für Kinder, sondern Erwachsenensache – eine Einstellung und Motivation, in die man als mündiger und schöpferischer Mensch erst voll hineinwächst.
- Christlicher Glaube ist auch nicht nur eine Lebensform der Vergangenheit, eines Jüngerkreises im alten Orient oder einer vorindustriellen abendländischen Kultur, vielmehr kann er eine bestimmende Kraft für die Gestaltung des individuellen und sozialen Lebens heute und morgen sein.
- Christlicher Glaube ist kein abstraktes System oder bloß postuliertes Ideal, sondern reale Motivation von Menschen, die mitten im Leben stehen – bedeutsamer, als der öffentlichen Meinung, die persönliche religiöse Einstellungen immer noch stark tabuisiert, bewußt ist.

Studium und Erlebnis hervorragender christlicher Persönlichkeiten in Gegenwart und Geschichte 86

Identifikationsimpulse können auch von der Begegnung mit hervorragenden christlichen Persönlichkeiten in Gegenwart und Geschichte ausgehen: Dom Hélder Câmara, Mutter Teresa, Dag Hammarskjöld, Martin Luther King, Camilo Torres, Johannes XXIII., Teilhard de Chardin, Dietrich Bonhoeffer, Alfred Delp, Franz Stock, Edith Stein, Albert Schweitzer, Charles de Foucauld, Friedrich von Bodelschwingh, Adolf Kolping, Vinzenz von Paul, Thomas More, Philipp Neri, Ignatius v. Loyola, Elisabeth von Thüringen, Albertus Magnus, Franz v. Assisi, Benedikt, Augustinus.

Gewiß setzt die Beschäftigung mit einer historischen Gestalt ein Mindestmaß an Einfühlungsvermögen voraus. Andererseits ist die Bereitschaft dazu von einem interessanten Thema oder Medium aus (Dokumentarfilm, Tonbild, Einzelbild zur Person oder einer mit ihr verbundenen Sachfrage und Zeitströmung) oft leichter zu wecken, als man gemeinhin annimmt. Auch historische Gestalten haben bei Jugendlichen immer noch eine starke Ausstrahlung. Zwar haben in den letzten Jahrzehnten die Vorbilder aus dem Bereich der Wissenschaft und Forschung eindeutig an Popularität gewonnen, doch nahm die Zahl der als Vorbild genannten „berühmten Persönlichkeiten" aus Geschichte und Literatur nicht ab, sondern blieb konstant (bei Mädchen) oder nahm sogar leicht zu (bei Jungen)[56].

Wichtig ist, daß solche biographische Impulse nicht als Einladung zur Heldenverehrung mißverstanden werden, sondern als Anstoß zur Reflexion über Grundfragen des Menschen aller Zeiten. Es muß also deutlich werden, daß die betreffende Gestalt in ihrer Zeit und ihrer individuellen Situation Erfahrungen entdeckt und Aufgaben übernommen hat, die grundsätzlich auch Möglichkeiten und Pflichten unseres Lebens heute sind, und daß sie gegen Widerstände von innen und von außen zu kämpfen hatte, die mutatis mutandis auch die unseren sind. Man wird also – auch wenn man eine Biographie nicht auf ein Thema verkürzen darf – die biographischen Impulse so auswählen und erarbeiten müssen, daß darin *Schwerpunkte mit bleibend aktueller Thematik* deutlich werden:

- Glaubenstreue bis zur Hingabe des Lebens (Märtyrer, Oscar Romero),
- Widerstand des Gewissens gegen totalitäre Staatsgewalt (z. B. Thomas More, D. Bonhoeffer, A. Delp),
- Einheit von Glauben und Denken, von Forschung und Kontemplation (Augustinus, Albertus Magnus, Edith Stein, Teilhard de Chardin),
- Erneuerung der Kirche von innen (Ignatius v. L., Franz v. A.),
- Gewaltloser Kampf für soziale Gerechtigkeit (M. L. King, Hélder Câmara),

[56] Siehe H. Thomae, Vorbilder und Leitbilder der Jugend, München 1965, 41.

- Dienst an den Notleidenden als erfüllende Lebensaufgabe (Vinzenz von Paul, A. Schweitzer, Mutter Teresa).

Methodisch sind hier verschiedene Wege möglich. Wurde ein Thema bereits erarbeitet, so kann man am Schluß der Unterrichtseinheit einen darauf bezogenen dichten *Text* einer Persönlichkeit biographisch einleiten und als Beitrag zum Thema auswerten (siehe auch Hendrickx 1966, B. Grom 1972, 170–173, 201). In manchen Fällen kann man auch nach einer biographischen Einführung in der Art von *Leseimpulsen* (Nr. 82) Äußerungen einer Persönlichkeit vorlegen und die ansprechendste auswählen und erörtern lassen. Oder man läßt in der Art einer *Recherche* zu Einzelfragen (Leben, Werke, Äußerungen) aus bereitgestelltem Material (Taschenbücher!) Angaben zur Person und vor allem Äußerungen zum behandelten Thema sammeln – gegebenenfalls, um eine Materialmappe oder einen Tonbandbericht (Nr. 75) zusammenzustellen. Oder ein Schüler liest eine Biographie und hält ein *Referat.*

5. *Aktionen oder Neues Verhalten versuchen und reflektieren: Lernen durch Tun*

Unter „Aktionen“ werden hier zeitlich begrenzte Unternehmungen einer Klasse oder Gruppe verstanden, die entweder durch unmittelbare Hilfe (z. B. Lernen und Spielen mit Behinderten) oder durch Information und Werbung (z. B. Ausstellung oder Flugblattaktion über die Lage der Behinderten) ein humanitäres oder pastorales Ziel außerhalb der Gruppe praktisch unterstützen und so reflektiert werden, daß die Lerngruppe dadurch neue Einsichten, Einstellungen und Fähigkeiten gewinnt. Hier wird neues Verhalten versucht und reflektiert – und zwar nicht nur in den Interaktionen zwischen den Mitgliedern der Lerngruppe wie bei den Kooperationsübungen von Kapitel II, auch nicht in einer Probehandlung wie im Rollen- und Planspiel (Nr. 76, 77), sondern über die Gruppe hinaus und im Ernstfall.

Beispiele von Schulklassen

Einer Gemeindeassistentin beim Verpacken und Überbringen von Weihnachtspaketen ins *Obdachlosenheim* helfen und dort gegebenenfalls Weihnachtslieder singen oder ein Weihnachtsspiel aufführen (eine 8. Klasse).

Gastarbeiterkindern Deutschunterricht erteilen: In Köln halfen 162 Oberstufenschüler, die zusammen mit Lehrern in einem „Arbeitskreis Ausländerkinder" arbeiteten, 180 ausländischen Kindern beim Erlernen der deutschen Sprache. Jeder Betreuer hatte wöchentlich zweimal 2–3 Stunden anwesend zu sein.
Besuche bei allein wohnenden *alten Menschen* während einer bestimmten Zeitspanne (auf Wunsch vorlesen, Besorgungen machen usw.).
Ablösung des Pflegepersonals in einem *Altenheim* an mehreren Wochenenden[57].
Betreuung von Bewohnern eines *Altenheimes,* etwa ein halbes Jahr lang und nach einer Erhebung ihrer Wünsche. Nach dem Vorschlag von S. Berg (1973, 146) wird die Aktion in folgenden Schritten geplant: 1. Informationsgespräch mit der Leiterin eines Altenheimes über Lebensweise und Bedürfnisse der Alten. 2. Kontakt der Klasse mit den Alten (Kaffeetrinken und kleine Darbietungen). Dabei Gelegenheit, auf einem Fragebogen Wünsche anzugeben („Ich suche jemand, der mir vorliest, Einkäufe erledigt, mit mir spazierengeht usw.") 3. Auswertung des Fragebogens und Verteilung der Aufgaben.
Bunte Nachmittage für Menschen in einem *Altenheim:* Darbietungen mit Musik, Gesang, Spiel und persönlichen Gesprächen.
Vorbereitung und Feier eines Festes für Kinder eines *Kinderheimes* oder eines *Waisenhauses.*
Verkaufsaktionen (Basar) oder Vorführungen (Kasperltheater, Theater, Musik) im Schul- und Gemeindebereich zugunsten einer Missionsstation, eines Waisenhauses, eines Leprahilfswerks, der Blindenhilfe, Aktion Brot für die Welt, Misereor, Adveniat u. ä. Verkauf von selbstgebastelten Ketten, selbstgebackenem Kuchen, Waren aus der Dritten Welt (über die Aktion Dritte Welt Handel).
Entwicklungspolitische Information anhand des Verkaufs von Waren aus der Dritten Welt – in Zusammenarbeit mit der „Aktion Dritte Welt Handel"[58] oder der Schalom-Bewegung. Unternehmungen dieser Art werden als einzelne Informationsaktion (in der Schule, auf dem Markt, in einem Gemeindezentrum, im Rahmen eines Weih-

[57] Dieser Einsatz hat sich besser bewährt als die Ablösung von Krankenhauspersonal: Der Dienst im Altenheim ist für die Schüler leichter zu leisten als der im Krankenhaus und bietet meistens auch mehr Gesprächsmöglichkeiten mit den Betreuten.
[58] Zur Konzeption siehe H. Haas, Aktion Dritte Welt Handel, in: Katechetische Blätter 100 (1975) 232–239.

nachtsbasars oder der Fastenaktion) oder auch als ständiger „Laden“ einer festen Gruppe durchgeführt.

Informations- und Werbeaktionen (ohne Verkauf und ohne Geldsammlung) über Themen wie Dritte Welt, Gastarbeiter, Frieden, Missionsarbeit, Einsatz für Menschenrechte, Umweltschutz). Hier erarbeitet sich die Klasse einen Stoff und versucht darüber hinaus auch eine bestimmte Zielgruppe (Mitschüler oder Erwachsene) auf ein Problem oder eine Aufgabe aufmerksam zu machen (siehe auch Ausstellung Nr. 75).

Beispiele von Jugend- und Erwachsenengruppen

Spiele und Feiern mit körperbehinderten Gleichaltrigen (Pfadfinderschaft St. Georg).

Mitarbeit bei gemeindlichen Aktionen (als „Dienstgruppe“) oder regionalen Betreuungsstellen für Körperbehinderte, Alte und Gastarbeiterkinder.

Hilfe bei Müttern mit geistig behinderten Kindern: mit dem Kind zu Hause spielen und lernen, damit die Mutter für einige Stunden das Haus verlassen kann (eine Studentengruppe).

Spielplätze anlegen (eine Landjugendgruppe).

Informations- und Verkaufsaktionen in lockerer Zusammenarbeit mit der Aktion Dritte Welt Handel.

Selbstgebastelte Ausstellung für Eltern und Gemeindemitglieder zum Thema „Mehr Gerechtigkeit in der Welt“. Dazu ein Basar mit Kunstgegenständen und Schmuck aus Indien, Indonesien, Afrika und China und mit Kaffee und Zucker von der Aktion Dritte Welt Handel. Der Erlös war für das Schulwerk eines Missionars bestimmt.

Studium der Lage eines Entwicklungslandes in Afrika – Darstellung der Problematik innerhalb eines Wortgottesdienstes (Lichtbilder, Musik, Texte) – Errichtung von Strohhütten auf dem Dorfplatz, darin Verkauf von Waren aus der Dritten Welt und Informationsgespräche (eine Landjugendgruppe).

Sammelaktionen:

Spielsachen für die Kinder von Yogyakarta (Schülergruppe).

Altglas-Sammlung für Kalkutta (Kath. Jugend Münchens).

Briefmarken sammeln und verkaufen für ein Missionswerk (Schülergruppe).

Jede Gruppe sammelt Geld für ein Fahrrad für einen Katecheten in Afrika (Aktion von „Missio“ München).

Verkauf von Apfelsinen (Stück 1,— DM) zugunsten einer Patenschaft (monatlich 30 DM) im Rahmen der „Kindernothilfe“ für die Ernährung und Ausbildung eines Kindes in einem Heim (CVJM-Gruppe).

Sparessen: eine Frauengemeinschaft lädt an einem Sonntag die Gemeinde zu einem einfacheren, aber in einem netten Rahmen servierten Essen mit Bohnen-, Linsen- oder Erbsensuppe mit Würstchen ein. Jeder soll für „Adveniat“ (oder ein anderes Hilfswerk) den Betrag zahlen, den er sonst schätzungsweise für das Mittagessen ausgegeben hätte (Werbung im Gottesdienst und in der Lokalzeitung). Die Aktion bietet auch gute Gelegenheit für Gespräche.

Die Notwendigkeit eines Lernens durch Tun

Es ist die ständige Gefahr ethisch-religiöser Erziehung und Unterweisung, daß sie sich auf die *theoretisch-verbale Erarbeitung von Einsichten, Einstellungen und Normen beschränkt,* d. h. meint, den richtigen Einsichten könne das rechte Verhalten relativ leicht folgen und darum habe die theoretisch-verbale Erarbeitung solcher Einsichten auch methodisch den Primat: man schreite von der Einsicht zur Anwendung (wenn diese überhaupt noch angestrebt wird).

„Jahrelang vertraute die Sonntagsschule auf diese Methode, um moralische Werte zu lehren. Die Annahme bestand darin, daß verbales Verhalten, welches einen hohen moralischen Wert reflektiert, von anderen Formen des Verhaltens gefolgt sein würde, die die gleichen Werte widerspiegeln würden“ (N. Wallen/R. Travers 1970, 1334f.). Hier wird einerseits die Wirkung der theoretisch-verbalen Reflexion überschätzt und gleichzeitig übersehen, daß gerade sozialethische und pastorale Einsichten dann am intensivsten entwickelt werden können, wenn sie aus der Reflexion über eigene Handlungsversuche und die dabei möglichen Erfahrungen erwachsen können. Lernen durch Tun ist also nicht nur als Anwendung (Übung) von bereits erarbeiteten Einsichten notwendig, sondern auch als Weg zum Erwerb solcher Einsichten und Einstellungen: als Versuch und Reflexion neuen Verhaltens – ein Lernvorgang, der *vom Verhalten zur Einsicht* gelangt.

Die Lernchancen von Aktionen

Ob nun eine Aktion mehr als Anstoß einer Reflexion konzipiert wird oder als Anwendung (Übung) einer theoretisch bereits erarbeiteten

Einsicht, sie kann – wird sie nicht rein aktionistisch betrieben – in jedem Fall eine Reflexion anstoßen und einer Einsicht eine Qualität geben, die sie sonst nicht hätte: *durch das Tun wird eine Einsicht (Einstellung, Norm) auch auf der Ebene ihrer Verhaltenskomponente erfahren und vertraut*. Der Lernende weiß hinterher, wie schwer oder wie leicht das richtige Verhalten ist, was eine Werteinsicht in der Praxis kostet (Motivkonflikt) bzw. welche innere Befriedigung (Sinn- und Werterfahrung) sie bringen kann. Er kann sich aufgrund dieser Erfahrungen *realistischer entscheiden* und Vorsätze bilden. Außerdem spielt sich durch die praktische Übung, zumal wenn sie wiederholt wird, eine gewisse *Verhaltensbereitschaft* (nicht nur eine theoretische Beurteilungsfähigkeit) ein, so daß einem später ähnliches Verhalten leichter fällt.
Aktionen können mit neuen Situationen über den Bereich der Familie und Lerngruppe hinaus konfrontieren (Behinderte, Alte, Kinder, Gemeinde, Mission, Dritte Welt) und so die *Erfahrung sozialer Verantwortung und Gestaltungsmöglichkeiten erweitern* (mehr als Interaktionsübungen).
Aktionen können diese soziale Sensibilisierung und Kreativierung *wirklichkeitsnäher* versuchen, als es durch eine Recherche, durch eine Simulation im Rollenspiel oder eine Reflexion ohne Aktion möglich wäre.
Vor allem kann hier die Not anderer Menschen wie auch die *Wirkung des eigenen Verhaltens auf sie real erfahren werden*. Die Vorbereitung einer Aktion verlangt eine *Einfühlung* in die Not anderer, die über die Einfühlung bei Recherchen und Rollenspielen hinausgehen dürfte. Äußern die Menschen, die unterstützt werden, ihre Freude und Dankbarkeit – gerade Jugendliche sind auf dieses Echo angewiesen –, so erfahren die Träger der Aktion auch eine *Verstärkung*, die auf dem Nachempfinden fremder Freude beruht und sie unabhängiger macht von Lob und Anerkennung der Erzieher (B. Grom 1981b, 263f.). Es kann durchaus vorkommen, daß Jugendliche spüren, daß sie von den Behinderten oder Alten, denen sie helfen, mehr beschenkt werden, als sie selbst geben, oder auch, daß Geben ein Empfangen sein kann. Daß ein Mitmensch unterstützungswürdig und im neutestamentlichen Sinn Bruder und Schwester ist, geliebt vom gemeinsamen Vater Jesu Christi und aller Menschen – diese Einsicht kann man im vollen Sinn nur durch das tätige Mitlieben mit diesem Vater erwerben.

Aktionen lassen soziale Verpflichtungen *als schöpferisches Ich-Kann und inneres Ich-Sollte,* nicht nur als überichhaftes Ich-Muß erleben – wenn sie in echter Freiheit übernommen werden.
Aktionen ermöglichen, wenn die Gruppe sie weitgehend selbst planen kann, *eigenverantwortliche Planung, Kooperation und „Aktions-Können“* (H. Giesecke), d. h. Erfahrung im Meistern organisatorischer Aufgaben und Schwierigkeiten.

87 Leitlinien für Aktionen

Ohne Zweifel verlangen Aktionen vom Lehrer/Leiter auch dann, wenn er die Gruppe selbständig planen und arbeiten läßt, nicht wenig zusätzliche Arbeit. Trotzdem sollte er um der eben aufgezählten Lernchancen willen für jede Klasse/Gruppe *wenigstens einmal im Jahr eine Aktion vorsehen.* Dafür dürften nach der eben entwickelten Zielsetzung folgende Leitlinien gelten.

1. Aktionen sollen keine pädagogischen Sandkastenspiele sein, sondern *sachlich begründeten, echten Zielen und Aufgaben dienen.* Sie sollen zeitlich begrenzt sein und die Klasse/Gruppe *weder über- noch unterfordern;* sie muß durch eine Aktion gefordert werden, daran wachsen können. Nichtsdestoweniger soll eine Aktion auch Spaß machen, indem sie den Tätigkeitsdrang, die Phantasie und das Bedürfnis nach Erfolg befriedigt.
2. Eine Klasse/Gruppe muß *vom Wert einer Aktion überzeugt* werden – und zwar so, daß sie sehen kann, welche Ziele und Schwierigkeiten sie enthält, und sich dann in echter *Freiheit* für oder gegen die Durchführung entscheiden kann. Man sollte darum gegebenenfalls vor der Abstimmung das Für und Wider im Schutze der Anonymität von Kleingruppen erörtern lassen. Besser, es entscheidet sich nur ein Teil (Projektgruppe) für die Aktion, als daß sich alle dazu genötigt fühlen.
3. Die Vorbereitung, Planung und Durchführung sollte *möglichst von der Aktionsgruppe selbst besorgt* werden. Auch wenn sie sich an eine bestehende Organisation anschließt (z. B. an ein Hilfswerk für Behinderte), sollte sie den konkreten Einsatz soweit als möglich selbst planen. Der Leiter muß allerdings eingreifen, wenn Fehlplanungen die Aktion gefährden. Jedes Mitglied der Aktionsgruppe sollte – möglichst seinen Fähigkeiten entsprechend – bei der Durchführung beteiligt werden.

4. Die Aktion sollte nicht von anonymen Appellen an die Hilfsbereitschaft ausgehen, sondern *intensive Beziehungen und Begegnungen* ermöglichen, so daß die Gruppe die Not und auch die Freude, das Vertrauen und die Dankbarkeit der unterstützten Menschen erfahren kann. Wenn die Hilfe Menschen in einem fernen Land oder einem internationalen Werk dient, sollte man durch Briefe, Fotos bzw. durch ein Gespräch mit einem Einwohner, Missionar oder Helfer des Entwicklungslandes die Anonymität überwinden. Auch wenn die Aktion vor allem eine Geldsammlung anzielt, sollten sich die Beteiligten vorher intensiv mit dem Anliegen, das sie unterstützen, auseinandersetzen, damit auch über die Aktion hinaus und durch sie soziales und pastorales Verständnis geweckt wird.
5. Die Erfahrungen einer Aktion müssen *reflektiert* werden: die Ergebnisse des Einsatzes sollen an den Zielen, die man sich gesetzt hat, gemessen werden. Die erlebten Organisationsschwierigkeiten, Enttäuschungen und Positiverfahrungen müssen bewußtgemacht und gewertet werden. Allgemeine Verhaltensnormen sollten formuliert werden. Man wird auch gegebenenfalls über Ausmaß und Grenzen der Aktion kleiner Gruppen und über die Möglichkeit struktureller und politischer Maßnahmen nachdenken müssen.

VI.

Ausdrucksgestaltungen: Einsichten, Wertungen und Fragen durch kreative Gestaltungen ausdrücken und neu erleben

Als *Ausdrucksgestaltungen* werden hier Möglichkeiten bezeichnet, in denen die Schüler/Gruppenmitglieder die affektive und subjektive Seite einer bereits erarbeiteten Einsicht oder Wertung oder auch einer offen bleibenden Frage durch eine kreative Gestaltung in einem geeigneten Medium (poetische Sprache, Musik, Bild, Pantomime) ausdrücken und dadurch neu erleben können. Praktisch: Arbeit mit Farben, Fotos, Collagen, Pantomimen, musikalische Improvisationen, expressive Texte u. ä.
Viele dieser Verfahren wurden bereits in einem anderen Zusammenhang empfohlen: Zunächst ohne vorgegebene Thematik als Mittel zur Findung von bedeutsamen Themen (Kapitel III), dann thema- und problembezogen als gesprächsvorbereitende Hilfe zur Bewußtmachung mitgebrachter Einstellungen und Erfahrungen (Kapitel IV) und schließlich als Teil einer Dokumentation (Nr. 75). In diesem Kapitel werden diese (und andere) gestalterischen Verfahren für eine andere Phase im Lernprozeß und für eine andere Zielsetzung vorgeschlagen.

Notwendigkeit und Sinn von Ausdrucksgestaltungen

Einsichten und Einstellungen zu Inhalten wie Freiheit – Erlösung, Sinn des Lebens, Hoffnung, Solidarität (Brüderlichkeit), Versöhnung, Isolation – Gemeinschaft, Tod, Gebet haben ohne Zweifel eine starke *affektive Komponente*. Hier wollen auch die Freude oder die Trauer, die Begeisterung oder die Resignation, die Angst oder die Zuversicht, die Ergriffenheit oder der Abscheu des Lernenden mitschwingen – und zwar nicht nur *vor* einer klärenden Reflexion (im Sinne der bewußtmachenden Verfahren von Kapitel IV), sondern auch *nach* ihr: als Ausklang, Vertiefung (Meditation), Feier.
Gerade im schulischen RU wird dieses Bedürfnis oft zuwenig berück-

sichtigt. Die Verständigung (die „symbolische Interaktion") wird vielmehr auf eine wissenschaftlich-begriffliche Sprache beschränkt. Diese ist zwar notwendig, um sich von seinem subjektiven Erleben zu distanzieren und zu sachlichen, informierten und begründeten Einsichten zu kommen, aber sie engt den Lernprozeß durch eine (rein informative) *Sprache ohne affektive Ausdrucksfunktion* ein. Damit verhindert man, daß die Lernenden nach der distanzierenden Reflexion (durch Bewußtmachung von Einstellungen und durch argumentative Auseinandersetzung) den Weg zurück, zu einem neuen, „aufgeklärten" Erleben finden können. Die so gewonnenen Einsichten und Einstellungen sind nur begrifflich; ihnen fehlt die *Qualität des reflektierten Erlebens,* wie sie durch Feier, Meditation und Kunst erworben wird.

Was heißt reflektiertes Erleben? Natürlich soll sich ein Schüler beispielsweise einen klaren Begriff von Freiheit oder vom Sinn des Gebets o. ä. erarbeiten; er soll diese Inhalte definieren, in ihrer Problematik kennen und eine begründete eigene Ansicht formulieren können. Aber die in diesem „klaren Begriff" erfaßte Einsicht ist tiefer, ist in ihrer emotionalen und existentiellen Bedeutung auch deutlicher, „klarer", wenn er sie auch nach der Reflexion erleben, auf sich wirken lassen konnte. Und dazu bietet ihm die Arbeit an einer Collage, mit Fingerfarben, mit Ton, an einem Gedicht oder einer musikalischen Improvisation Gelegenheit. Während solcher Ausdrucksgestaltungen kann er *stärker erleben (und ausdrücken), was ihm Freiheit oder Gebet o. ä. bedeuten* – nicht nur, wie er es spontan in seinen mitgebrachten Einstellungen sieht (sah), sondern so, wie es reflektiert wurde.

Ausdrucksgestaltungen ermöglichen dieses Erleben vor allem durch folgende Umstände: 1. Sie bieten Gelegenheit, sich über die wissenschaftlich-begriffliche Sprache hinaus auch in einem Medium (expressive Sprache, Bild, Musik, Gebärde) auszudrücken, das das Symbolbewußtsein, nicht nur das Denkbewußtsein anspricht. So wird das Erleben intensiviert und in einem Raum des Innewerdens, wo man nicht distanziert darüber hinwegredet, verstärkt. 2. Sie fordern vom Lernenden *keine direkten Gefühlsäußerungen,* sondern geben ihm Gelegenheit, sein Erleben in und hinter der Chiffrierung in einem Medium gleichsam zu verstecken (vgl. dazu Fr. Oser 1972, 57), es dem anderen geschützt und *nur indirekt zu offenbaren* – in Form einer Ausdrucksgestaltung, die die anderen zuerst einmal auf sich wirken lassen, zu der sie dann ihre *Resonanz,* ihre persönliche Deutung und nicht eine direkte Bewertung oder Gegenthesen äußern und wo die kritischen Bemerkungen sich auf die gestalterische Seite konzentrieren können: auf Vorschläge zur Komposition und zur Differenzierung der Ausdrucksmittel. 3. Sie reizen durch das Angebot von Medien zu *aktiver, kreativer Gestaltung,* nicht nur zum rezeptiven Sehen, Hören oder Lesen.

Das Ziel der so verstandenen Ausdrucksgestaltungen ist es also nicht, kritische Reflexion durch die einseitige Pflege von Emotionen zu ersetzen, so als seien Erlebnisse Selbstzweck – die Gefahr der alten und neuen Formen von „Erlebnispädagogik". Vielmehr sollen sie diese Reflexion gegebenenfalls ergänzen und bereits erarbeitete Einsichten, Wertungen und Fragen neu erleben lassen. Eine solche Ergänzung ist besonders dann vordringlich, wenn die Schüler/Gruppenmitglieder in der Anfangs- und Erarbeitungsphase wenig Gelegenheit hatten, zu einer Thematik ihr eigenes Erleben kreativ auszudrücken, wenn sie beispielsweise noch nicht (im Sinne von Nr. 57) gemalt, eine Pantomime gesucht oder eine Collage geklebt haben, sondern nur durch einen Text, ein Dia oder einen Film eingeführt wurden. In diesem Rahmen sollten Ausdrucksgestaltungen im schulischen RU, in Gruppenabenden, Einkehrtagen und Gottesdiensten die weitverbreitete Gemütsverdrängung durchbrechen helfen und gerade Jugendlichen erlauben, ihre *Erlebnis- und Gestaltungsfähigkeit auch in einem reflektierten und religiösen Kontext zu entfalten* – nicht nur in den ausdrücklich musischen Fächern und nicht nur bei Schnulzenmusik aus dem Transistor oder in einsamen Minuten über Gitarre und Tagebuch.

Leitlinien

1. Der Lehrer/Leiter, der zu Ausdrucksgestaltungen einlädt, muß oft zuerst einmal die *Angst der Teilnehmer vor einem unbekannten Medium* („Ich kann nicht malen") *und vor dem Leistungsanspruch der Lerngruppe* überwinden helfen. Er muß darum von vornherein betonen, daß keine vorführungs- und veröffentlichungsreifen Kunstwerke entstehen sollen, daß vielmehr alle die Gelegenheit haben sollen, ihre Einfälle zu einem Thema zu gestalten.
2. Zu Ausdrucksgestaltungen muß man zwar engagiert und werbend anregen. Doch sollten sich die Teilnehmer deswegen nicht zu ausschließlich positiven Äußerungen verpflichtet fühlen. Der Lehrer/Leiter muß darum eigens darauf hinweisen, daß *auch offen*

gebliebene Fragen und Zweifel zum behandelten Thema gestaltet werden können (besonders durch Texte, Plakate, Collagen) bzw. daß man auch einen Einfall, der nicht unmittelbar zum Thema gehört, bearbeiten kann (Teilnehmer, die jede Stellungnahme vermeiden wollen, können dann z. B. rein dekorativ arbeiten).

3. Der Lehrer/Leiter darf auf keinen Fall durch nachahmbare Vorlagen die Kreativität der Teilnehmer hemmen. Was er ihnen aber vorgeben muß, ist eine *Anleitung, um aus eigenem Empfinden heraus eine Gestaltungsidee* zu entwickeln: sich zuerst das Thema vergegenwärtigen und überlegen, welcher Aspekt daran einen anspricht. In Ruhe darauf achten, was man dabei innerlich hört und sieht, welche Farben, Bilder, Bewegungen, Klänge, Worte im Bewußtsein auftauchen. Dann den Einfall wählen, den man gestalten will und versuchen (entweder durch eine Skizze oder durch zwei Ausführungen hintereinander), ihn in einem anregenden Medium wirkungsvoll zu gestalten. – Meistens wächst auch hier nach einer Anfangsphase des Zitierens allgemein verbreiteter Formen die Echtheit und Originalität mit der Zeit.
4. Ob die Gestaltungsaufgaben zuhause oder in der Lerngruppe, in Einzelarbeit, paarweise oder in Kleingruppen durchgeführt werden, immer sollten sie *im Plenum ausgewertet* werden. Bei der Auswertung soll nicht direkt nach Absichten und Gefühlen gefragt werden, vielmehr sollen die Teilnehmer die Gestaltungen auf sich wirken lassen und einander mitteilen, was sie dabei empfinden und wie sie ein Werk deuten (ein wenig Rätselratenatmosphäre lockert auf und mindert die Angst). Der oder die Urheber können dann – mehr formal oder mehr inhaltlich – sagen, worauf es ihnen ankam. Der Lehrer/Leiter sollte darauf sehen, daß jedem Urheber oder jeder Urhebergruppe für das Zeigen eines Werkes gedankt wird, daß die Idee nicht zerredet wird, sondern sich weitere Bemerkungen auf Fragen der formalen Gestaltung (Farb- oder Instrumentenwahl, Komposition usw.) konzentrieren. – Ausdrucksgestaltungen lassen sich oft auch in eine Meditation oder einen Gottesdienst einbeziehen.

Verschiedene Möglichkeiten

Im folgenden werden Gestaltungsaufgaben beschrieben, die ohne spezielle Vorbildung durchgeführt werden können. Schwierige Verfahren werden nur ergänzend dazu erwähnt.

Malen

Die besprochene Thematik wird durch ein einfaches Stichwort (z. B. Freiheit), durch eine anregende Formulierung („Freiheit, die ich meine“, „Das wäre ein Stück Selbstverwirklichung ...“) oder ein Zitat („Wo der Geist des Herrn waltet, da ist Freiheit“, 2 Kor 3,17) in Erinnerung gerufen.

Dann werden die Teilnehmer/Schüler eingeladen, allein oder in frei gebildeten Kleingruppen Bildideen dazu zu suchen (siehe oben Leitlinien) und auf großen Malflächen (Zeichenkarton oder besseres weißes Packpapier) zu gestalten – mit Fingerfarben[59], Wachsstiften, Pinsel oder Filzschreibern. Die Anfangsschwierigkeiten wurden in Nr. 49, 57 schon erwähnt. Sind sie überwunden, so können die Beteiligten schon innerhalb von 20–30 Minuten (also auch während einer Unterrichtsstunde in der Schule) ein Bild fertigstellen, das für sie einen hohen Ausdruckswert besitzt und viel Freude macht.

Die Teilnehmer sollen ganz frei nach eigener Inspiration entscheiden, ob sie gegenständlich oder abstrakt-symbolisch malen wollen. Nützlich kann hingegen die Anregung sein, *zwei oder drei Farben zu wählen und sie einen Sachverhalt oder einen Vorgang zum Thema erzählen zu lassen.* So entsteht beispielsweise zum Thema „Freiheit“ eine Folge von mehreren Bildern, wo Rot zuerst von Schwarz oder Blau eingekreist (gefangen) oder plattgedrückt ist, und allein oder mit Hilfe von Grün (gemeinsame Befreiung) Schwarz/Blau zurückdrängt oder durchlöchert und sich entfaltet. Ähnliche symbolische Vorgänge sind: von der Entfremdung zur Versöhnung, von der Isolation zur Gemeinschaft, von der Herrschaft zur Partnerschaft. Man kann auch Farben schildern lassen, was wir mit unserer Verantwortung, unserer Schuld, unserer Trauer tun (verdrängen usw.).

Wurde zuvor ein *biblischer Bericht* (Berufung der Jünger, Jesus bei Zachäus) behandelt, so kann man die Aufgabe stellen, *die Gestalt oder die Szene in Farben darzustellen, die einen anregt und beeindruckt.* Dieselbe Anregung kann man geben, nachdem eine christliche Per-

[59] Zu den Vorteilen der Fingerfarbenarbeit siehe Nr. 23. – Bei großem Verbrauch lohnt es sich, selbst Fingerfarben anzumachen: Man rührt Tapetenkleister (Glutofix, Methylan o. a.) nach Gebrauchsanweisung in einem Plastikeimer an und läßt ihn dort stehen, bis er dicklich ist. Dann füllt man die Masse in kleine Behälter (Joghurtbecher) und mischt sie mit den gewünschten Farben. Als Mischfarben nimmt man die gleichen, die zum Tönen der Wandanstrichfarben verwendet werden und die pasten- oder pulverförmig in Malergeschäften erhältlich sind.

sönlichkeit wie Franz von Assisi oder Martin Luther King vorgestellt wurde. – Ähnlich wie das Malen können auch folgende Ausdrucksgestaltungen angeregt werden:

Plakate
können durch eine gemalte Darstellung (Symbol, Detail) und einen kurzen Text zum Nachdenken anregen. Zuerst ein gelungenes Beispiel zeigen und dann in einem Brainstorming Ideen sammeln, auswählen und darstellen lassen. – Man kann auch Großfotos bereitstellen (vgl. Nr. 50, 58) und für einen Schaukasten 2–3 Aufnahmen auswählen und durch eine Graphik und ein Stichwort zu einer einheitlichen Aussage komponieren lassen.

Collagen
Zur technischen Ausführung siehe Nr. 51. Man beachte: Für Collagen brauchen die Schüler gewöhnlich länger (90 Minuten) als für das Malen von Bildern u. a.

Drahtplastik u. a.
Hier sind Draht und Zange zur Verfügung zu stellen.
Eine technische Einführung und auch mehr Zeit zur Ausführung erfordern Verfahren wie *Glasmalerei* (wegen der Leuchtkraft der Farben als Schmuck für das eigene Zimmer sehr beliebt), *Linoldruck, Papierbatik, Tonfiguren* und *Raumobjekte* (aus Styropor, Tüchern, Draht, Holz u. ä.). Sie haben sich auch für religiöse Themen und im Rahmen von Gruppenabenden, Wochenenden und Schülerseminaren als anregend erwiesen.

89 Texte formulieren

Hier geht es darum, die Schüler/Teilnehmer zu Formulierungen anzuregen, die – anders als die rein wissenschaftlich-begriffliche Sprache – einen gewissen emotionalen Ausdruck ermöglichen.

Ein Bild auswählen und einen Text dazu schreiben:
Schüler und Erwachsene, selbst solche, die in ihrem emotionalen Ausdruck eher gehemmt sind, können verhältnismäßig leicht zu einer solchen Textgestaltung animiert werden, wenn man sie einlädt, zu einem besprochenen Thema (Auferstehung, Sinnvoll leben u. ä.) oder Bibeltext ein Foto auszusuchen und dazu eine *Bildbetrachtung zu schreiben*. Man legt (ähnlich wie in Nr. 50 und 58 ausgeführt wurde) eine Reihe von Fotos vor und fordert dazu auf, ein Bild zu suchen,

das einen Gedanken, der einem bei dem Thema oder Text kam, ausdrücken könnte. Wer ein Bild ausgesucht hat, zieht sich mit ihm zur Einzelarbeit (10–30 Minuten) zurück und schreibt mit Filzstift auf ein DIN A 4-Blatt einen anregenden, kurzen Text (u. U. in Sinnzeilen) – so als wolle er zu dem Thema in einer Zeitschrift ein Foto mit Bildbetrachtung veröffentlichen (freilich ohne den Anspruch, hier etwas Druckreifes zu texten).
Danach treffen sich alle wieder zur Auswertung im Plenum. Jeder legt sein Foto in das gefaltete Textblatt ein, so daß man nicht weiß, wer was geschrieben hat. Der Lehrer/Leiter zeigt dem Plenum jeweils ein Bild und läßt den dazu gehörigen Text vorlesen (alle Texte vom gleichen Leser, nicht von den Autoren selbst).
Zu ähnlichen Arbeitsformen, die aber einen größeren Aufwand an Zeit und Technik erfordern, siehe die Ausführungen zur Textcollage, zum Tonbandbericht, zum Hörspiel und Tonbild (Nr. 75), die – mit leichten Änderungen – auch für die hier angezielten Ausdrucksgestaltungen gelten.

Gebetstexte:
Viele Themen können in Form von Gebeten (spontan oder nach einem vorgegebenen Modell) zusammengefaßt und ausgedrückt werden. Der Einsatz kann noch gesteigert werden, wenn die Gebetstexte für einen wirklichen Gottesdienst vorgesehen sind. Anregend wirken offene Anstöße wie „Gebet um . . .“, „Gebet eines . . .“, „Ein Psalm“. Manchmal kann man einen bildhaften Ausdruck der Bibel oder eine Notiz aus einer Metapherübung (Nr. 62) zu einem Gebet erweitern.

Ausdrucksstarke Formulierungen suchen:
Man stellt die Aufgabe, zu einem Thema, zu einem biblischen Text, zu einem Gedicht, das als Anstoß wirkt, oder zu einem Film, nach einer Erkundung (Nr. 74) oder einer Aktion (Nr. 87) eine *dichte, ausdrucksstarke Formulierung zu suchen:* eine Schlagzeile für ein Plakat (siehe Nr. 88), einen Sinnspruch oder Slogan für einen Schriftposter (der Text wird auf einen Papierbogen gemalt, der durch ein graphisches Zeichen wie Stern, Rad, Sonne u. ä. einen Blickfang erhält), Aphorismen, einen rhythmisierten Text (in Sinnzeilen gesetzt) oder ein Gedicht.
Rhythmisierte Prosa und Gedichte halten viele Schüler für ein Privileg weniger Dichter. Hier kann der Rat helfen, einen Eindruck, ein Erlebnis *zuerst in Stichworten auszudrücken* und diese dann „auszu-

schreiben“. Beispielsweise den Ausdruck (Klage, Schmerz) einer Gestalt von Daumier, Barlach oder Kollwitz in einem Stichwort festhalten und daraus Aussagen in kurzen Sätzen bilden. Auf diese Weise kann man auch einen biblischen Bericht betrachten und zusammenfassen lassen[60]. Die Aufgaben können in Kleingruppen oder bei persönlicheren Formen wie Aphorismus und Gedicht in Einzelarbeit ausgeführt werden. Die Versuche werden dann im Plenum betrachtet, gegebenenfalls ausgefeilt und in wirkungsvoller Schrift auf Papierbogen geschrieben. Um Hemmungen zu überwinden, kann man Einzelarbeiten auch ohne Namensnennung besprechen.
Warum sind diese Gestaltungsaufgaben so wichtig? Es fällt auf, daß Jugendliche auch dann, wenn sie durch Meditation und Bibelstudium die Wirklichkeitsferne und Infantilität vieler Formeln und Vorstellungen ihrer Kindheit überwinden, in ihrem Sprechen und Schreiben (Briefe, Aufsatz, Tagebuch) religiöses Erleben und Denken nur schwer formulieren können. Die tägliche Unterhaltung, die das Religiöse oft tabuisiert, wie auch ein überwiegend rezeptiver RU und Gottesdienst bieten offensichtlich zuwenig aktivierende „Sprachsituationen“ an. Auch religiös interessierte und aktive Erwachsene fallen oft aus Unbeholfenheit und gegen ihren Willen in kindlich-unreflektierte Sprachmuster zurück, wenn sie ein religiöses Gespräch führen wollen.
Die erste Hilfe, die zur Entwicklung eines aktiven Sprachvermögens angeboten werden muß, ist ein religiöses Sprechen in Unterricht und Gruppe, das auf eigenständige Formulierungen und nicht nur auf das Reproduzieren einer durchformulierten Glaubenstradition bedacht ist. Aber darüber hinaus müssen auch Anstöße zu schriftlichen kreativen Gestaltungen gegeben werden, sowohl für mehr informative und argumentative als auch für appellative oder meditative Inhalte.

90 Pantomimen und andere Dramatisierungen

Pantomimen:
Im Unterschied zum problembezogenen und gesprächsvorbereitenden Suchen von Pantomimen (Nr. 57b) soll hier ein bereits bespro-

[60] Schüler der 7.–9. Klasse faßten die Erzählung von Jesus und der Sünderin in Sätzen wie den folgenden zusammen: „Kristallklare Worte schlagen den Feind in die Flucht“ – „Am Felsen zerschlagen die Wellen“ – „Ein höheres Gesetz richtet die unwissenden Richter“ (Aus Fr. Oser 1972).

chenes Thema oder ein biblischer Text in die Körpersprache umgesetzt werden, damit sie meditativ angeeignet werden können. (Die Grenzen zu der in Nr. 57b beschriebenen Form sind freilich fließend.)
Eine Klasse/Gruppe kann sich in Untergruppen aufteilen, die zum gleichen Thema oder auch zu verschiedenen Themen eine halbe Stunde lang eine Pantomime suchen und sie dann einander im Plenum (oder im Gottesdienst) vorführen.
Um für diese Darstellungsform zu werben und in sie einzuführen, könnte man zuerst auf die oft vernachlässigten Möglichkeiten und die Bedeutung der Körpersprache hinweisen, gleichzeitig aber auch betonen, daß wir keine Einzel- und Kunstpantomimen vom Rang eines Marcel Marceau oder Samy Molcho anstreben, sondern unprätentiös Gruppenpantomimen zum eigenen Gebrauch erarbeiten wollen.
Geht es um eine *Lebensfrage und menschlich-religiöse Grunderfahrung* (etwa: Das könnte ein Stück sinnvollen Lebens sein; Gemeinschaft – Brüderlichkeit; Freiheit; Versöhnung – Frieden; Hoffnung), so sollen die Gruppen zuerst besprechen, wo diese in ihrem Bereich aktuell werden. Erst wenn einige Erfahrungen genannt wurden, kann man in einem weiteren Schritt aus dem Gesagten eine Situation heraussuchen, die sich ohne Worte, durch Körpersprache darstellen läßt. (Hilfsfrage: Wo sehen wir einen Vorgang, einen Ablauf, der sich mit der Haltung und den Gesten unseres Körpers darstellen läßt?) Dann versucht man, eine solche Situation darzustellen; dabei fallen den Teilnehmern meistens noch weitere Details ein, die den Ablauf reicher gliedern und verdeutlichen können. Am Ende probt man den ganzen Verlauf noch einmal und führt ihn den anderen vor.
Geht es um einen *biblischen Text,* so liest man diesen zuerst vor und überlegt dann, wie man das biblische Geschehen, Gleichnis oder Bildwort in die Körpersprache umsetzen kann. Etwa die Überwindung von Distanz, Feindschaft, Angst oder Krankheit. Besonders eignen sich für Pantomimen biblische Berichte, in denen die körperliche Annäherung oder Entfernung eine wesentliche Rolle spielt: Jesus und Zachäus (Lk 19,1–10); die Blindenheilung (Mk 8,22–26); die Stillung des Seesturms (Lk 8,22–25); der barmherzige Samariter (Lk 10,25–37); Stationen des Kreuzwegs. – Vor der Darstellung liest man auch dem Plenum zuerst den Text vor.
In jedem Fall sollen die Schüler/Teilnehmer die Spielidee selbst finden und entwickeln. Der Leiter soll nur allgemein an die Grundbe-

dingungen der Pantomime erinnern, Anregungen geben und gegebenenfalls fragen, ob man ein Geschehen noch deutlicher, zuschauergerechter oder intensiver darstellen könnte. Dazu einige Hinweise:

- Lange Reden (Sitzungen, Verhandlungen) mit ihren Gestikulationen vermeiden – das Geschehen lieber zu aussagekräftigen, symbolischen Gesten verdichten. (Etwa: Ein Teil der Gruppe streckt einem einladend oder ablehnend die Hände entgegen usw.)
- Sich fragen: Kann man den Inhalt als Übergang von einem Zustand A zu einem Zustand B darstellen? (Von Unfreiheit zu Freiheit, von Zerstrittenheit zu Versöhnung usw.)
- Läßt sich die Handlung in Schritte gliedern und so für die Zuschauer, die Zeit zum Verstehen brauchen und das Geschehen meditieren wollen, zugänglicher machen? Kann man einen Teilvorgang vielleicht durch eine Serie, durch eine sich wiederholende Geste, eindringlicher gestalten? (Etwa wenn einer nach dem andern jemandem gratuliert, in einen Kreis aufgenommen oder aus ihm verstoßen wird.)
- Läßt sich der Schluß zu einem Höhe- bzw. Tiefpunkt machen?
- Kann man bestimmte Partien mit Musik untermalen und dadurch beleben?
- Bewegungen nicht karikierend überzeichnen; weniger ist oft mehr.
- Auf das Publikum hin spielen; ihm nicht die Sicht versperren, den Rücken kehren usw.
- Möglichst alle Mitglieder der Gruppe ins Spiel einbeziehen.

Kaum eine Gestaltungsaufgabe wirkt so aktivierend und gleichzeitig so meditativ wie das Suchen und Sehen von Pantomimen.
Beispiele: Zum Thema „Weihnachten – Jesus, das Licht in unserer Finsternis“ (Jes 60,1–5) formierten sich 13jährige in einem (Halb-) Kreis, der einen nach dem anderen ausstößt und mit ausgestreckten Zeigefingerarmen wegschiebt. Einer nach dem andern setzt sich mit hängendem Kopf abseits auf den Boden; der Kreis zerstört sich selbst. Nach einiger Zeit gehen zwei zaghaft aufeinander zu und reichen sich die Hände. Die Zwei gehen zu einem Dritten, tippen auf seine Schulter, heben ihn hoch und laden ihn zu sich ein. Die Dreiergruppe geht zu einem Vierten – bis alle wieder einen Kreis bilden. Sie tanzen zu Musik einen Reigen und heben die Hände hoch, mit denen sie sich halten.
Zum Thema „Gemeinschaft“ zeigten 16jährige, daß dies heißt, etwas gemeinsam zu entdecken und zu erleben. Zunächst sitzen alle gelangweilt und ohne Beziehung zueinander im Halbkreis. Dann entdeckt

der Erste etwas vor sich am Boden, geht darauf zu, hebt es hoch, betrachtet es mit frohem Gesicht. Mit einiger Anstrengung gelingt es ihm, den Zweiten darauf aufmerksam zu machen; auch er richtet sich auf und strahlt. Sie gehen zum Dritten, Vierten usw. Das Entdeckte wird in die Mitte gestellt (unsichtbar), die Spieler bilden einen Reigen und improvisieren zu einer Musik einen Tanz um den entdeckten Gegenstand.
Studenten spielten zum Thema „Sinnvoll leben", wie ein Zeichner, ein Fräser, eine Sekretärin und andere ihre Arbeit mit mechanischen Handgriffen und in gebückter Haltung verrichten und auf ein Signal hin ebenso gebückt und ohne einander zu grüßen, nach Hause gehen – wieder beginnen usw. In einer zweiten Phase lernen sie jedoch, aufrecht zu arbeiten, ihre Bewegungen freier auszuführen, Pausen einzulegen und miteinander zu reden und zum Abschluß sogar zu tanzen.

Einen rezitierten oder gesungenen Text pantomimisch begleiten:
Die Darsteller stellen sich in einer Reihe, einem Halbkreis oder einer anderen Formation auf und machen zu einzelnen Stellen eines Textes, der vorgelesen, oder eines Liedes, das abgespielt wird, gemeinsam oder in einem Wechsel zwischen einem einzelnen und der Gruppe Ausdrucksbewegungen: Hände öffnen, Fäuste ballen, Arme erheben, gefesselte Hände, sich beugen usw. Für den Einstieg in diese Art von Ausdrucksgestaltung eignen sich besonders ironische Songs (z. B. Reinhard Meys „Es gibt unheimlich männliche Männer"). Aber dann sollte man auch zu Gedichten und Bibeltexten übergehen.

Freies musikalisches Gestalten 91

Für diese Gestaltungsform braucht man einige Orffsche Instrumente und den Mut, auch mit Gegenständen eigener Wahl – Pappkarton, Topfdeckel, Stuhlsitzfläche, Joghurtbecher, Holzlöffel u. ä. – interessante Geräusche zu erproben. Wenn die Teilnehmer diese Möglichkeiten noch nicht kennen, läßt man sie am besten zuerst einmal versuchen, welche Töne sie den einzelnen Gegenständen und Instrumenten entlocken können, welche Vorstellungen diese in ihnen wecken und wie sie durch Zusammenspielen ein sinnvolles, ausdrucksstarkes Klangbild erzeugen können.
Dann wird ähnlich wie beim Malen die behandelte Thematik in Erinnerung gerufen. Nun überlegen die Teilnehmer in einem Brainstorming, welche Klangbilder und -abläufe ihnen dazu in den Sinn

kommen, die sie mit ihren Instrumenten darstellen könnten. (Abweichend von der gewöhnlichen Orff-Pädagogik geht man hier von einer freien Klangidee, nicht vom Sprechrhythmus aus.)

Beispielsweise stellten 16jährige Schülerinnen das Thema „Befreiung" dadurch dar, daß sie zuerst stockende, disharmonische und gleichsam verborgene Geräusche erzeugten, die wie in einem Kampf heftiger wurden und schließlich in harmonische, festliche Musik übergingen. – Das Thema „Frieden" bearbeiteten Erwachsene, indem sie die Verse von Nelly Sachs „Leget auf den Acker die Waffen der Rache" musikalisch untermalten: zuerst Duelle von Maschinengewehrsalven und Kanonendonner. In dem Maß, wie dieser Kriegslärm abebbt, wird eine freundliche Flöten- oder Xylophonweise hörbar, die sich immer mehr durchsetzt und von anderen Instrumenten begleitet wird.

Anstöße zu freiem musikalischem Gestalten können ausgehen

- von Gebeten, beispielsweise auch von Psalmen,
- von Gedichten (vor allem wenn sie dazu einladen, einen Ablauf, einen Wandel musikalisch anzudeuten: von der Trauer zur Freude, vom Chaos zur Klarheit, von der Schwäche zur Stärke, vom Krieg zum Frieden usw.),
- von biblischen Szenen: Zum Einzug Jesu in Jerusalem intonierte beispielsweise einer auf einem Xylophon die Melodie „Hoch soll er leben", die dann von den verschiedenen anderen Instrumenten aufgenommen, wiederholt und gesteigert wurde. Die Verurteilung Jesu wurde durch schrille Partien angedeutet; sein Sterben durch ein allmähliches Verstummen der Instrumente und seine Auferstehung durch ein anschwellendes „Glory, glory, halleluja."
- von Fotos oder Dias (besonders von Abbildungen von Plastiken).

Werden Texte untermalt, so wird man sie vor der musikalischen Darbietung oder zu Beginn ihrer einzelnen Abschnitte rezitieren. Bei der Erarbeitung sind Vorschläge eines sachkundigen Teilnehmers durchaus nützlich, sofern sie zur wirkungsvolleren Darstellung anregen und die Kreativität nicht durch fixe Vorstellungen oder Leistungsdruck hemmen. Beispiele für positive Anregungen: Könntet ihr dieses Gefühl noch besser zum Ausdruck bringen? Sollte man diese Partie von der anderen nicht stärker abheben? Die Instrumente sollte man so einsetzen, daß sie einander nicht überlagern, sondern in ihrer Art zur Geltung kommen. Wie klingt es mit einem schnelleren oder langsameren Rhythmus? (Siehe Fr. Oser 1973, 60–63.)

Eine anspruchsvolle Sonderform: Biblische Gleichnisse oder Psal-

men in verschiedenen Rezitationsweisen und mit musikalischen Intermezzi sprechen lassen.
Wo die nötigen Instrumente vorhanden und die Schüler zu improvisieren gewohnt sind (u. U. in Zusammenarbeit mit dem Musikunterricht), kann man ein *biblisches Gleichnis* (oder einen Psalm) rezitativ und musikalisch gestalten. Der *Text* wird in Sinneinheiten, Sätze bzw. Abschnitte gegliedert und je nach dem Inhalt *verschieden rezitiert:* nüchtern, getragen, geschäftig, langsam, ironisch, nachdenklich. Manche Sätze so, daß sie flüsternd bzw. laut gesprochen, auf mehrere Sprecher verteilt, von drei Sprechern wie ein Kanon vorgetragen (wobei die beiden ersten Sprecher einen Teil des Satzes wiederholen, damit sie zu einem gemeinsamen Abschluß kommen) oder im Chor rezitiert werden. Nach den einzelnen Sätzen oder Abschnitten spielt man auf den Instrumenten ein entsprechendes *Intermezzo:* beispielsweise eine „belehrende" oder „traurige" Flötenweise oder eine Improvisation mit Baß-Xylophon, Rasseln, Becken, Metallophon. Diese Arbeitsweise hat sich bei belehrenden Texten wie Fabeln bewährt (vgl. E. M. Kienhorst 1976); sie eignet sich sicher auch für Gleichnisse und Psalmen.

Gestaltungsaufgaben mit verschiedenen Ausdrucksformen 92

Will man nicht gerade eine Lerngruppe mit einer bestimmten Ausdrucksform vertraut machen und sich darum auf diese beschränken, so empfiehlt es sich, das behandelte Thema in freien Interessengruppen gestalten zu lassen. Das Thema wird in Erinnerung gerufen. Dann bilden sich Gruppen, die je nach Interesse folgende Aufgaben (die mit Ausnahme der Collage alle in einer Stunde durchführbar sind) übernehmen:

Bild/Plakat
Collage
Drahtplastik
Musikalische Gestaltung
Pantomime
Kurzszene
Text zu einem Foto schreiben

Eine Sonderform: Aufgabe mit kombinierten Ausdrucksformen:
Die Teilnehmer (diese Aufgabe ist vor allem für jüngere gedacht) werden in Sechsergruppen aufgeteilt. Für jede Gruppe muß ein Karton so vorbereitet werden, daß er leicht zu einem Würfel (von etwa 20 cm Seitenlänge) gefaltet und zusammengeklebt werden kann.

Jede Kleingruppe hat nun die Aufgabe, zu einem bereits behandelten Hauptthema (z. B. Kirche heute) einen Würfel zu gestalten, der einen Aspekt veranschaulicht. Jede Gruppe bespricht ihre Aufgabe und verteilt die Zuständigkeiten für jede der 6 Würfelseiten (so daß jeder Teilnehmer einbezogen und aktiviert wird, was ein gemeinsames Arbeiten an einer Seite nicht ausschließt). Die 6 Seiten des Würfels sollten folgendes zeigen (die einzelnen Beiträge werden zuerst auf Papier ausgeführt und dann aufgeklebt):

1. In großen Buchstaben das spezielle Thema, den Aspekt, der gewählt wurde.
2. Eine dazu passende Bibelstelle.
3. Ein positives, „ideales“ Bild (z. B. wie Kirche sein sollte) – mit Filzschreibern o. a. selbst gemalt oder als Collage geklebt.
4. Ein Kontrastbild (z. B. wie Kirche nicht sein sollte).
5. Eine Zeichnung oder Karikatur von einer eigenen Erfahrung zum Thema.
6. Ein Text, der gereimt ist und in 4 Zeilen auf das Thema eingeht.

Bildet man Vierergruppen, so läßt man Aufgabe 1 und 4 weg und gestaltet nur die 4 senkrechten Würfelflächen. Am Ende erläutert jeder kurz die Fläche, die er gestaltet hat. (Nach einer Anregung von Thomas Klose, Hannover.)

VII.

Methodische Hilfen zur Bibelarbeit

Das Arbeiten mit der Bibel ist für den christlichen Religionsunterricht, die Jugendarbeit und die Erwachsenenbildung von grundlegender Bedeutung und erfordert eine sorgfältige, ideenreiche methodische Gestaltung. Bibelarbeit kann – vereinfacht gesagt – entweder von einer Lebensfrage der Schüler/Teilnehmer ausgehen (etwa: Gemeinschaft, Angst, Sinnfrage), um sie im Lichte der biblischen Glaubensüberlieferung zu erhellen. Oder sie kann von einem biblischen Text oder Thema ausgehen (beispielsweise: Der Schöpfungsbericht Gen 1; die Heilungswunder in den Evangelien), um deren Bedeutung für heutiges Verstehen und Leben zu erschließen. Zu beiden Vorgehensweisen haben die vorangegangenen Kapitel im Rahmen der übergreifenden Lernziele, mit denen sie sich befaßten, zahlreiche Hinweise gegeben. So ist ein Großteil der in Kapitel II und IV genannten Verfahren zur Verbesserung der Interaktion bzw. zur Bewußtmachung mitgebrachter Einstellungen als Vorbereitung einer „Antwort aus der Bibel" zu verstehen, während allgemeine Arbeitsformen wie Partnerarbeit, Schreibgespräch, Leseimpulse oder Ausdrucksgestaltungen immer auch für biblische Texte und Themen vorgeschlagen wurden.
Die folgenden Ausführungen sollen speziell im Hinblick auf die methodische Gestaltung der Bibelarbeit zeigen, wie einzelne bereits beschriebene Verfahren dafür eingesetzt bzw. durch andere, noch nicht angeführte Anregungen ergänzt werden können. Sie wollen, ohne Anspruch auf Vollständigkeit, einen „Markt der Möglichkeiten" vorstellen, der einem hilft, auf neue Ideen zu kommen und den geeigneten Ansatz zu finden.

93 Verschiedene Formen der Bibelarbeit

93a 1. Zur Vorbereitung und Erarbeitung biblischer Aussagen (Anfangs- und Erarbeitungsphase)

(0) In *welcher Arbeits- und Gesprächsform* kann der Text bearbeitet werden?
Bei den hier zu nennenden Formen kann man entweder – mehr strukturiert – gezielt Erschließungsfragen vorgeben (sei es mündlich, sei es auf einem Arbeitsblatt); oder man kann – eher unstrukturiert – die Einfälle und Fragen austauschen lassen, die den Schülern/Teilnehmern nach dem Hören oder Lesen des Textes spontan kommen – in der Art eines Brainstormings (Nr. 16, 65). Grundsätzlich kommen folgende Arbeits- und Gesprächsformen in Frage:

- *Einzelbesinnung* zur Vorbereitung eines Gesprächs im Plenum oder in Kleingruppen (Nr. 17a, 83).
- *Paararbeit* nach Nr. 11.
- *Kleingruppenarbeit* in der einfachen Form von Nr. 12, also ohne vorausgehende Einzelbesinnung und ohne Schweigephase.
- Kleingruppengespräch im Plenum nach der *Methode 66* (Nr. 14).
- Gruppenarbeit in der Form des *Schreibgesprächs* (Nr. 18), das mit einer schweigend-schriftlichen und einer mündlichen Austauschphase arbeitet.
- Schreibgespräch mit einem eigenen Blatt für jeden Teilnehmer: *Methode 365* (Nr. 18a).

(1) *Fragen vorlegen,* die gezielt sprachliche, zeitgeschichtliche und religiöse Gesichtspunkte des Textes erschließen – oder den Text mit anderen Bibelstellen vergleichen lassen.
Sonderformen dazu:

- Sachinformationen angeben, die bei der Lösung der Fragen zu verwenden sind, und Zusammenhänge entdecken lassen. Beispielsweise zu einem Text über Jesu Kreuzestod (Apg 10,38f.) eine Lexikoninformation über die Kreuzigung bei den Römern sowie drei typische AT-Stellen zur Erwartung eines mächtigen Messias.
- Einen längeren Text (z. B. das Gleichnis vom „verlorenen Sohn“) in Abschnitte unterteilen und dazwischen die Fragen bearbeiten lassen: Was würdet Ihr jetzt tun? (= als hungernder Sohn in der Fremde) Wie könnte sich der Vater nun verhalten? (= wie er hört, daß der Sohn heimkehrt) Warum könnte der ältere Sohn nicht einverstanden sein?

(2) Einen *Raster mit allgemeinen Fragen* vorlegen („strukturale Methode") – besonders zu Wunderberichten und für ältere Schüler und Erwachsene.

- Wie läßt sich der Text abgrenzen?
  Werden Anfang und Ende der zusammenhängenden Erzählung durch den Hinweis auf einen Ortswechsel Jesu, auf einen anderen Tag o. ä. angedeutet?
- Welche „Akteure" treten auf?
  Einerseits Personen wie die Schriftgelehrten, Jünger, Leute – andererseits Dinge wie Sturm, Boot, Stadt usw.
- In welcher räumlichen Beziehung stehen die „Akteure" zueinander? Gibt es eine Annäherung, eine Konfrontation, ein Nachfolgen o. ä.?
- Worauf läuft die Erzählung hinaus?
  Welches ist ihr Drehpunkt, ihre Pointe? Welches ist ihr Ausgangspunkt, welches ihr Endpunkt, und wie ist das „Dazwischen" zu charakterisieren? Als eine bestimmte Veränderung – mit welchen Ursachen, welchen Gegensätzen?
- Wie fügen sich die gesprochenen Worte in den Ablauf der Erzählung ein?
  Wie passen sie ins Geschehen, heben sie etwas hervor, enthalten sie eine Steigerung?
- In welchem Kontext steht der Bericht?
  Sein unmittelbares Davor und Danach? Die Generallinie des biblischen Buchs, aus dem er stammt? (Diese Frage kann man auch der Plenumsarbeit mit dem Lehrer/Leiter vorbehalten.)
- Was sagt mir der Text?
  Was spricht mich an, und was bedeutet mir der Text in bezug auf mein Verhältnis zu mir, meinen Mitmenschen und Gott?

(3) Die *unmittelbare Reaktion auf den Text* bewußt machen und dadurch eine neue Fragehaltung ihm gegenüber gewinnen.

(a) Den Text vorlesen und die unmittelbaren Reaktionen, Gefühle, Einfälle, Fragen und Schlußfolgerungen, die er auslöst, in einer Einzelbesinnung notieren lassen. Besonders auf die Gefühle achten, die er auslöst: Freude oder Trauer, Empörung, Angst, Zustimmung? Aber auch allgemein fragen: Was fällt mir auf? (Die Eindrücke u. U. zuerst zeichnen und dann erst verbalisieren.)

(b) Diese Reaktionen im Plenum sammeln – oder wenn es zu groß ist, zuerst in Kleingruppen. Sie einfach reihum aussprechen oder (ohne Namen) vorlesen.

(c) Die Fragen formulieren, die sich daraus an den Text stellen.
(d) Den Text auslegen (Lehrer- oder Schülerreferat); dabei besonders auf die herausgearbeiteten Teilnehmerfragen (c) eingehen.
(e) Die Ergebnisse zusammenfassen – zur Ergebnissicherung und als Gelegenheit zu nochmaliger Stellungnahme.

(4) Zu einem Bibeltext *erste Deutungsversuche* machen lassen – daraus Fragen an den Text zusammenstellen – diese Fragen durch eine fachliche Textauslegung beantworten. Dieser Ansatz kann in verschiedenen Formen durchgeführt werden:

- Man stellt die Aufgabe, zu dem Text eine *Überschrift oder ein Losungswort zu suchen* oder ihn in ein, zwei Sätzen zusammenzufassen. (Dies einzeln, zu zweit oder zu viert.) – In trägen Klassen kann der Lehrer auch drei Überschriften oder Kernsätze vorgeben und die treffendste Formulierung wählen lassen. Diese Wahl ist im Gespräch zu begründen ...
- Zu einem Bibeltext legt man eine Reihe von *Fotos mit menschlichen Grundsituationen* vor. Jeder (oder Dreiergruppen) wählt das Bild aus, das seiner Meinung nach eine Beziehung zu dem Text hat. Die Schüler/Teilnehmer begründen ihre Wahl – der Lehrer/Leiter hält die Beiträge stichwortartig fest und faßt sie (gemeinsam mit dem Plenum) zu Fragen an den Text zusammen ...
- Zu einem Bibeltext *Dias bearbeiten* lassen. Die Schüler bemalen Dia-Deckgläser mit Overhead-Stiften, oder sie ritzen mit einem Stift auf Dia-Deckgläsern, die man zuvor mit einer dunklen Plaka-Farbe übermalt hat, Figuren ein. Nachdem man den Text gelesen und sachlich erläutert hat, stellt jeder auf seinem Dia dar, was ihm daran bemerkenswert erscheint. Die Strichmännchen-Technik (ältere Schüler malen auch abstrakt) zwingt gewöhnlich zu einer Beschränkung auf das Wesentliche und Pantomimisch-Symbolische und lädt zu einer Stellungnahme ein. Nach dem Malen projiziert der Lehrer die Dias (bei großen Klassen nur einen Teil) vor der ganzen Klasse und spricht mit ihr über die darin gesetzten Akzente und ihren Bezug zum Text. Diese Arbeitsform hat sich besonders bei 10–15jährigen bewährt. (Siehe auch D. Tachau, Malen von Dias, in: D. Zilleßen 1976, 78–81.) – Statt dessen kann man auch auf einem Blatt mit Filzschreiber oder Wachskreide ein Bild malen und einen Satz darunter schreiben lassen.
- Den Text in die eigene Mundart übersetzen, die Neufassungen vorlesen und Fragen sammeln, die einem dabei zum Text kommen.

– Nachdem der Bibeltext kurz erläutert wurde, legt man *drei Situationen von Menschen heute* vor und läßt in Kleingruppen die Frage besprechen, zu welcher der Text – warum – am ehesten etwas zu sagen hat.

(5) Zur Kernaussage oder einem Kernbegriff des biblischen Textes *gezielt ein Vorverständnis vermitteln.* Verschiedene Möglichkeiten:

a) Durch eine *Hier-und-jetzt-Erfahrung:* Etwa (bei jüngeren Schülern) vor der Behandlung einer Blindenheilung einander die Augen verbinden und danach Eindrücke von diesem Blindsein sammeln. Oder statt dessen eine Phantasieübung (Nr. 56a): Wenn ich einen Tag lang als Blinder leben müßte ... – Ähnlich zum Thema: „Jesus hat die Menschen von den Fesseln des Gesetzes und des Egoismus befreit" (zu Mk 2,23–28 u. ä.) zwei Schüler fesseln lassen und danach schildern lassen, wie man sich als Gefesselter fühlt. Oder zum Thema „Brüderlichkeit", „Gemeinschaft" eine Kooperationsübung (Nr. 19–33). Zu: „Den Splitter im Auge deines Bruders aber siehst du" die Übung „Unregelmäßige Konjugation" (Nr. 34b).

b) Durch Besinnung auf eine Erfahrung *außerhalb der Hier-und-jetzt-Situation:*

– Durch die *Besinnung auf eine eigene Erfahrung:* Man läßt z. B. zu einem Bibeltext, in dem von Besitz die Rede ist, in einer Einzelbesinnung oder einem Schreibgespräch zuerst *Assoziationen* zu „Geld", „Wohlstand" sammeln oder *angefangene Sätze vollenden* (etwa: „Zum Leben brauche ich mindestens ..." „Ich wünsche mir als persönlichen Besitz ..." „Wenn ich eine Million gewinnen würde ..."). Ähnlich zum Thema „Zeit" (Koh 3,1–8; Eph 5,16 u. a.) Ebenso kann man zu einem Kernbegriff des biblischen Textes zuerst eine *Metapherübung* (Nr. 62) machen und dann den Text zu dem angesprochenen Thema auslegen. Beispielsweise eine Metapherübung „Dienen ist für mich wie ..." zu: „Wer bei euch groß sein will, der soll euer Diener sein" (Mt 20,26). Oder: „Einem Feind verzeihen ist für mich wie ..." zu Mt 5,43–48.

Eine solche Besinnung kann auch in der Art einer „lebensgeschichtlichen Reflexion" (Nr. 56) durchgeführt werden. In entspannter Haltung läßt man *Erinnerungen* wie die folgenden kommen und noch einmal erleben: Als ich mich einmal entscheiden mußte, ob ich mich versöhnen will oder nicht. (Zu einem Jesuswort über Vergebungsbereitschaft) Als ich einmal vor der Frage stand:

Helfen oder nicht helfen? (Zum Barmherzigen Samariter.) Als ich mich einmal ungerecht behandelt und von anderen im Stich gelassen fühlte. (Zur Passion Jesu.) Wie ich mich einmal schuldig fühlte. (Zu Jesu Botschaft von der Sündenvergebung.) – Die Beiträge werden gesammelt und ohne Namen vorgelesen . . .

– Durch *Einfühlung in die Situation biblischer Personen:* Sich beispielsweise in einer Imaginationsübung (Nr. 56a) mit dem Beduinen Abraham identifizieren. Nachdem alle sich entspannt und die Augen geschlossen haben, skizziert der Lehrer die Grundsituation. Die Schüler versuchen sich nun in Abraham hineinzuversetzen und seine Gefühle (Angst, Hoffnung . . .) zu erspüren. – Oder sich in die Jünger Jesu einfühlen und nachempfinden, was sie nach dem Tode Jesu fühlten („weglaufen" usw.) – bevor man dann von der Auferstehung Jesu spricht. – Oder sich bei der Samaritergeschichte mit dem Reisenden identifizieren, der unter die Räuber fiel . . .

93b **2. Zur meditativen und expressiven Auseinandersetzung mit biblischen Aussagen (Vertiefungsphase)**

(6) Zu dem Text in Vierergruppen ein *Schreibgespräch* in meditativer Absicht führen (Nr. 18).

(7) Zu einem Thema verschieden akzentuierte kurze Bibeltexte vorlegen: *Leseimpulse* (Nr. 82). Zuerst liest jeder für sich das Blatt durch und überlegt, welche Stelle ihn zu dem Thema am meisten anspricht bzw. befremdet. Dann spricht man in Kleingruppen und in der Art eines Anhörkreises (Nr. 17) über die Texte.

(8) Einen Text, der in konzentrierter Form eine Lehre, ein Bekenntnis oder ein Gebet enthält (Ps 139; die 10 Gebote; das Vaterunser u. ä.), *bedenken, besprechen und neu formulieren* lassen (Nr. 84).

(9) Einen Text, nachdem er erläutert wurde, *meditativ hören* lassen: Zur Entspannung und Stille anleiten – den Text vom Tonband hören – danach noch meditative Musik spielen lassen.

(10) Ein Psalm (oder ein anderer geeigneter Text) wird in Verse eingeteilt, vervielfältigt und so gelesen, daß *jeder reihum einen Vers spricht*. Dabei macht man nach jedem Vers eine kurze Pause. Ist der Text gelesen, so wiederholen einzelne den Vers oder den Gedanken,

der sie besonders angesprochen hat. Dabei können einzelne Verse ruhig mehrmals genannt werden. Auch hier sollte man sich Zeit und Ruhe gönnen. Zum Schluß liest jeder nochmals still für sich den Teil, der ihm am besten gefallen hat. (Zu diesem Schlußteil kann man meditative Musik spielen lassen.)

(11) *Ausdrucksgestaltung* in einer der möglichen Formen:
– *Malen* (und dann einander zeigen), was einen am Text beeindruckt hat: mit Wachsstiften, Filzschreibern oder Fingerfarben (siehe Nr. 57a, 88) oder indem man Dia-Deckgläser bearbeitet – siehe oben Nr. 93 (4).
– Eine *Collage,* ein *Plakat,* eine *Tonarbeit* zu dem Text anfertigen (siehe Nr. 51, 88).
– Aus einer Reihe von Fotos ein *Bild auswählen,* das zu dem Text in Beziehung steht, und dazu einen Text formulieren (Nr. 89).
– Zu dem Bibeltext eine eigene *ausdrucksstarke Formulierung suchen* (Nr. 89). Oder einen eigenen Text schreiben, den man zu einer bekannten und passenden Melodie (z. B. zu einem rhythmischen Kirchenlied) singen kann.
– Einen biblischen Bericht oder ein biblisches Thema in die *Körpersprache (Pantomime)* übersetzen oder dazu eine Kurzszene suchen und spielen (siehe Nr. 90). Zwei oder drei Gruppen erarbeiten eine Darbietung und führen sie einander im Plenum vor.
– Zu einem Bibeltext, einem biblischen Stichwort oder Thema eine *freie musikalische Gestaltung* entwickeln (siehe Nr. 91).
(12) Zum Gesamtsinn oder Grundbegriff eines Textes nach dessen Erläuterung ein *Symbol suchen, zeichnen und besprechen* lassen: Wenn ich das Gleichnis vom barmherzigen Samariter (Jesu Verhältnis zum „Vater“ oder das, was „Reich Gottes“ bedeutet o. a.) in einem Sinnbild darstellen müßte ... (Siehe auch Nr. 63.)

(13) Ein *Symbolwort,* das in einem biblischen Text verwendet wird, zuerst *durch eine Realbegegnung erleben* und die spontanen Einfälle dazu aussprechen lassen, um von da aus die biblische Aussage zu verdeutlichen und erlebnisoffener aufzunehmen. Beispielsweise den Schein einer Kerze betrachten zu dem Bildwort „Licht der Welt“ (Mt 5,14; Joh 8,12); oder Brot in die Hand nehmen und füreinander brechen zu: „Ich bin das Brot des Lebens“ (Joh 6,35); oder Salz verkosten zu: „Ihr seid das Salz der Erde“ (Mt 5,13).

Literaturverzeichnis

Abt, C. C., Ernste Spiele. Lernen durch gespielte Wirklichkeit, Köln 1971.
Aerens, L., 100 Techniques d'animation spirituelle pour vivre Dieu, Brüssel 1983.
Albrecht, W., Gruppendynamik im Religionsunterricht. Ein Fall von praktischer Umsetzung in einer 10. Klasse, in: O. Betz/Fr. Kaspar 1973, 261–278.
Alexander, G., Eutonie. Ein Weg zur körperlichen Selbsterfahrung, München 1976.
Antons, K., Praxis der Gruppendynamik. Übungen und Techniken, Göttingen 1976.
Ashauer, G. (Hrsg.), Audiovisuelle Medien, Bonn 1980.
Babin, P., Méthodologie pour une catéchèse des jeunes, Lyon o. J. (1966).
–, Photolangage, Lyon o. J. (1968).
–, Le montage audio-visuel en groupe de catéchèse-jeunes. Options et méthodes, in: Vérité et Vie (1969/70) Nr. 629.
–, Audiovisuelle Glaubenserziehung, Köln 1972.

Bachmair, G., Handlungsorientierte Unterrichtsanalyse, Weinheim 1980.
Barbin, R., Pédagogie religieuse et relations humaines, Montréal 1966.
Barth, Fr./Rohrer, Fr./Fischer, G., Malen, Spielen, Musikmachen, Gelnhausen 1974.
Barth, H./Schramm, T., Selbsterfahrung mit der Bibel, München 1977.
Becker, G. E., u. a., Unterrichtssituationen. Ein Trainingsbuch für Lehrer und Ausbilder, München 1980.
Berg, H. K./Strube, H. H., Verfahren und Materialien zur Erhebung von Schülereinstellungen und -interessen, in: D. Aschenbrenner (Hrsg.), Religionsunterricht in der Berufsschule, München 1972, 73–83.
–, Lernziel: Schülerinteresse. Zur Praxis der Motivation im Religionsunterricht, München 1977.
Berg, S., Lernen in Aktionen, in: S. Berg (Hrsg.), Weihnachten. Materialien und Entwürfe, Stuttgart 1973, 138–146.
Betz, O./Kaspar, Fr. (Hrsg.), Die Gruppe als Weg, München 1973.
Bienemann, G., Bau ein Zelt – erkunde das Land. Werkbuch für Zeltlager und Ferienfreizeiten, Kevelaer 1983.
Blankertz, H., Theorien und Modelle der Didaktik, München 1975.
Bobroff, A., Religious Psychodrama, in: J. L. Moreno (Hrsg.), The International Handbook of Group Psychotherapy, New York 1966, 319–320.
Böhret, C. (Hrsg.), Simulation innenpolitischer Konflikte, Opladen 1972.

Bönsch, M., Zielorientiertes Lernen mit Hilfe spezieller Unterrichtsmethoden, München 1974.
Bonn, P., Projekt – Projektorientierter Unterricht – Projektstudium, in: Chr. Wulf 1974, 470–474.
Brickenkampf, R., Handbuch psychologischer und pädagogischer Tests, Göttingen 1975.
Brocher, T., Gruppendynamik und Erwachsenenbildung, Braunschweig 1967.
Brown, G. I. (Hrsg.), Human Teaching for Human Learning: An Introduction to Confluent Education, New York 1971.
–, (Hrsg.), The Live Classroom. Innovation through Confluent Education and Gestalt, New York 1975.
Brunner, R., Didaktik der audio-visuellen Bildungsmittel, in: H. Heinrichs (Hrsg.), Lexikon der audio-visuellen Bildungsmittel, München 1971, 71–75.
Brunnhuber, P., Prinzipien effektiver Unterrichtsgestaltung, Donauwörth 1972.
Brunnhuber, P./Czinczoll, B., Lernen durch Entdecken, Donauwörth 1973.
Bucher, K., Audiovision im Gottesdienst mit Jugendlichen, Olten 1974.
Burow, O. A./Scherpp, K., Lernziel: Menschlichkeit. Gestaltpädagogik – eine Chance für Schule und Erziehung, München 1981.

Carkhuff, R. R., Helping and Human Relations. A Primer for Lay and Professional Helpers, 2 Bde., New York 1969.
Chase, D./Farnham, B., A Report on Religious Psychodrama, in: Group Psychotherapy 15 (1965) 177–190.
Claessens, W., Begegnungsgruppe. Modell einer Gruppenarbeit in Kirchengemeinden, Gelnhausen 1977.
Clemens-Lodde, B. u. a., Situatives Lehrtraining in der Erwachsenenbildung, Braunschweig 1978.
Cohen, H., Prejudice Reduction in Religious Education, in: Religious Education 1964, 386–391.
Cohn, R., Das Thema als Mittelpunkt interaktionaler Gruppen, in: Gruppenpsychotherapie und Gruppendynamik 3 (1970) 251–259.
–, Von der Psychoanalyse zur themenzentrierten Interaktion, Stuttgart 1975.

Dahm, K.-W./Stenger, H. (Hrsg.), Gruppendynamik in der kirchlichen Praxis, München 1974.
Davis, G., Übung der Kreativität, in: G. Mühle/Ch. Schell, Kreativität in der Schule, München 1971, 107–111.
Debbrecht, G., Audio-visuelle Medien im Religionsunterricht, Düsseldorf 1973.
Dera, K. (Hrsg.), Lernen für die Praxis: Medien, Techniken, Methoden, München 1984.
Dietrich, G., Bildungswirkungen des Gruppenunterrichts, München 1969.
–, Das Problem des selbstentdeckenden Lernens, in: G. Dietrich (Hrsg.), Unterrichtspsychologie der Sekundarstufe, Donauwörth 1972, 156–171.
Döring, K. W.,Lehren in der Erwachsenenbildung, Weinheim 1983.

Dzick, E., Themenzentrierte interaktionelle Methode (R. C. Cohn) im Mathematikunterricht – ein Erfahrungsbericht, in: Gruppenpsychotherapie und Gruppendynamik 9 (1975) 156–164.

Elbing, E., Das Soziogramm der Schulklasse, München 1975.
Emeis, D./Schmitt, K. H., Kleine Methodik der Erwachsenenbildung in der Kirche, Freiburg 1974.
Engelmayer, O., Das Soziogramm in der modernen Schule, München 1970.
Erl, W., Gruppenpädagogik in der Praxis, Tübingen 1980.
–, Methoden moderner Jugendarbeit, Tübingen Bd. 1, 1981.
–, Methoden moderner Jugendarbeit, Tübingen Bd. 2, 1978.
Erl, W./Gaiser, F., Neue Methoden der Bibelarbeit, Tübingen 1981.

Fahrenberg, J./Selg, H., Das Freiburger Persönlichkeitsinventar (FPI), Göttingen 1973.
Failing, W.-E./May, H., Mit audiovisuellen Medien arbeiten, Frankfurt 1975.
Flanders, N. A., Analyzing Teaching Behavior, Reading 1970.
Fluegelman, A./Tembeck, S., New games – die neuen Spiele, Weingarten 1982.
Frielingsdorf, K., Lernen in Gruppen, Köln 1973.
Fritz, J., Gruppendynamisches Training in der Schule, Heidelberg 1975.
–, Methoden des sozialen Lernens, München 1977.
Frör, H., Spielend bei der Sache, München 1982.
–, Spiel und Wechselspiel, München 1976.

Gaudron, J.-M., Les jeunes, l'image, le symbole, in: J. Le Du/J.-M. Gaudron/J.-L. Chauvet, L'éducateur, confronté à l'image, Lyon o. J., 34–71.
Gazda, G. M., u. a., Human Relations Development. A Manual for Educators, Boston 1973.
Geißler, G. (Hrsg.), Das Problem der Unterrichtsmethode in der pädagogischen Bewegung, Weinheim 1970.
Geißler, K. A., Anfangssituationen, München 1983.
Giesecke, H., Methodik des politischen Unterrichts, München 1973.
Gordon, Th., Lehrer-Schüler-Konferenz, Hamburg 1977.
Grell, J./Grell, M., Unterrichtsrezepte, München 1979.
Grom, B., Kurzfilme in der religiösen Jugend- und Erwachsenenbildung, in: Stimmen der Zeit 187 (1971) 256–270.
–, Methodisch-didaktische Impulse für die religionspädagogische Praxis, Freiburg 1972.
–, Fragen an die Meditationsbewegung, in: A. Biesinger (Hrsg.), Meditation im Religionsunterricht, Düsseldorf 1981 a, 34–53.
–, Religionspädagogische Psychologie des Kleinkind-, Schul- und Jugendalters, Düsseldorf/Göttingen 1981 b.
–, Curriculum „Meditation", in: Katechetische Blätter 107 (1982) 297–301.
Gruber, S./Schimmer, S., Modelle für die Filmarbeit. Religionsunterricht – Jugendarbeit – Erwachsenenbildung, München 1983.
Grundke, P., Interaktionserziehung in der Schule. Modell eines therapeutischen Unterrichts, München 1975.

Hall, B./Smith, Value Clarification, New York 1973.
Hameline, D./Dardelin, M.-J., La liberté d'apprendre. Justification pour un enseignement non-directif, Paris 1967.
Havers, N., Der Religionsunterricht – Analyse eines unbeliebten Faches, München 1972.
Heckhausen, H., Förderung der Lernmotivierung und der intellektuellen Tüchtigkeiten, in. H. Roth (Hrsg.), Begabung und Lernen, Stuttgart 1971, 193–228.
Hegele, G., Einzelmethoden für den biblischen Arbeitskreis, in: Kath. Bibelwerk 1973, 134–166.
Heimann, P./Otto, G./Schulz, W., Unterricht – Analyse und Planung, Hannover 1966.
Heimler, A., Selbsterfahrung und Glaube. Gruppendynamik, Tiefenpsychologie und Meditation als Wege zur religiösen Praxis, München 1976.
Heiß, R., (Hrsg.), Psychologische Diagnostik. Handbuch der Psychologie Bd. 6, Göttingen 1971.
Hendrickx, H., Kerkgestalten. Aantekeningen voor de leraar, Brügge 1966.
Höfer, A., Gestalt des Glaubens. Beispiele aus der Praxis gestaltorientierter Katechese, München 1982.
Höper, Cl.-J. / Kutzleb, U. / Stobbe, A. / Weber, B., Die spielende Gruppe. 115 Vorschläge für soziales Lernen, München 1974.
Hofstätter, P. R., Einführung in die Sozialpsychologie, Stuttgart 1966.
–, Gruppendynamik, Reinbek 1967.
Horner, A./Klebel, H., Die Betriebserkundung im Unterricht der Hauptschule, Donauwörth 1972.
Hübner, R. u. a., Biblische Geschichten erleben, Gelnhausen 1980.

Immisch, H., u. a., Malen – Hilfe für Erwachsene, Freiburg 1984.

Jendorff, B., Leistungsmessung im Religionsunterricht, München 1979.
–, Hausaufgaben im Religionsunterricht, München 1983.
Jost, G., Zum Umgang mit Fotos, Gelnhausen 1977.
–, Zum Umgang mit Folien, Gelnhausen 1983.

Kaiser, Fr.-J., Entscheidungstraining. Die Methoden der Entscheidungsfindung Fallstudie – Simulation – Planspiel, Bad Heilbrunn 1976.
Kaspar, Fr., Gruppenpädagogische Unterrichtsverfahren für den Religionsunterricht, München 1971
Katholisches Bibelwerk (Hrsg.), Praktische Bibelarbeit heute, Stuttgart 1973.
Kelber, M., Gesprächsführung. Informieren, diskutieren, beschließen, Opladen 1977.
Kern, L./Rösch, H.-D., Simulation internationaler Prozesse, Opladen 1972.
Kiehn, A., u. a., Bibliodrama, Stuttgart 1987.
Kienhorst, E. M., Experimente mit Lautgedichten und Fabeln, in: W. Roscher (Hrsg.), Polyästhetische Erziehung, Köln 1976, 76–89.
Kinet, M., Réflexion sur une catéchèse vécue en groupe, in: Catéchistes (1970) 381–407.
Klafki, W., Allgemeine Probleme der Unterrichtsmethodik, in: W. Klafki

u. a., Erziehungswissenschaft 2 (Funk-Kolleg Erziehungswissenschaft), Frankfurt 1982, 131–163.
Klawe, W., Arbeit mit Jugendlichen, München 1986.
Klose, W., Didaktik des Hörspiels, Stuttgart 1974.
Knoll, J., Kurs- und Seminarmethoden, München 1986.
Kochan, B. (Hrsg.), Rollenspiel als Methode sprachlichen und sozialen Lernens, Kronberg 1975.
Kopp, F., Modelle, Kataloge und Konzeptionen von allgemeinen Grundsätzen des Lehrens und Lernens, in: F. Kopp (Hrsg.), Effektives Lehren und Lernen, Donauwörth 1973, 131–147.
Korherr, E. J., Die Metapherübung, in: Christlich-Pädagogische Blätter 87 (1974) 23–25.
Kramer, M., Pantomime. Spielstücke für Gruppen, Gelnhausen 1982.
Kreiter, J./Klein, I., Fall-Beispiele, Gelnhausen/Freiburg 1975.
Kreuzer, K. J. (Hrsg.), Handbuch der Spielpädagogik, 4 Bde., Düsseldorf 1983/84.
Kroeger, M., Themenzentrierte Seelsorge, Stuttgart 1973.
Kurz, H., Methoden des Religionsunterrichts, München 1984.

Lang, H. G., Spiele in der religiösen Erziehung, Tübingen 1985.
Lauster, P., SENSIS. Gesellschaftsspiel für Gruppen von 3 bis 12 Spielern, die sich und andere besser kennenlernen wollen (dva-Spiele), Stuttgart 1973.
–, Der Persönlichkeitstest, München 1974.
Le Du, J., Katechese und Gruppendynamik, München 1971.
Leroy, G., Le dialogue en éducation, Paris 1970.
Luft, J., Einführung in die Gruppendynamik, Stuttgart 1977.

Macht, K., Problem: Unterrichtsmotivierung intrinsisch contra extrinsisch, München 1973.
Mager, R. F., Motivation und Lernerfolg, Weinheim 1972.
Martin, G., Resultate eines Unterrichtsversuchs – Möglichkeiten und Schwierigkeiten der Kooperation mit den Schülern im Religionsunterricht, in: R. Ulshöfer (Hrsg.), Theorie und Praxis des kooperativen Unterrichts. Bd. 2: Resultate und Modelle in den Fächern. Heft 1, Evangelische und Katholische Religionslehre, Stuttgart 1972.
May, H./Krankenhagen, G. (Hrsg.), Audiovisuelle Medien im Religionsunterricht, Stuttgart 1974.
May, H./Täubl, A., Praxis AV-Medien. Anleitungen für Religionsunterricht und kirchliche Bildungsarbeit, München 1981.
Menck, P., Methode, in: Chr. Wulf 1974, 412–415.
Menck, P./Thoma, G. (Hrsg.), Unterrichtsmethode, München 1972.
Meyer, E., Gruppenunterricht – Grundlegung und Beispiel, Worms 1964.
–, (Hrsg.), Die Gruppe im Lehr- und Lernprozeß, Frankfurt 1970.
–, (Hrsg.), Gruppenaktivität durch Medien, Heidelberg 1973.
–, (Hrsg.), Handbuch Gruppenpädagogik – Gruppendynamik, Heidelberg 1977.
Middel, K. J. (Hrsg.), Die audiovisuellen Mittler im Religionsunterricht, München 1973.

Miedeck, P., Experimentelle Untersuchung zum Methodenwechsel im Unterricht, Frankfurt 1982.
Moreno, J. L., Gruppenpsychotherapie und Psychodrama, Stuttgart 1959.
–, Die Grundlagen der Soziometrie, Köln 1967.
Moser, H. (Hrsg.), Probleme der Unterrichtsmethodik, Kronberg 1977.
Müller, K. R. (Hrsg.), Kurs- und Seminargestaltung, München 1983.
Müller, P., Methoden in der kirchlichen Erwachsenenbildung, München 1982.
–, Praxis der Erwachsenenbildung in der Gemeinde, München 1986.

Neber, H. (Hrsg.), Entdeckendes Lernen, Weinheim 1973.
Newcomb, T. M., Sozialpsychologie, Meisenheim 1959.

Oerter, R./Weber, E. (Hrsg.), Der Aspekt des Emotionalen in Unterricht und Erziehung, Donauwörth 1975.
Opaschowski, H. W. (Hrsg.), Methoden der Animation. Praxisbeispiele, Bad Heilbrunn 1981.
Osborn, A., Applied Imagination. Principles and Procedures of Creative Thinking, New York 1953.
Oser, Fr., Kreatives Sprach- und Gebetsverhalten in Schule und Religionsunterricht, Olten 1972.
–, Musikalisches Gestalten im Religionsunterricht, in: Fr. Oser/O. Keel/R. Merz, O Herr, wir rufen alle zu dir (Werkbuch für den Lehrer), Olten 1973, 49–70.

Paul, E., Methoden, in: E. Feifel u. a. (Hrsg.), Handbuch der Religionspädagogik, Bd. 2, Köln 1974, 145–171.
Peltner, I., Das mündliche Planspiel, in: deutsche jugend 21 (1973) 460–469.
Peter, B./Gerl, W., Entspannung. Muskelentspannung, Autogenes Training und Meditation, München 1983.
Petzold, H., Zu den Verwendungsmöglichkeiten des Psychodramas in der Pastoraltherapie, Seelsorge, der religiösen Selbsterfahrung und in der Didaktik des Religionsunterrichts, in: H. Petzold (Hrsg.), Angewandtes Psychodrama, Paderborn 1972, 265–283.
Pfeiffer, J. W./Jones, J. E., Arbeitsmaterial zur Gruppendynamik 6 Bde., Gelnhausen 1975–1979.
Pöggeler, Fr., Methoden der Erwachsenenbildung, Freiburg 1964.
Prim, R./Reckmann, H., Das Planspiel als gruppendynamische Methode außerschulischer politischer Bildung, Heidelberg 1975.

Redlich, A./Schley, W., Kooperative Verhaltensmodifikation im Unterricht, München 1978.
Reichel, R. (Hrsg.), Spielpädagogik, Münster 1987.
Reichert, R., Simulation Games for Religious Education, Winona 1975.
Rohner, P., Gruppendynamisches Sozialtraining, in: H. Petzold (Hrsg.), Kreativität und Konflikte. Psychologische Arbeit mit Erwachsenen, Paderborn 1973, 86–114.
Rohrer, Fr./Janorschke, K./Schubert, R., Planspiele, Gelnhausen 1973.

Roth, E., Der Werteinstellungs-Test. Eine Skala zur Messung dominanter Interessen der Persönlichkeit. Testheft, Stuttgart 1972.
Roth, H., Pädagogische Psychologie des Lehrens und Lernens, Hannover 1967.
Rück, H., Medien und Mediendidaktik, in: E. Feifel u. a. (Hrsg.), Handbuch der Religionspädagogik, Bd. 2, Köln 1974, 173–196.

Sauvêtre, M., Voies nouvelles pour la Catéchèse des grands Adolescents, Paris 1966.
Sbandi, P., Gruppenpsychologie, München 1973.
Scharfenberg, J. (Hrsg.), Glaube und Gruppe, Göttingen 1980.
Scheuch, E. K., Das Interview in der Sozialforschung, in: R. König (Hrsg.), Handbuch der Empirischen Sozialforschung, Bd. 1, Stuttgart 1962, 136–196.
Schiefele, H., Sozialpsychologie der Schulklasse (Teil II), in: Welt der Schule 17 (1964), 385–398.
Schiffler, H., Fragen zur Kreativität, Ravensburg 1973.
Schilling, J., Methodenbuch Jugendarbeit, 2 Bde., München 1982/1985.
Schinzer, R., Die Bibel ins Spiel bringen, Göttingen 1983.
–, Im Spiel die Bibel verstehen, Göttingen 1986.
Schmid, B. A., Schwierigkeiten mit dem Thema. Sachliche Diskussion im themenzentrierten Training, in: Gruppendynamik 4 (1973) 261–265.
Schmitt, R., Musik und Spiel in Religionsunterricht und Jugendarbeit, München 1983.
Schuh, H., Interaktionsanalyse, Zürich 1978.
Schulz, W., Unterrichtsplanung, München 1981.
Schulze, T., Methoden und Medien der Erziehung, München 1978.
Schutz, W. C., Freude. Gruppentherapie, Sensitivitytraining, Ich-Erweiterung, Reinbek/Hamburg 1973.
Schwarzer, R./Steinhagen, K. (Hrsg.), Adaptiver Unterricht. Zur Wechselwirkung von Schülermerkmalen und Unterrichtsmethoden, München 1975.
Shaftel, F., u. a., Rollenspiel als soziales Entscheidungstraining, München 1978.
Sherrod-Singer, J., Ich entdecke mich. Ich entdecke dich, München 1973.
Stevens, J. O., Die Kunst der Wahrnehmung. Übungen der Gestalt-Therapie, München 1975.
Suin de Boutemard, B., Projektunterricht: Beispiel Religion, Düsseldorf 1973.
–, Projektarbeit in Gemeinden, Berlin 1979.

Täubl, A. (Hrsg.), Video in der Praxis. Für Schule, Gemeindearbeit und Erwachsenenbildung, Freiburg 1984.
Tausch, R./Tausch, A.-M., Erziehungspsychologie, Göttingen 1979.
Tilmann, K., Die Führung zur Meditation 2 Bde., Köln 1976/78.

Ulich, D., Gruppendynamik in der Schulklasse, München 1971.
Ulshöfer, R., Theorie und Praxis des kooperativen Unterrichts. Bd. 1: Grundzüge der Didaktik des kooperativen Unterrichts, Stuttgart 1971.

Viola, R./Chouhy, E./de Veríssimo, S. A./Ramirez, A., La foto en Catequesis, Buenos Aires o. J.,
Volkert, Christliche Zeugen in unserer Zeit, in: Materialdienst der Katechtischen Blätter 15 (1970) 1–2.
Vopel, K. W., Interaktionsspiele. (Reihe: Lebendiges Lernen und Lehren, Heft 1–8) Hamburg 1974/1976 (ISKO, 2 Hamburg 26, Sievekingallee 86).
–, Handbuch für Gruppenleiter, Hamburg (ISKO) 1976.
Vopel, K. W./Kirsten, R. E., Kommunikation und Kooperation, München 1974.

Wagner, A. C., Mikroanalyse schülerzentrierten Unterrichts, in: dies. (Hrsg.), Schülerzentrierter Unterricht, München 1976, 83–134.
Wallen, N. E./Travers, R. M. W., Analyse und Untersuchung von Lernmethoden (deutsche Bearbeitung: Fr. E. Weinert), in: K. Ingenkamp (Hrsg.), Handbuch der Unterrichtsforschung, Weinheim 1970, 1217–1351.
Watson, D./Tharp, R., Einübung in Selbstkontrolle. Grundlagen und Methoden der Verhaltensänderung, München 1975.
Weber, G., Lernen in Gruppen, München 1967.
Weber, H., Schalom-Schalom. Einführung in Theorie und Praxis der Schalomarbeit, Nürnberg 1972.
–, Projektgruppen im Religionsunterricht, Heidelberg 1973 (a).
–, Schülerinitiative groß geschrieben, Stein/Nürnberg 1973 (b).
–, Sprechen von Gott in sprachloser Zeit, Freiburg 1974.
Weidmann, Fr., Kreative Schüler. Beispiele kreativen Schülerverhaltens im Religionsunterricht aller Schulstufen, Köln 1974.
Weinert, Fr., Instruktion als Optimierung von Lernprozessen. Teil I: Lehrmethoden, in: Fr. E. Weinert u. a. (Hrsg.), Funk-Kolleg Pädagogische Psychologie Bd. 2, Frankfurt 1975, 794–826.
Weiß, C., Pädagogische Soziologie. Bd. 2, Soziologie und Sozialpsychologie der Schulklasse, Bad Heilbrunn 1964.
Wollschläger, G., Kreativität und Gesellschaft. Neue pädagogische Methoden am Beispiel der Jugendkunstschule Wuppertal, Frankfurt 1972.
Wulf, Chr. (Hrsg.), Wörterbuch der Erziehung, München 1974.

Zacharias, J., Bibliodrama, in: Group Psychotherapy 20 (1967) 25.
Zifreund, W., Möglichkeiten selbständiger Gruppenaktivitäten im Rahmen eines unterrichtlichen Verhaltenstrainings mit Fernsehaufzeichnungen (Microteaching), in: E. Meyer 1973, 103–114.
Zilleßen, D. (Hrsg.), Religionspädagogisches Praktikum, Frankfurt 1976.

Vom Thema zur Methode – eine Suchhilfe

Welches Verfahren und Medium kommt für ein Thema in Frage? (Die Zahlen hinter den Stichworten beziehen sich auf die Randnummern im Buch.)